부를 부르는
극한의
영업 법칙

Originally published under the title:
"Umsatz Extrem. Verkaufen im Grenzbereich. 10 radikale Prinzipien." 2nd edition.
Original edition copyright © 2018 by Dirk Kreuter
First published by Linde Verlag Ges.m.b.H. Vienna / Austria.
All rights reserved.

Korean Translation copyright © 2021, Golden Time
The korean edition published by arrangement with Linde Verlag Ges.m.b.H Vienna through
Literary Agency Greenbook, Seoul.

부를 부르는 극한의 영업 법칙

CEO보다 많이 버는 세일즈맨의 10가지 성공 전략

디어크 크로이터 지음 | 강영옥 옮김

* 일러두기
1. 외국 통화의 한화 환산 표기는 2021년 1월말 현재 환율 기준이다.
2. 책의 제목이나 신문, 잡지 이름에는 겹화살괄호(《 》), 영화, TV 프로그램 제목에는 홑화살
   괄호(〈 〉)를 사용했다.

모두가 때려치우는 곳에서 시작한다

우리 집 거실에는 대형 책장이 있다. 이 책장에는 1,800여 권의 책이 꽂혀 있다. 아내가 모아놓은 소설책도 있지만 대부분은 내 일과 관련된 전문 서적이다. 개중에는 30년 내지 40년이나 된 책들도 있다. 내 친구들과 동료들은 골동품을 왜 모셔두고 있느냐며 나를 이상한 사람 취급하곤 한다.

하지만 이 책들은 절대 구닥다리 골동품이 아니다. 분명 내가 갖고 있는 세일즈 전략서 중 일부는 1970년대에 쓰인 책들이다. 물론 최근 나온 세일즈 전략서도 갖고 있는데, 이런 책들의 소개 글은 화려한 최신 영업 기법을 제시하고 있다. 나는 그중에서 어떤 것은 받아들이고, 어떤 것은 버린다.

반면 옛날 세일즈 전략서들은 대개 제목이 지루하고 레이아웃도 고리타분하다. 장황하게 글만 있다. 내 동료들은 대개 이런 책을 보면서 비웃지만, 나는 그런 책을 읽으면서 생각한다. '정말 대단해! 저자는 세일즈 메커니즘을 정확하게 파악하고 핵심을 찌르고 있어!' 나는 저자가 제안한 방법을 시도해보고 깨닫는다. '말도 안 돼! 이런 구닥다리 방법이 정말로 먹히잖아?' 이런 경험 덕분에 나는 겉모습만 보고 판단하지 않고 숨은 뜻을 찾아내려고 애쓴다.

나는 호기심이 많아서 궁금한 게 있으면 끝을 봐야 직성이 풀린다. 물론 이렇게 저렇게 시도하다 보면 일이 돌아가기 마련인데, 그것이 종착점은 아니라는 사실을 알고 있다. 수박 겉 핥기 식으로 건드려 본 것에 불과하니까. 나는 본질을 깊이 파고드는 법을 알고 싶다. 더 깊숙이 파고들었을 때 이러한 세일즈 메커니즘이 어떻게 작동하는지 보고 싶다. 어떤 일의 작용 원리를 정확하게 이해해야 더 발전할 수 있다고 확신하기 때문이다.

내가 이 책을 쓴 것은 바로 이런 이유에서다. 나는 각종 세일즈 기법들을 살펴보면서 기본적인 작용 원칙만 뽑아냈다. 더 많이 팔 수 있는 법! 직원들을 안일한 세일즈 습관에서 벗어나게 하는 법! 정말로 발전할 수 있는 법! 여러분과 매출, 개성. 이 모든 것을 성장시킬 수 있는 법을 알려주려고 한다. 세일즈를 위한 '화장법'을 가르치려는 것이 아니다. 물론 내가 소개하는 전략에도 약간의 메이크업은 필요하지만 립스틱 하나면 충분하다. 지금부터 립스틱 하나로 새로운 얼굴이 되는 방법을 이야기하고자 한다. 단, 변신에 성공하려면 동기가 있어야 한다.

다른 사람들이 멈추는 곳에서 시작하라! 이것이 내 모토다. 노력 끝에 성공했다고 안주하면 안 된다! 나는 소셜 미디어 마케팅으로 매출을 끌어올리는 법을 소개하려는 것이 아니라, 세일즈 활동의 방향을 새로 설정하는 법을 알려주려 한다.

차례

이 책을 읽기 전에 ·· 5
모두가 때려치우는 곳에서 시작한다
들어가는 글 ··· 14
부자가 되고 싶다면 세일즈를 배워라!

제 1 원칙

상상력 극대화의 원칙
세상은 생각했던 것보다 훨씬 넓다 23

온도조절기 효과 ··27
일정한 온도의 공간을 박차고 나오라 ·································· 30
아무도 케이크의 진짜 크기를 모른다 ·································· 35
큰 돌의 원칙 ··· 39
1-3→7의 원칙 ·· 48
첫째, "조금 더 많아도 될까?" | 둘째, 오래된 사랑은 쉽게 변하지 않는다 | 셋째, 드림 리스트
매출 10% 상승으로는 부족하다 ··· 55

제 2 원칙

무조건적인 봉사의 원칙
고객과 무조건 두 번은 마주친다 61

세일즈맨의 전형적인 이미지를 벗어라 ································· 67
네, 저는 세일즈맨입니다! ··· 70
정말로 비싼 것은 무엇인가 ···73
고객을 함부로 판단하지 말라 | 정확성의 함정 | 지게차 현상

제 3 원칙

역피라미드의 원칙
지피지기면 백전백승이다 89

말은 은이고 침묵은 금이다 ··· 93
바로 계산대로 보내지 말라 ··100
피라미드의 가장 넓은 부분: 철저한 준비 | 피라미드 2층: 대화의 시작
피라미드 3층: 수요 조사 | 피라미드 4층: 프레젠테이션 | 피라미드 5층: 계약 체결

제 4 원칙

철저한 극기의 원칙
적당한 상태에 만족하지 마라! 127

우리 주변에 잠복해 있는 함정 ··· 131
첫째: 목표? 어떤 목표? | 둘째: 이제 한숨 좀 돌려볼까? | 셋째: 일진이 안 좋아!
넷째: 내 책임이 아니야 | 다섯째: 끈기 부족 | 여섯째: 뭐부터 하지?

게으름의 결과 ··140

실적에 영향을 미치는 습관 ··142

업무의 분배 ···144

세일즈 깔때기 ···146

목표를 설정하고 지켜라 ··149
팁1: 두 가지 목표를 세워라 | 팁2: 하루 일정을 정하라 | 팁3: 기습 방문 일정을 지켜라
팁4: 스스로에게 보상을 하라 | 팁5: 실적 리스트를 적절히 활용하라

습관을 재훈련하라··154
팁1: 나만의 의식을 치르자 | 팁2: 가장 힘든 일부터 처리하라
팁3: 정교한 설계가 필요하다 | 팁4: 묻고 상의하라

초콜릿이 담긴 접시 ···159

제 5 원칙

가장 긴 지렛대의 원칙
영리한 사람이 성실한 사람을 이긴다 161

효율적으로 일하라 ··· 167
세일즈맨을 위한 물리학, 더 긴 지렛대 ··· 168
첫 번째 지렛대: 고객 분류 ·· 169
유형별 고객 대처는 어떻게? | C유형 고객 | B유형 고객 | A유형 고객
두 번째 지렛대: 적절한 타이밍 ··· 176
준비된 자가 기회를 잡는다
세 번째 지렛대: 정확한 제품 공급 ··· 183
추가 판매 유도하기 | 판매 상담의 순서 | 추가 전략: '내 픽 효과'를 이용하라

제 6 원칙

가장 잘 맞는 툴의 원칙
사냥꾼 혹은 농부 197

사람마다 쓸 수 있는 도구가 다르다 ··· 200
내가 잘하는 세일즈 유형을 찾아라
1단계: 나는 어떤 유형의 세일즈맨인가 ··· 203
세일즈맨 유형 테스트
2단계: 적재적소에 인재 배치하기 ·· 208
어떤 유형을 선택할 것인가? | 세일즈맨 유형에 따른 채용 공고 | 이력서로 유형 파악하기
전화 테스트로 공격적인 인터뷰를 하라 | 사냥꾼 유형이 드문 이유 | 통신 판매 세일즈맨 찾기
3단계: 선택이 잘못됐다면 ··· 219
누구에게 책임이 있는지 확인하라 | 레이저 포인터와 지렛대
비윤리적인 업무 태도에 대한 해고안
4단계: 장점 키우기 ··· 223
옛 방식을 극복하라
5단계: 농부 유형을 위한 사냥 자격증 ··· 226
첫째: 전투적 분위기를 조성하라 | 둘째: 처방하라 | 셋째, 공격을 개시하라

제 7 원칙

고통에 초연하기 원칙
고객의 거절에 대비하라   231

실패해도 굴하지 않는 마인드 ··· 236
거절에 대한 두려움 ·· 240
고통에 아랑곳하지 않는 자세 ·································· 242
새로운 프레임 씌우기 ··································· 244
종이에 적어보자: 생각으로 일하기! | 감정의 늪에서 빠져나오기
거절을 거절하는 기술 ··· 250
재치 있는 농담으로 넘기는 유형 | 참여를 유도하는 스위스 나이프 유형
훌륭한 가수와 훌륭한 세일즈맨의 공통점 ·························· 264

제 8 원칙

무조건 앞만 보고 달리기 원칙
가지치기와 성장   267

기업에도 계절이 있다 ·· 272
가지치기를 통한 성장 ··· 274
전제조건1: 계획 | 전제조건2: 각오가 되어 있는가!
새로운 문을 향해 ··· 283
숫자 뒤에 숨겨진 마법 ·· 286
시작했다면 끝을 봐야 한다 ································· 289
가지치기 자동화 시스템 ··· 291

제 9 원칙

정신적 방화의 원칙
고객이 무엇을 두려워하는지 파악하라

기쁨보다 고통이 더 오래가는 이유 ·············· 299
고객의 구매 동기에 맞는 자극이 필요하다 ·············· 303
대화에 담긴 위험 신호 ·············· 305
의심의 씨앗을 제거하는 대화법 ·············· 308
감정적 유대 관계의 형성 | 객관적인 사실 전달 | 의심의 씨앗 뿌리기
모든 결정권은 고객에게
정신적 방화의 효과 ·············· 313
'예스'라는 답이 돌아온다 | 돌아갔다가 다시 찾아온다 | 기억하고 신경 쓴다
기준을 정리한 리스트 준비 ·············· 315
첫째: 10가지 근거를 찾아놓는다 | 둘째: 커닝 페이퍼를 만든다
셋째: 리스트를 고객에게 준다 | 보너스: 기초를 다진다
리스트의 효과 ·············· 320
경쟁업체의 장점을 약화시켜라 ·············· 321
고객이 서명하는 순간까지 분발하라 ·············· 322
지나치면 오히려 독이 된다 ·············· 325

제 10 원칙

강력한 감정의 원칙
잠깐, 아직 끝이 아니다 329

감정이 지식을 이긴다 ·· 332
프레지던트 천일염 버터 ·· 335
메디아 마르크트에서 있었던 일 ······························ 338
거물들의 싸움 ···340
공격 모드를 켜라 ·· 342
고객의 자부심을 자극하라 ··344
동정은 선물로 받고, 질투는 스스로 산다 ···············346
언어의 힘 ··348
절대 안 되는 것! ··· 349
알렉산더 도슨과 벽에 걸려 있던 행운 ·······················352

마치는 글 ·· 355
진실에 귀 기울이고 도전하라

부자가 되고 싶다면 세일즈를 배워라!

25년도 더 된 일이다.

나는 직업 훈련을 마치고 생애 첫 직장을 구했다. 스포츠 용품 도매업체의 영업직이었다. 입사 후 2주쯤 되었을 무렵 사장님 댁에 초대를 받아 갔다. 전형적인 여름 축제 시즌이었다. 얼마의 시간이 지난 뒤 나는 세일즈맨들이 하는 대화를 듣게 되었다. 두 사람 모두 프리랜서 세일즈맨이었다. 한 사람이 "이번 달은 좋았어. 25."라고 하자 다른 사람이 그의 말에 동의한다며 "나도 좋았어."라고 답했다. 나는 "25? 그게 뭔데요?"라고 물었다. 두 사람은 7월 한 달간 세일즈 수당으로 각각 2만 5,000마르크(약 1,750만 원)를 벌었다는 뜻이라고 말해주었다. 한 달에 2만 5,000마르크라니! 그것도 세일즈 수당으로? 두 사람에게는 이 업체 말고도 아직 물밑 작업 중인 업체들이 더 있었다. 정말 끝내주는군! 당시 나에게 2만 5,000마르크는 정말로 큰돈이었다. 그렇게 나는 세일즈로 단번에 큰돈을 버는 게 가능하다는 걸 알게 되었다. 당연히 나도 그렇게 큰돈을 벌고 싶었다!

며칠 후 나는 회사를 그만두고 프리랜서 세일즈맨이 되었다. 지금 생각해보면 내 오랜 사회생활 경력에서 가장 잘한 결정이었다. 다음 여름 축제가 열릴 때까지, 그러니까 2만 5,000마르크 수표가 내 수중에 들어오기까지는 정확하게 1년이 걸렸다!

당시 나는 20대 초반의 청년이었고 돈은 인생의 우선순위가 아니었다. 나에게는 그보다 더 중요한 것이 있었다. 그러한 생각은 내 통장의 잔고가 대변해주고 있었다. 하지만 한 달 두 달 지날수록 돈이 점점 더 중요해졌다. 돈을 더 많이 벌고 싶다는 욕심이 생겼다. 나는 목표를 달성하기 위해 다른 세일즈맨들의 수당을 참고했다. 세일즈 업계에서는 마음만 먹으면 돈을 벌 수 있다!

사실 그 시절에도 중견 도매업체 사장보다 더 많이 버는 세일즈맨들이 있었다. 처음 영업 전선에 뛰어들었을 때 나는 사장보다 세일즈맨이 돈을 더 많이 버는 상황을 상상조차 못 했다. 하지만 이제 나는 세일즈맨의 급여와 수당이 어느 정도인지 정확하게 파악하고 있다. 이런 정보는 우리가 추진하는 고객사의 프로젝트를 통해 얻는다. 물론 독일 경제 주간지 《비르트샤프츠보헤 *Wirtschaftswoche*》에서 발표하는 직종, 업종, 기업 규모별 평균 소득처럼 공개적으로 접근할 수 있는 통계를 통해 접하기도 한다. 나는 개인적으로 친분이 있는 퍼스널 컨설턴트들에게 일반적으로 세일즈맨들의 수입이 많은 이유를 물었다.

그리고 나서 이런 결론을 내렸다. "부자가 되고 싶다면 기업인이 되지 말고 세일즈를 하라!"

몇 년 전 세미나의 사례

한 기업의 지사장이 아침에 세일즈 교육을 받고 있는 직원들에 대해 간략하게 소개했다. "크로이터 씨, 이 자리에 참석한 세일즈맨 다섯 명은 저보다 훨씬 많이 벌고 있어요. 이건 저에게도 좋은 일입니다. 덕분에 저도 18만 유로(약 2억 4,200만 원)를 벌고 있으니까요."

최근 사례

쾰른의 어느 광고 에이전시였다. "저와 함께 일하는 텔레마케터의 한 달 총수입이 최고 3만 유로(약 4,000만 원)입니다."

물론 이것은 일반적인 상황이 아니라 예외에 가깝다. 그런데 이런 예외적인 일이 현실에서 일어나고 있다. 반복적으로!

기업 인수, 즉 M&A 전문가는 이보다도 훨씬 많이 번다. 일반적으로 기업의 가치에 따라 커미션과 보너스가 결정되기 때문이다. 기업 인수 합병도 결국 세일즈다!

"우리의 핵심 역량은 마케팅과 세일즈입니다. 고정 기술은 다른 업체도 보유하고 있습니다." 내가 자주 인용하는 문장 중 하나다. 이 것은 원래 '나사왕'이라 불린 라인홀트 뷔르트Reinhold Wüth가 한 말이다! 제품이 아니라 세일즈가 결국 회사 수입을 좌우한다는 뜻이다!

억만장자이자 미국의 전 대통령 도널드 트럼프와 금융 전문가 로버트 기요사키는 공저 《기요사키와 트럼프의 부자》에서 "기업인이 갖춰야 할 가장 중요한 능력은 제품을 판매하는 능력"이라고 했다.

흥미로운 사실은 여전히 많은 업계에서 자기 분야의 전문 지식만 있으면 성공할 수 있다는 고정관념에서 벗어나지 못하고 있다는 점이다. 아니면 품질로 승부를 걸겠다는 신념에 사로잡혀 있던가. 물론 이런 일이 가능할 수도 있지만 된다 해도 우연에 가깝다. 나한테도 이런 우연이 일어날 것이라는 희망만으로는 절대 부자가 될 수 없다. 희망은 마케팅 플랜이 아니다!

나는 항상 의사, 세무사, 변호사 등 전문직 종사자들과 관계를 맺어왔다. 실제로 전문직 종사자 중 마케팅이나 세일즈에 신경을 쓰는 사람은 극소수에 불과하다. 그런데 이 극소수에 해당하는 사람들의 매출이 더 높고 환자나 고객도 더 많으며 벌어들이는 돈도 훨씬 많다.

아놀드 슈워제네거의 자서전에 이런 구절이 있다. "무슨 일을 하든지 세일즈를 잘해야 한다. … 세일즈를 잘하기 위해서라면 위대한 시인, 위대한 소설가, 천재적인 학자도 될 수 있어야 한다. 세일즈에 대해 아무것도 몰라도 최고가 될 수 있다는 건 말도 안 되는 소리다."

이게 포인트다.

여러분이 슈워제네거를 꼭 좋아할 필요는 없지만 그는 정말 성공한 인물이다. 그는 스포츠인으로, 배우로, 정치인으로 세 번이나 성공을 했다. 세 번의 성공은 절대 우연일 수 없다.

현장으로 나가지 않아도 멋진 인생을 살 수 있다. 하지만 현장으로 나가면 더 멋진 인생이 된다.

현장으로 나가지 않아도 성공한다. 하지만 현장으로 나가면 더 성공할 수 있다. 특히 세일즈 분야에서는!

멀리 갈 것도 없이 연예계를 살펴보자. 가장 목소리가 좋은 가수가 가장 성공하는가? TV 오디션 프로그램에서 '공주는 잠 못 이루고'를 불러 많은 사람들을 감동시켰던 폴 포츠Paul Potts는 어떠했는가? 여러분은 아직도 그를 기억하는가? 그의 목소리는 정말 최고였다. 그런데 현재 그는 얼마나 성공했는가?

폴 포츠와 비교할 수 있는 인물로 디터 볼렌Dieter Bohlen이 있다. 이 시점에서 우리가 그의 가창력에 대해 이러쿵저러쿵 말할 필요는 없다고 생각한다. 하지만 그는 백만장자라는 표현도 부족할 정도로 엄청나게 성공했다. 그렇다! 볼렌은 천재적인 세일즈맨, 천재적인 셀프마케터였다!

정말 뛰어난 세일즈맨이 어느 분야든 상관없이 큰돈을 벌 수 있는 이유가 무엇일까? 시장은 수요와 공급의 법칙이 지배하는 곳이기 때문이다. 그리고 정말로 뛰어난 세일즈맨은 매우 드물다! 유럽 문화권 사람들의 대부분이 세일즈에 부정적인 이미지를 갖고 있고 세일즈맨을 좋아하지 않으며, 이들이 '집집마다 돌아다니면서 물건을 사달라고 하는 사람'이거나 '고객을 속여 물건을 파는 사람'이라고 생각한다. 많은 사람들이 세일즈맨은 이렇다 할 '재능'이 없거나 다른 능력을 쌓지 못하는 사람이라고 생각한다.

"나는 할 수 없다."와 "나는 하지 않을 것이다."는 말 그대로 한 끝 차이다!

그러니까 답은 간단하다. 정말로 뛰어난 세일즈맨은 소수에 불과하며 이들은 다른 분야 사람들보다 훨씬 많은 돈을 번다. 어떤 세일즈맨은 아주 독특한 개성이 있고 이런 조합에서는 매우 드문 능력을 보유하고 있는 경우도 있다.

그러면 이쯤에서 세일즈맨의 유형을 분류해보도록 하겠다.

영업사원? 프리랜서?

일정한 소속이 있는 것과 프리랜서 중 무엇을 선호하는가! 프리랜서 세일즈맨은 일반적으로 커미션을 더 가져간다. 중간 단계를 거치지 않고 판매 실적에 대해 백분율로 수당을 받기 때문이다. 이 분야에서 돈을 벌어 부자가 되기에 가장 이상적인 조건이다.

일정한 소속을 원한다면 사장이 "영업사원이 잘 되어야 기업도 잘 된다!"라는 원칙을 이해하고 있는지 살펴보자. 그 다음에 정식으로 노동 계약을 체결해야 한다. 물론 보수에는 고정 요소와 변동 요소가 있다.

사냥꾼과 농부

사냥꾼과 농부 중에서 자신의 방식을 선택해야 한다. 농부는 고객을 잘 관리하면서 제품을 팔 기회를 찾는 스타일의 세일즈맨이 아니다. 이 경우 대개 노동 계약에서 변수가 아주 작은 대신 부자가 되기는 어렵다. 반면 사냥꾼은 새로운 고객을 찾아다닌다. 월말에 매출이 어느 정도가 될지 월초에 알 수 없기 때문에 리스크도 크다. 하지만 사냥꾼은 이런 리스크를 즐긴다. 사냥꾼은 대개 고정 수입은 최소이고 변동 수입이 최대이다. 즉 끝도 없이 위로 올라갈 수 있다. 부자가 될 수 있는 것이다!

여기에도 수요와 공급의 원칙이 적용된다. 정말로 뛰어난 사냥꾼은 희귀하기 때문이다!

오해하지 않길 바란다. 이것은 우열이 아닌 다름의 문제다. 사냥꾼이 농부보다 더 우수하다는 말이 아니다. 사냥꾼의 성향이 다르다는 것이다. 사냥꾼과 농부의 호불호는 다르다. 사냥꾼과 농부는 다른 유형의 세일즈맨이다. 직업 세계에서 안정 지향적인 사람들은 주로 공무원을 선호하는 반면, 기회 지향적인 사람들은 영업직을 선택한다. 같은 세일즈맨이라고 해도 회사에 소속되어 있는 농부 유형의 세일즈맨에게서 안정의 욕구가 더 강하게 나타난다. 부자가 되길 원하고 주어진 기회를 활용하고 싶은 생각이 든다면 여러분은 프리랜서 사냥꾼 유형이다. 사냥꾼들은 자신의 수입이 '그동안 숱하게 당해왔던 거절'에 대한 위로금보다 많아야 한다고 생각한다.

그리고 세일즈업계만의 고유한 특성이 있다. 일반적으로 여러분의 수입은 학벌이나 직업 훈련 정도에 많이 좌우된다. 특히 독일에서의 직업 훈련은 사회에 진입할 수 있는 입장권이나 다름없다. 그런데 세일즈업계에서는 이 원칙이 적용되지 않는다. 세일즈업계에서는 명문대 졸업장이 없는 사람도 성공할 수 있고 부자가 될 기회가 주어진다. 실력이 뛰어난 사냥꾼은 그만큼 파란만장한 인생 반전을 이뤄낼 수 있다!

부자가 되고 싶은가? 더 부자가 되거나 더 크게 성공하길 원하는가? 그렇다면 세일즈 세미나에 참석하거나 세일즈 관련 서적을 읽고, 세일즈맨을 위한 오디오북을 읽고, 성공한 세일즈맨을 만날 기회를 찾아라! 여러분이 돈을 어떻게 벌든 방법은 상관없다. 잘 파는 능력을 갖추는 것은 성공의 필수 요건이다!

유럽의 머니코치 1호 보도 셰퍼Bodo Schäfer는 진짜 부자다. 그는 뼛속까지 타고난 세일즈맨이다. 그는 나한테 이런 말을 한 적이 있다. "디어크, 내가 세 자녀에게 물질이 아닌 것을 유산으로 물려줘야 한다면 다음 세 가지 능력을 주고 싶네." 그는 그 중 하나로 잘 팔 수 있는 능력을 꼽았다!

여러분은 자녀가 인생길을 함께 살아가는 데 도움이 될 능력으로 어떤 세 가지를 꼽겠는가?

부자가 되고 싶은가? 그렇다면 세일즈하는 법을 배워라! 이것이 포인트다.

상상력
극대화의 원칙

세상은 생각보다 훨씬 넓다

8월에 지중해 휴양지에서 워크숍을 하는 것은 이제 우리 팀의 전통이 되었다. 그런데 그해 우리 팀의 연례 전략 회의는 예년과는 조금 달랐다. 비단 새로운 아이디어를 얻기 위해 스페인 마요르카에서 며칠 동안 워크숍을 했기 때문은 아니었다. 사실 이번에 내가 내놓은 제안이 워낙 황당했다.

　　"제가 우리 팀 실적을 꼼꼼히 살펴보면서 깨달은 것이 있습니다. 우리 팀의 매출은 매년 몇 퍼센트씩 꾸준히 상승하고 있습니다. 좋습니다. 이 실적을 달성하기 위해 지금까지 애써온 여러분께 감사하다는 말을 하고 싶습니다. 하지만 이 정도의 성장은 특별할 게 없습니다. 여러분, 내년에는 100퍼센트 매출 신장을 목표로 달려봅시다. 우리는 틀림없이 해낼 수 있습니다. 저는 여러분의 능력을 믿습니다."

　　잠시 침묵이 흘렀다. 우리 팀원들은 무슨 일이냐는 듯 서로의 얼굴을 빤히 쳐다보았다. 팀원들이 속으로 어떤 생각을 하고 있는지 느낌이 팍 왔다. '디어크가 오늘 대마초라도 피웠나?'

　　물론 나는 대마초를 피운 것도 술에 취한 것도 아니었다. 이렇게 목표를 높게 설정한 것은 즉흥적인 행동이 아니었다. 4월 부활절 휴가, 그러니까 4개월 전부터 나는 이런 생각을 하고 있었다. '우리 실적은 꽤 만족스러운 편이야. 실제로 우리의 시장 가치는 상승했고 몸값을 계속 높여왔지. 그런데 막상 실적 분석을 하면 별반 차이가 없군.' 매출은 성장했지만 우리는 일정 수준을 벗어나지 못하고 정체되어 있었던 것이다.

나는 팀원들에게 이렇게 설명했다. "우리는 스스로 한계를 긋고 있습니다. 우리 머릿속에 이미 한계가 정해져 있는 것이지요. 시장은 더 많은 것을 줄 수 있고, 우리는 더 많은 것을 할 수 있습니다. 열정만 넘쳐서 이런 말을 하는 게 아닙니다. 우리가 어떻게 이 목표를 달성할 수 있는지 제가 보여드리겠습니다."

우리는 이와 관련해 점심 휴식 시간에 한바탕 토론을 하고 업무에 복귀하기 위해 테라스로 돌아왔다. 그때는 이미 결론이 나 있었다. "디어크가 미친 게 분명해. 그런데 지금까지 그가 낸 아이디어는 성공했지. 그래. 해보자고!"

우리는 4일 동안 완전히 새로운 전략을 짰다. 새로운 제안, 새로운 마케팅 콘셉트, 기타 지원 전략 등을 말이다. 매출을 높이려면 당연히 더 많이 투자해야 한다. 그러려면 용기가 필요했고, 우리는 용기를 냈다.

이 회의는 2011년 8월에 있었던 일이다. 2011년 말 우리는 전년 대비 매출을 125퍼센트 늘리는 데 성공했다. 2012년에 우리 팀의 실적은 어땠을까? 우리는 200퍼센트에 가까운 매출 성장률을 기록했다.

부를 부르는 극한의 영업 법칙

온도조절기 효과

여러분은 필요한 것보다 더 많은 매출을 달성하고 있는가? 매년 3 퍼센트 혹은 4퍼센트의 성장률이 보장되는가? 여러분은 이 정도면 괜찮다고 만족하고 있을지도 모른다. 3~4퍼센트 성장은 안정적인 궤도에 올랐다는 뜻이기 때문이다. 이 정도의 실적은 중간 집단에 속한다. 다른 말로 여러분의 기업이 딱 그 정도라는 뜻이기도 하다. 여러분을 깎아내리려는 의도로 이런 말을 하는 게 아니다. 좀 더 솔직하게 말해보자. 인플레이션을 감안하면 실제 실적에는 거의 변화가 없다는 뜻이다. 여러분의 실적 성장률은 훌륭한 편이 아니다. 그렇지만 여러분은 나쁘지 않다고 생각할지도 모른다. 그럼 질문을 하겠다. 여러분은 정말 이 정도 실적이면 충분하다고 생각하는가? 여러분은 원하는 만큼의 매출을 달성하고 있는가? 아니면 현재의 매출만으로도 충분하다고 생각하는가? 여러분의 목표는 무엇인가?

실제로 많은 기업과 세일즈맨들이 살아남을 정도의 매출만 올리고 있다. 너무 적지도 않고 너무 많지도 않으면 된다! 많은 사람들이 다 이런 생각을 하고 있다는 사실이 적잖이 당황스럽다. 이들은 최악의 시장 상황에서도 이런 태도로 버틴다. 심지어 매출 성장 가능성이 무궁무진한 시장에서도 한결같은 태도로 일관한다. 당연히 매출은 성장하지 않고 제자리걸음을 할 수밖에 없다. 실내 온도가 항상 일정하게 유지되는 것처럼 말이다.

이런 현상을 나는 '온도조절기 효과'라고 표현한다. 여러분이 겨울에 온도조절기를 21도로 설정하면 이것이 실내 온도가 된다. 당연한 일이다. 물론 실내 온도가 항상 동일하게 유지되는 것은 아니다. 환기를 시키면 온도는 18도로 내려간다. 그러면 실내 온도가 21도로 올라갈 때까지 히터가 활발하게 가동된다. 햇볕이 창문에 강하게 내리쬐면 온도는 24도로 올라간다. 그러면 온도조절기가 작동하면서 실내 온도를 21도로 떨어뜨린다.

흥미로운 사실은 우리 머릿속에도 온도조절기가 있다는 점이다! 온도조절기는 우리의 실적을 항상 일정한 수준에 머물게 한다. 이것은 세일즈뿐만 아니라 모든 생활 영역에서도 마찬가지다.

수년 동안 30킬로그램 더 과체중이었던 사람들이 30킬로그램을 감량하는 데 성공했다고 해도 99퍼센트는 2년 후 원래 몸무게로 돌아간다. 이것은 식습관과 운동 습관을 완전히 바꾸지 않는 이상 어쩔 수 없는 일이다. 습관을 완전히 바꾸는 것은 극소수뿐, 대부분은 원래의 생활패턴으로 돌아간다. 마치 내면의 온도조절기가 '30킬로그램 과체중'으로 설정되어 있기라도 한 것처럼 말이다. 그래서 수천 가지 다이어트 지침과 체중 감량법이 계속 생존하는 것이다. 온도조절기 효과 덕분에 다이어트 시장에는 마르지 않는 샘물처럼 언제나 대상 고객 그룹이 존재하니까.

로또 당첨으로 백만장자가 된 사람의 대부분이 2년 후면 당첨금을 탕진하는 이유도 온도조절기 효과로 설명할 수 있다. 심지어 큰 빚을 지는 사람도 있다. 이들은 한방 크게 터뜨렸지만 돈을 다루는 법을 배운 적이 없다. 내면의 온도조절기가 '백만장자'가 아닌 '파산'에 맞춰져 있기 때문에 당첨금을 낭비한다. 결국 이들은 불확실한 모험에 당첨금을 투자하고 엄청난 빚더미에 올라앉는다.

부를 부르는 극한의 영업 법칙

온도조절기 효과는 역방향으로도 작동한다. 한 동료가 나한테 최근 있었던 흥미로운 강연 이야기를 해주었다. 강연자는 한때 성공한 기업인이었는데 은퇴 후 알거지 신세로 전락했다고 한다. 그래서 그는 같은 처지에 놓인 사람들과 함께 강연을 시작했다고 한다. 그의 강연 주제는 '구걸하기'였다. 그의 머릿속 온도조절기는 지금도 철저하게 '기업인' 모드에 맞춰져 있는 것이다.

이제 여러분을 돌아볼 차례다. 세일즈맨인 여러분도 무의식적으로 이렇게 온도조절기에 맞추는 행동을 한다. 지금까지도 그래왔고 앞으로도 그렇게 하려고 한다. 이것은 자신에게 한계를 지우는 행위다. 계속 그렇게 한다면 여러분은 항상 동일한 상태에 머물 수밖에 없다.

내가 흥미롭다고 생각하는 부분이 바로 이것이다. 시장 상황이 심각하고 모두가 치열하게 경쟁하고 있다면 세일즈맨들도 아이언맨처럼 노력한다. 그러다 시장 상황이 다시 좋아지면 그만큼 세일즈맨들도 느슨해진다. 이런 사람들은 자기 주변에서 무슨 일이 벌어지고 있는지 모르고 항상 같은 수준에 머물며 그만그만한 실적밖에 올리지 못한다. 스스로 이런 사실을 전혀 인식하지 못한 채 말이다.

여러분도 마찬가지 아닌가. 현실적이라고 생각하는 정도, 혹은 조금 높다 싶은 정도로만 목표를 설정하고 있지 않은가? 절대 목표를 높게 설정하지는 않을 것이다. 목표 달성에 실패할까봐 두렵기 때문이다. 그러면 무슨 일이 일어날까? 여러분은 그럭저럭 괜찮게 목표를 달성한다. 연말에 안정적으로 목표치에 도달할 수 있도록 속도도 설정해 놓는다. 예상보다 빨리 목표를 달성했다면? 목표 달성을 기뻐하며 잠시 휴식한다. 쉽게 말해 여러분은 그 자리에 머무른다.

"하지만 사람은 현실적으로 살아야 한다. 이것이 우리가 이정도 매출밖에 올리지 못하는 이유다. 우리 업계에서는 이렇게 한다. 우리 기업 규모로는 목표를 허황되게 설정할 수 없다." 나는 이런 말로 반박하는 세일즈맨들을 많이 봤다.

이 자리에서 질문 하나만 하겠다. "정말 그렇다고 확신하는가?"

나는 그렇게 생각하지 않는다. 여러분이 확신한다면 이 책을 사지도 않았을 것이기 때문이다. 이 책을 통해 내가 하고 싶은 말이 있다. '더 높은 정도'로는 어림도 없다. 훨씬 더 높아야 한다.

지금까지 지겹도록 많이 반복하지 않았는가! 여러분의 가능성을 기준으로 하면 여러분은 항상 그 상태일 수밖에 없다. 하지만 목표를 기준으로 하면 여러분은 성장할 수 있다.

일정한 온도의 공간을 박차고 나오라

이건 되고 저건 안 된다는 생각은 어떻게 우리 머릿속으로 들어오는가? 우리 머릿속의 온도조절기는 어떻게 작동하는가? 아주 간단하다. 바로 우리의 경험치를 바탕으로 작동한다. 여러분은 최근 몇 년간 올린 매출을 기준으로 스스로 달성 가능한 매출을 정한다. 이것은 지극히 정상적인 사고 메커니즘이다. 사람은 과거를 통해 현재와 미래를 배우니까. 또한 합리적인 방법이기도 하다. 그렇다. 유사한 조건에서 동일한 방식으로 하면 예전처럼 성공할 수 있다는 생각은 합리적인 판단이다. 하지만 누가 여러분에게 기존의 방식을 바꾸면 안 된다고 했는가? 누가 기본적인 조건은 절대 변할 수 없다고 했는가?

누가 그런 말을 했는지 내 입으로 꼭 말해야 하는지 모르겠지만, 이런 사고에 익숙하게 만든 사람들은 여러분의 상사 혹은 직장 선배다. 여러분이 이들에게서 듣는 말은 주로 이런 것들이다.

"개인 병원 개업의라면 오전에 전화해 봐야 헛일이야. 오전 내내 상담 스케줄이 잡혀 있어서 통화할 수 없거든."

"우리 업계에서는 전화 영업이 안 통해."

"이 업체의 구매 책임자는 30분 동안 실컷 대화를 하고 물건은 거의 안 사. 이 사람하고는 이메일로만 연락하는 게 최선이야."

"처음에 자네는 어렵지 않은 지역을 맡게 될 거야. 그러면 최대한 빨리 다른 주를 하나 더 맡을 기회를 살펴야 해. 실적 수치만으로는 자네 능력을 정확하게 알 수 없거든."

고객의 행동 방식, 세일즈 테크닉의 성공 가능성, 해당 지역의 잠재력, 예상 가능한 매출… 여러분은 이런 모든 것을 직장 상사 혹은 선배로부터 전수받고 고마운 마음으로 받아들인다. 정말 좋은 의도로 말이다.

하지만 좋은 의도의 조언도 여러분의 생각을 빠르게 제한할 수 있다. 여러분이 이것을 조언이 아니라 진실로 여긴다면 말이다. 젊은 세일즈맨들은 무의식적으로 이런 조언을 신념처럼 받아들인다. 그리고 이것이 인식의 필터 역할을 하게 된다.

전화 영업이 쓸모없다고 생각하는 사람은 아무리 전화를 해도 고객을 얻을 수 없다. 이런 사람은 전화 영업에 한번 실패하면 아예 포기해버린다. 그리고 이러한 선입견은 자기충족적 예언(믿거나 바라는 것이 실제로 이루어지는 현상—옮긴이)이 된다. '나는 할 수 없다'고 믿는 사람은 고객에게 최선을 다하지 않는다. C유형 고객(p.39 '큰 돌의 원칙' 참고)이라고 생각하고 신경을 덜 쓰면 이 고객과는 관계가 단절될 가능성이 더 높아진다. 반면 잘 될 것이라고 믿는 사람은 더 크게 성공할 수 있다. 이렇게 되면 소위 '경험치'의 정체가 그저 속설임이 드러난다.

예를 들어보자. 독일의 한 제약 기업은 수년 동안 프랑크푸르트 암 마인은 매출이 높은 지역이고, 에르푸르트는 매출이 낮은 지역이라고 여겨왔다. 어느 날 세일즈맨의 담당 업무가 바뀌기 전까지는 그랬다. 이것은 일종의 실험이었다. 그리고 무슨 일이 벌어졌을까? 단기간에 에르푸르트의 매출이 프랑크푸르트의 매출을 앞질렀다. 그동안 매출이 낮은 지역이라고 여겨져 왔던 에르푸르트가 말이다.

대표적인 사례로 동독의 세일즈 영역에 관한 선입견을 꼽을 수 있다. 나는 이런 말들을 얼마나 자주 들었는지 모른다. "서독 사람들이 내놓는 제품은 우리 동독에서 안 먹힙니다." 아니면 "우리 시장은 우리가 더 잘 압니다. 우리 고객들은 이런 제품을 원하지 않습니다." 그리고 옛 동독 지역의 시장 잠재력이 매우 크다고 판단하는 세일즈맨들도 있다. 이들은 이런 주장을 한다. "동독 지역 고객들이 참신하게 여길 분야가 많습니다. 경쟁 대상이 거의 없을 것입니다. 세일즈맨에게는 막대한 가능성이 있는 시장입니다. 이런 가능성을 알아보는 사람만이 기회를 잡을 수 있는 것입니다."

그러면 나는 이렇게 말한다. 어떤 것은 가능하고 어떤 것은 불가능하다고 말하는 것은 추측에 불과하다고 말이다. 추측이 반드시 사실인 것은 아니다. 처음부터 판단이 잘못된 경우도 있다. 세일즈는 자연 법칙을 다루는 것이 아니라 사람과 일을 하는 것이다. 사람은 자신의 행동을 언제든 바꿀 수 있다. 여러분도 마찬가지다.

먼저 여러분의 머릿속에 온도조절기가 있는지 확인해보자. 만약 있다면 어느 분야에 대한 것인가? 다음과 같은 질문으로 스스로를 판단해보자.

- 지난 3년 동안 신규 고객을 얼마나 많이 확보했는가? 고객의 수가 늘어났는가? 현상 유지인가? 오히려 줄어들었는가?
- 고객은 어떤 제품을 구매했는가? 항상 동일한 제품만 구매했는가?
- 고객의 구매량은 어느 정도였는가? 항상 동일했는가?
- 매출은 어느 정도였는가? 매년 2~3퍼센트 성장했는가? 항상 동일했는가? 아니면 급증했는가?

이 가운데 정체된 영역이 있다면 여러분의 머릿속에 온도조절기가 있다는 뜻이다. 먼저 머릿속에 있는 온도조절기를 떼어내라. 그래야 성장 속도를 높일 수 있다.

이런 사고방식으로 일하면 처음에는 왠지 모르게 불안할 수 있다. 온도조절기는 정체된 생각에서 벗어나는 것을 방해하기도 하지만 붕괴 사고로부터 여러분을 보호하는 역할도 하기 때문이다. 모험을 걸지 않으면 더 많이 얻지 못하지만 잃을 것도 없다.

이것이 보편적인 사고방식이다. 하지만 내 생각은 다르다. 배는 항구에 있을 때 가장 안전하지만 항구에만 있는 배는 완성된 것이라고 할 수 없다.

세일즈맨은 고정 고객이 있을 때 가장 안정감을 느낀다. 고객을 이미 알고 있으므로 실패하지 않으려면 어떤 전략을 써야 하는지 정확하게 파악하고 있기 때문이다. 하지만 세일즈맨은 고정 고객을 관리하는 사람이 아니다. 세일즈맨의 존재 이유는 매출을 높이는 것이다. 여러분이 전과 똑같이 행동한다면 매출도 똑같을 수밖에 없다.

성공의 반대는 무엇일까? 실패? 아니다. 실패는 한 단계 더 올라가기 위한 과정일 뿐이다. 성공의 반대는 아무것도 하지 않는 것이다. 여기서 아무것도 하지 않는다는 것은 종일 소파에서 빈둥거린다는 뜻이 아니다. 새로운 시도를 전혀 하지 않고 항상 하던 대로 한다는 뜻이다. 언뜻 보면 아무 문제 없는 것 같지만 항구에 정박해 있는 배는 녹슬고 기술이 뒤떨어지기 마련이다. 아무도 새로운 기술을 개발할 의욕을 느끼지 못하기 때문이다. 그렇게 시간이 지나면 배는 분해되고 고철이 된다. 이것은 여러분의 경력이 걸린 문제다. 잠자코 있는 세일즈맨은 경쟁자들에게 뒤쳐지고 만다. 매너리즘에 빠져 있는 동안 경쟁자는 시장에서 여러분의 몫을 점점 빼앗아갈 것이다. 결국 여러분의 매출은 급격히 하락하고 여러분은 점점 사람들에게 잊힐 것이다. 여러분이 주변 상황을 둘러보는 것보다 훨씬 더 빠른 속도로 말이다.

여러분에게는 한 가지 선택권만 남아 있다. 세일즈맨의 본래 목표가 무엇인지 생각해보는 것! 바로 매출을 올리는 것이다. 이 목표를 달성하고 싶다면 끊임없이 자신의 행동을 되돌아봐야 한다. 스케줄표를 살펴보고 목표 달성을 위해 정말로 도움이 되는 것이 무엇인지

부를 부르는 극한의 영업 법칙

체크하라.

진심으로 매출을 올리고 싶다면 사고방식을 바꿔야 한다. 다만 나는 이 길이 여러분을 어디로 인도하게 될지 말해줄 수는 없다. 개인차가 있기 때문이다. 대신 여러분이 이 길을 찾는 방법은 알려줄 수 있다.

첫째, 실제 시장 잠재력이 어느 정도인지 확인하라. 시장 잠재력을 알면 지금까지 여러분의 사고가 작은 틀 안에 갇혀 있었던 것은 아닌지 깨달을 수 있을 것이다.

둘째, 제대로 높은 목표를 설정하라! 그리고 이 목표를 달성할 때까지 열심히 달려가라. 그리고 다음 목표를 설정하라!

아무도 케이크의 진짜 크기를 모른다

도시 이름은 기억이 나지 않는데 어쨌든 작센안할트주의 소도시였다. 나는 대형 제과점 체인을 고객으로 뚫기 위해 동료와 함께 방문하려던 참이었다.

"오늘 대형 제과점 사장님을 예고 없이 기습 방문하려고 하네. 그 제과점은 이 지역에 체인점이 12개 있다고 하더라고. 동독 지역치고는 사업 실적이 나쁘지 않아."라며 동료는 잠재적 고객에 대해 브리핑을 해주었다.

노란색 지명 표지판을 지나 도시에 진입한 순간 나는 깜짝 놀랐다. 머릿속으로 침체된 분위기의 도시를 그리고 있었는데 예상과는 전혀 달랐다. 더 놀라운 사실은 산업 단지에서 제과점이 크게 한 자리를 차지하고 있었다는 것이다.

　나는 속으로 이런 생각을 하고 있었다. '이건 일개 제과점이라고 볼 수 없는 규모잖아. 제빵 공장이라고 봐야겠는데!' '체인점이 12곳인 회사라기에는 규모가 너무 커. 하지만 누가 알아? 통일 전에는 회사 규모가 더 컸는데 줄어든 것인지도 모르지.'

　우리는 리셉션에 가서 면담 신청을 했다. 그런데 하필 사장이 자리를 비고 없었다. 비서가 "내일은 사장님이 돌아오실 겁니다. 내일 다시 오시는 게 좋겠습니다."라고 말했다.

　'그러지 뭐.' 비서에게 인사를 하고 사무실을 나서려던 차에 나는 입이 근질거려서 발길을 되돌렸다.

　"우리 둘이 이곳에 오기 전에 잠시 회사에 대해 이야기를 나눴는데요. 이 회사의 체인점이 12곳이라는 말이 사실인가요?"

　젊은 여비서의 두 눈이 휘둥그레지더니 그녀가 큰 소리로 웃기 시작했다. "체인점이 12개라고요? 어떻게 그런 생각을 하셨어요? 현재 우리 회사 체인점은 59곳에 있습니다."

　정말 황당한 경우다. 이렇게 영업을 한다면서 고객을 잘못 판단하고 있는 사람들이 많다. 왜 그럴까? 고객에게 관심이 없어서? 아니다. 언젠가 어설프게 주워들은 정보를 검증도 하지 않고 맹신하기 때문이다. 시장의 잠재력을 잘못 평가하면 판매 가능성도 제한된다. 따라서 지금까지의 잘못된 습관을 버리고 속속들이 진실을 파헤치는 것이 중요하다!

　세일즈맨들이 가장 많이 저지르는 생각의 오류가 있는데, 물건이

　　　　　　　　　　　　　　　부를 부르는 극한의 영업 법칙

얼마만큼 팔릴지 자신이 정확하게 안다고 생각해서 이를 바탕으로 제품의 수요와 시장 잠재력을 예측하는 것이다.

여기 가축 사료 판매 사원이 있다. 그는 한 마을에 사는 농부 다섯 명을 알고 있는데 이들에게 각각 50마리 분량의 가축 사료를 판매하고 있다. 그는 단순히 판매량만 보고 이 마을에는 총 250마리의 소가 있을 것이라고 생각한다. 여기서 좀 더 생각을 발전시켜보자. 그는 모르고 있지만 이 마을에는 농부가 두 명이 더 있을 수도 있다. 또 그가 알고 있는 농부들이 한 사람 당 각각 100마리의 소를 키우고 있을지도 모른다. 게다가 이 농부들이 다른 곳에서도 가축 사료를 사고 있을 수 있지 않은가!

이렇듯 시장은 우리가 생각하는 것보다 훨씬 크다! 그래서 나는 내 분야인 세일즈 교육업계와 관련해 정확한 통계 수치를 조사해보았다. 쾰른 독일경제연구소 통계에 의하면 독일의 재교육 시장 규모는 670억 유로(약 90조 원)라고 한다. 독일 전역의 세일즈 교육 강사가 매년 670억 유로 가치의 교육, 강연, 세미나를 한다면 우리 회사 매출은 그야말로 새 발의 피다! 우리의 매출을 제한하고 있는 것은 시장의 규모가 아니다.

실제로 여러분이 몸담고 있는 분야의 시장 잠재력은 어떠한가?

정확한 정보를 얻고 싶다면 기업체 명부처럼 객관적인 출처의 자료와 정보를 찾아보자. 아니면 도시 혹은 지역의 경제지원센터에 직접 문의해 정보를 얻는 것도 좋다.

이제 여러분은 수중에 있는 케이크 조각보다 시장이 훨씬 크다는 사실을 깨달았다. 그런데 여기에서 여러분이 쉽게 저지를 수 있는 생각의 오류가 또 하나 있다. 케이크가 줄어들면 내 몫으로 떨어질 양이 줄어든다고 생각하는 것이다.

독일의 사업가 라인홀트 뷔르트는 이런 상황을 전혀 다른 관점에서 판단하고 있다. 2004년 내가 강연 때문에 참석한 자리에서 있었던 일이다. 마침 뷔르트가 경영진에게 회의 결과를 보고받고 있었다. 경영진은 뷔르트에게 경기 침체로 기존의 목표는 더 이상 달성하기 어려울 것이라고 보고했다.

라인홀트 뷔르트는 자리에서 일어나 플립 차트(프레젠테이션 때 발표자가 사용하는 큰 종이 시트 – 편집자)로 가더니 수직선을 하나 그려 놓고 이렇게 말했다. "이것이 전체 시장입니다. 이중에서 우리 회사의 점유율은 약 6퍼센트입니다." 그리고 그는 수직선 아랫부분에 뷔르트 그룹의 시장 점유율을 적은 다음, 긴 수직선 중 일부를 위에서부터 지워버렸다.

"불황기에는 수요가 6~8퍼센트 감소합니다. 그러니까 우리 회사의 시장 점유율과 수요 사이에 남아 있는 부분이 전체 시장의 86~88퍼센트입니다. 그렇지 않습니까?"

경영진은 아무 말 없이 서로의 얼굴을 쳐다보았다. "그렇습니다. 이게 바로 경쟁업체들의 시장 점유율입니다."

"그렇다면? 거꾸로 생각하면 이 86~88퍼센트는 우리가 전혀 도달할 수 없는 영역이 아니라는 뜻이지요. 이제부터 우리는 불황이 오면 감소하는 수치가 아니라 우리 앞에 놓여 있는 가능성을 집중 공략해야 합니다. 당장 밖으로 나가서 경쟁업체들을 물리치십시오!"

부를 부르는 극한의 영업 법칙

나는 입을 다물 수가 없었다. 뷔르트라는 사람에게 한계는 없었다. 바로 이 점이 마음에 쏙 들었다.

경기가 위축되면 내 몫이 그만큼 줄어들 것이라는 생각도 전형적인 가정의 오류다.

여기서 핵심어는 '경기'이다. 변화된 상황은 경쟁업체가 점유하고 있던 시장을 빼앗아올 절호의 찬스다. 여러분이 더 좋은 제품이나 서비스를 제공하기 위한 콘셉트, 즉 더 나은 서비스를 가지고 있다면 말이다. 간단히 말해, 고객이 여러분의 서비스에 확실한 장점이 있다고 느껴야 한다는 뜻이다.

이 말은 여러분이 업계를 완전히 장악해야 한다는 뜻이 아니다. 그것은 너무 거창한 목표다. 세일즈업계에 오랫동안 몸담아온 나에게도 말이 안 되는 일이다. 지금까지 여러분이 어떤 부분에서 잠재 고객을 놓쳤는지 정확하게 살펴보는 것으로 충분하다.

여러분이 잠재 고객에 대해 검토하는 데에는 다음 두 원칙이 도움이 될 것이다.

하나는 '큰 돌의 원칙'이고, 다른 하나는 '1-3→7'의 원칙이다.

큰 돌의 원칙

베스트셀러 작가인 로타르 자이베르트Lorhar Seiwert(《독일 사람들의 시간관리법》 저자 —옮긴이) 교수는 시간관리에 관한 강연에서 이렇게 설명했다. "그에게 돌이 가득한 주머니 하나, 자갈이 가득한 주머니 하나,

모래가 가득한 유리잔 하나가 있다. 그가 자갈과 돌을 모래가 담긴 유리잔에 넣으면 유리잔은 넘친다. 하지만 유리잔에 그가 큰 돌을 먼저 채우고 자갈과 모래를 채우면 잔이 넘치지 않는다. 시간관리는 이런 것이다. 먼저 중요한 일정에 대한 계획을 세우고 자투리 시간에 자잘한 업무를 처리해야 한다. 쉽게 말해 우선순위를 제대로 정하라는 것이다. 세일즈맨인 여러분이 자신과 고객을 관리하려면 우선순위가 반드시 필요하다."

자신의 비즈니스를 어느 정도 이해하고 있는 판매자는 고객을 A유형, B유형, C유형으로 분류한다. 그는 '큰 돌'인 A유형 고객을 우선적으로 관리한다. 그리고 '자갈'인 B유형 고객을 관리한다. '모래'인 C유형 고객은 남는 시간을 활용해 관리한다.

여러분도 우선순위를 기준으로 정확하게 고객을 분류해야 한다. 고객에 대해 최대한 많은 것을 알고 있어야 여러분의 비즈니스와 연관된 잠재 고객을 정확하게 평가할 수 있기 때문이다. 그러면 어떻게 해야하는가? 여기에는 여러 가지 방법이 있다. 예를 들어 여러분이 이미 알고 있거나 쉽게 알아낼 수 있는 정보를 통해서 귀납적 추론을 할 수 있다.

여러분이 제공하는 제품이나 서비스를 고객이 얼마만큼 필요로 하는지 빨리 파악하려면 고객의 연매출을 알고 있어야 한다. 여러분이 구글과 같은 대기업의 연매출을 클릭 한 번으로 얻을 수 없는 것은 당연하다. 또한 사업보고서를 발행하는 상장 기업이 아닌 기업의 매출실적은 공개적으로 얻기 어렵다. 하지만 이런 어려움 따위가 여러분이 목표를 달성하는 데 걸림돌이 될 수는 없다. 이것 말고도 고

부를 부르는 극한의 영업 법칙

객의 매출을 아주 쉽게 파악할 수 있는 방법이 있으니까.

회사 오너에게 직원 수를 직접 물어보거나 웹사이트에서 찾아보라. 그러면 해당 기업이 수익을 내려면 직원 한 명이 어느 정도의 매출을 올려야 하는지 알 수 있을 것이다. 그러니까 직원 수를 바탕으로 한 기업의 최소 매출을 계산할 수 있다는 말이다.

자동차 딜러는 매년 여러분을 통해 구매하는 신차 대수를 기준으로 자신이 판매하게 될 중고차 대수를 예측할 수 있다. 이것을 통해 매출도 대략 짐작할 수 있다.

이런 방법들은 거친 도구와 같지만 여러분 마음대로 정교하게 다듬을 수 있다. 예를 들어 프랑스의 화장품 회사 로레알은 각 헤어숍의 잠재력을 체계적으로 조사하기 위해 아주 똑똑한 방식의 설문 항목을 개발했다. 이 설문지는 잠재 고객을 찾아내는 데 도움이 되는 틀을 제공했다. 설문지 문항은 아래와 같았다.

- 헤어숍의 직원 수는 몇 명인가?
- 헤어숍의 위치는 어디인가?
- 헤어숍에 주차 공간이 있는가?
- 헤어숍의 쇼윈도에는 무엇이 있는가?
- 로레알과 경쟁사의 제품 중 어떤 제품을 사용하고 있는가?

총 42문항의 이 설문으로 로레알은 고객을 더 정확하게 살펴보고 상황을 파악하여 귀납적 추론을 하는 데 도움을 받았다. 이 답변을 바탕으로 로레알 경영진은 각 헤어숍의 시장 잠재력을 매우 정확하게 예측할 수 있었다. 그리고 조사에 응했던 헤어숍을 A유형, B유형, C유형 고객으로 분류했다.

나는 고객 유형을 이보다 훨씬 직접적으로 분류했다. 이를테면 나는 한 기업의 외근직 영업사원 수를 보고, 이를 바탕으로 내근직 영업사원의 수를 추산한다. 그리고 이 회사 직원들이 매년 며칠 동안 세일즈 교육을 받아야 하는지 예측한다. 나한테는 이것이 이 기업의 시장 잠재력인 셈이다. 그 다음에 몇 가지 측면을 체크한다. 해당 업체가 결제를 정확하게 해주는지와 같은 부수적인 정보 말이다. 몇 가지 사항을 확인하고 나면 나는 잠재적 고객이 내 관심 대상인지 아닌지 알 수 있다.

이런 식으로 여러분도 현재 여러분의 고객에게 어느 정도의 잠재력이 있는지 예측할 수 있다. 물론 여러분도 아직 고객은 아니지만 관심이 가는 몇몇 업체를 평가해봤을 것이다. 그 다음에 어떤 기준으로 고객을 A, B, C유형으로 분류했는가? 고객을 분류하려면 여러분만의 기준을 정해야 한다. 무엇이 중요하고 무엇이 중요하지 않은지는 업계에 따라 다르게 적용해야 한다.

개인적으로 나는 다음 기준을 바탕으로 고객을 분류한다. A유형은 매출이 매우 높고 더 많은 매출을 달성할 수 있는 잠재력이 매우 큰 고객이다. 반면 B유형은 매출이 상당히 높지만 더 이상의 시장 잠재력이 없는 고객(내 용어로는 B1유형 고객) 혹은 매출이 적당히 많지만 시장 잠재력이 큰 고객(내 용어로는 B2유형 고객)이다. 마지막으로 C유형은 매출도 시장 잠재력도 없는 고객이다.

현재 상황과 예상 가능한 매출 외에도 살펴볼 사항이 있다. 이 경

부를 부르는 극한의 영업 법칙

우에는 아래 문항을 체크한다.

- 내가 이 고객을 위해 지출해야 하는 비용은 얼마인가? 투자 대비 수익률이 어느 정도인가?
- 이 기업의 유동성은 어느 정도인가? 내가 비용을 청구하면 제때에 지급받을 수 있는가? 예를 들어 내가 알고 있는 건설업체는 공공 프로젝트를 하지 않는다는 원칙을 갖고 있다. 지방자치단체들은 몇 달이 지나야 공사비를 결제해주기 때문이다.
- 업계에서 이 고객의 인맥은 어느 정도인가? 고객이 다른 업체에 나를 소개할 가능성은 있는가? 내가 이 고객을 통해 새로운 고객을 얻을 가능성은 있는가? 즉 신규 고객을 소개받을 수 있는 잠재력을 평가하는 것이다.

이 방법으로 고객을 분류한 다음, 각 고객의 잠재력을 최대한 활용할 수 있도록 우선순위를 정하도록 한다.

단순해 보이는가? 논리적인가? 그동안 여러분이 해왔던 방법과 비슷한가? 여러분의 습관을 다시 한번 정확하게 살펴보길 바란다. 정말 그렇게 해왔다면 나는 정말 기쁠 것이다. 내가 알고 있는 대부분의 세일즈맨이 머리로는 이렇게 해야 한다고 생각하지만 실제로는 여전히 예전 사고방식에 사로잡혀 있다. 정형화된 계획, 때로는 기계적으로 고객 방문 일정을 짜는 것 등이 전형적인 예다.

내가 알고 있는 세일즈맨 중에는 몇 년째 정형화된 방식으로 고객을 방문하고 있는 이들이 있다. 이들은 한 번은 홀수 주에, 한 번은 짝수 주에 고객을 방문한다. 모든 고객은 2주에 한 번 세일즈맨과 만나는 약속이 잡혀 있고 이 방식에 길들여져 있다.

격주 단위의 고객 방문은 참 편한 방식이다. 세일즈맨과 고객은 오랜 관계를 유지하고 있고 팀도 잘 돌아간다. 쉽게 말해 이 방문은 정해진 일정에 맞춰 편하게 왔다 갔다 하는 것일 뿐, 고객의 중요도에 초점을 맞추고 있지 않다. 그러니 이런 세일즈맨들이 시장 잠재력을 100퍼센트 활용하지 못하는 것은 당연하다. 이런 나태한 방식으로는 아무것도 얻을 수 없다.

세일즈맨이 해야 할 일이 무엇인가? 최대한 많은 고객에게 최대한의 신뢰로 서비스를 하는 것일까? 아니다. 이렇게 행동하는 사람은 그저 '기계적으로 일하는 영업자'일 뿐이다. 여러분은 '세일즈맨'이다. 세일즈맨이라면 악수만 할 것이 아니라 물건을 팔아야 한다. 이것은 여러분이 시간을 합리적으로 활용할 때에만 가능한 일이다. 여러분이 보기에 어떤 것이 더 좋은가? 일주일에 20개 업체를 방문하고 19개 업체에게서 수익을 내고 싶은가? 아니면 일주일에 50개 업체를 방문했는데 그 가운데 수익을 냈다고 할 만한 업체가 10개뿐인 것이 좋은가?

여러분이 나와 같은 답을 선택했다면, 당장 우선순위를 정하고 방문 계획을 다시 짜야 한다.

- A유형 고객에게는 시간과 관심을 많이 쏟고 고객의 요구에 맞춰 개별적인 서비스를 제공해야 한다.
- 다음 순위로 중요한 고객이 B2유형이다. 현재 매출이 거의 없어 신규 고객이 된다 해도 여러분이 당장 거둘 수 있는 수익은 없지만, 시장 잠재력이 매우

큰 고객을 말한다. 맞춤형 서비스를 개발해 이런 고객의 시장 잠재력을 최대한 활용해야 한다.

- 그 다음이 B1유형 고객이다. 이들은 현재 매출은 높지만 더 이상의 시장 잠재력은 없는 고객이다. 이런 고객에게는 표준 서비스를 제공하며 관계를 계속 유지한다.

- 우선순위를 새로 정할 때 가장 중요한 부분이다. C유형 고객에게 시간을 낭비하지 마라. 이들에게도 물건을 팔 수 있다면 제일 좋다. 어쨌든 이들은 아직 여러분의 카탈로그 배포 대상에 포함되어 있다. 하지만 개인적으로 이들에게 시간을 투자하지는 말자.

이제 여러분이 목소리를 높일 때가 되었다. "내 경우 C유형 고객의 비중이 가장 크다고. 내가 이들에게 관심을 끊는다면 엄청난 매출 손실이 생길 거야!" "작은 짐승도 볼일은 보잖아. C유형 고객은 고정 매출을 위해 필요해."

미안하지만 이것도 잘못된 가정에 불과하다. 맞는 말이기는 하다. 단 여러분이 아무 대책 없이 고객을 포기하는 경우에만 그렇다. 내 말은 그런 뜻이 아니다. 여러분이 남은 시간을 활용해 더 많은 매출을 올리려면 C유형 고객에게 많은 시간을 투자할 여유가 없다는 얘기다. 그래서 내가 내린 결론은 A유형 고객과 B2유형 고객에게만 시간을 투자하라는 것이다.

이런 방식의 고객 분류가 너무 극단적인가? 너무 단호한가? C유형 고객을 잘 관리하고 좋은 조건의 제안을 했을 때 매출이 상승할 가능성은 없는가?

이런 생각이 잘못되었다는 사실은 금세 밝혀진다. 만약 고객이 정말로 이런 잠재력을 갖고 있다면 그는 C유형 고객이 아니므로 A유형으로 올려야 한다. 당장 A로 올리지는 않더라도 전형적인 B2 유형 고객이므로 신경을 써서 관리할 만한 가치가 있다.

그렇다면 '진정한' C유형 고객은 어떤 고객일까? 솔직하게 터놓고 얘기해보겠다. 몇 년 동안 2주에 한 번 정기적으로 방문을 하고 이러저러한 좋은 제안을 해도 매출은 항상 제자리인 고객이 있다. 여러분은 언젠가 매출에 변화가 있을 것이라 생각하는가? 20년이 넘는 내 세일즈 경력에 의하면 이런 유형의 고객은 절대 변하지 않는다. 이런 고객은 여러분의 고객 리스트에서 삭제해도 좋다. 나는 오케이다!

여러분이 몇 년 동안 이 고객과 개인적인 관계를 맺어왔다면 관계를 끊기 쉽지 않을 것이다. 하지만 여러분은 고객들의 영혼을 돌보는 사제가 아니라, 쌍방 간에 이득이 되는 비즈니스를 해야 하는 세일즈맨이다. 그런 경우가 아니라면 과감하게 끊어라. 여러분만 시간을 낭비하는 것이 아니다. 고객도 여러분의 제안에 별 관심이 없는데 30분씩이나 커피를 마시며 잡담을 하느라 시간을 허비해야 한다. 여러분도 고객도 시간을 의미 있게 사용해야 한다. 이러한 비즈니스 관계는 정리하는 것이 쌍방에게 이득이다. 양측 모두 속으로는 이런 생각을 하면서도 차마 정리하자는 말을 못하고 있는 것뿐이다.

나는 이런 상황을 보면 유명한 다큐멘터리 영화 〈뷰티풀 피플 Animals are beautiful people〉(1974)이 떠오른다. 이 영화에서 특히 인상적이었던 게 열대 밀림 원주민들이 원숭이를 잡는 장면이다. 원주민들은 아주 작은 옹이구멍이 있는 나무를 찾는다. 그리고 이 구멍에 견과류 혹은 돌 하나를 넣어둔다. 한 원숭이가 이 모습을 호기심 가득한 눈빛으로 관찰하고 있다. 그러다 사람이 나무에서 물러나자 원숭이는 몰래 다가와 구멍 안에 무엇이 있는지 본다. 이것이 무엇인지 제대로 확인하려면 구멍에서 꺼내야 한다. 원숭이는 돌인지 견과류인지 잡으려고 주먹을 쥔다. 하지만 둘 다 너무 커서 꺼낼 수가 없다. 이 순간 사람이 여유를 부리며 주변을 걷다가 원숭이에게 올가미를 던지면 원숭이가 산 채로 잡힌다. 이렇게 잡은 원숭이를 먹으려면 두개골을 쳐야 하는데 원숭이는 자신에게 위험이 다가오고 있다는 걸 눈치챈다. 그래서 사람의 팔을 잡아당기고 날카로운 소리를 내며 울고 버둥거리지만 결국 사람의 손아귀에서 벗어날 수 없다.

나는 이 이야기를 강연에서 자주 인용한다. 참석자들의 반응은 하나같이 똑같다. "말도 안 돼, 정말 바보 같아! 원숭이가 작은 구멍 속에 무엇이 있는지 알려고 집착하지 않았다면 자유의 몸이었을 텐데!"

바로 이것이다. 사람도 그렇게 쓸데없는 데 집착하면 아무것도 얻지 못한다. 나는 세일즈를 하면서 C유형 고객을 대할 때 매번 같은 체험을 한다. 그러니까 내려놓아야 한다!

그러면 여러분은 이런 질문을 할지 모른다.

"안 됩니다. A유형 고객과 B2유형 고객을 새로 얻으려면 처음부터 다시 시작해야 하는데 어떻게 해야 하나요?"

잠깐! 내가 이 말을 깜빡했다. C유형 고객과 관계를 끝낸다고 하여 반드시 새로운 고객을 만들어야 하는 것은 아니다. 이런 생각 때문에 여러분이 C유형 고객을 쉽게 내려놓지 못하는 것이다.

1-3→7의 원칙

"우리의 전략은 신규 고객 확보에 있다. 공격!" 많은 기업들이 이런 슬로건을 내건다. 이제 시장에 막 뛰어든 스타트업은 물론이고 업계에서 오랫동안 비즈니스를 해온 기업들도 고객 확보에 전력투구한다. 세일즈맨들에게 전문적인 교육을 시키고 텔레마케팅, 박람회, 기습 방문 등 고객 유치 활동에 이들을 동원한다. 세일즈맨은 신규 고객을 많이 확보할수록 능력을 인정받는다.

하지만 장기적으로 보면 신규 고객만으로 성장하겠다는 전략은 지나치게 소모적일 수 있다. 또한 이러한 전략은 꾸준한 관리가 가능할 때만 유용하다. 고객 관리가 제대로 되지 않으면 고객들은 바로 돌아서거나 C유형 고객이 되고 말 것이다. 또 기존의 고객들은 소홀한 대접을 받는다고 생각하여 점점 멀어지게 될 것이다. 결국 회사의 매출은 정체될 것이다.

나는 고정 고객의 잠재력을 완전히 활용하지 않으면서 신규 고객을 확보하려는 기업들을 많이 보아왔다. 여기에는 함정이 있다. 신규 고객 확보가 잘못되었다는 뜻이 아니다. 여러분이 시간을 더 합리적으로 활용할 수 있는 다른 영업 활동이 있다는 뜻이다. 가장 능력 있는 세일즈맨은 최소 비용으로 최대 효과를 달성하는 사람이다.

한 스위스 장교가 나에게 이런 설명을 한 적이 있다. 스위스의 모든 군인은 내부적으로 아주 단순한 기준, 즉 멍청한가, 영리한가, 게으른가, 성실한가에 따라 분류된다고 한다.

멍청하고 게으른 병사는 일반 사병이다. 전시에 이들은 총알받이

부를 부르는 극한의 영업 법칙

로 전방에 배치된다. 반면 멍청하고 성실한 병사는 전시에 보급병으로 투입된다. 그는 쉬지 않고 차량으로 보급품을 실어 나르지만 자신이 가는 길이 합리적인지 따지지 않는다. 한편 영리하고 부지런한 병사는 하급 장교, 영리하며 게으른 병사는 장교가 된다.

세일즈맨에게는 성실함이 필요하지만 똑똑한 성실함, 즉 합리적인 성실함이어야 한다. 이는 한 차원 높은 수준의 게으름이기도 하다. 행동하기 전에 먼저 노동과 시간을 투자하는 것이 의미가 있을지 철저히 고민해야 한다는 뜻이다. 그러니 우선순위를 정해 일하자.

합리적인 우선순위는 아래와 같다.

- 첫째, 기존 고객의 잠재력을 최대한 활용한다.
- 둘째, 돌아선 고객을 다시 확보한다.
- 셋째, 휴면 상태인 고객을 활성화시킨다.
- 넷째, 신규 고객을 유치한다.

신규 고객을 유치하는 것보다 기존 고객의 잠재력을 최대한 활용하는 것이 비용도 훨씬 적게 든다. 적어도 동일한 효과를 얻는 경우에는 그렇다. 나는 20년 세일즈맨 생활을 하면서 비용과 수익의 관계에 관한 전문 도서 자료를 분석한 결과를 하나의 공식으로 압축시켰다. 이 공식은 아직 고정 고객층이 없는 스타트업을 제외한 모든 업계와 형태의 기업에 적용시킬 수 있는데 계산법은 다음과 같다.

- 고정 고객의 잠재력을 완전히 활용하는 데 1배의 비용이 든다.

- 돌아선 고객을 다시 확보하고 휴면 상태인 고객을 활성화시키는 데 3배의 비용이 든다.
- 신규 고객을 유치하려면 고정 고객의 잠재력을 활용할 때보다 최소 7배의 비용이 더 든다.

이것이 바로 내가 만든 1-3→7 공식이다. 이론 설명이 끝났으니 이 공식을 실전에 적용해보도록 하자.

첫째, "조금 더 많아도 될까?"

B2유형 혹은 A유형 고객인 경우 간단하다. 여러분은 이런 고객들에게 어떤 잠재력이 있는지 이미 알고 있다. 여러분은 이러한 잠재력을 끄집어낼 방법을 찾기만 하면 된다.

그러니까 계획을 세우자. 고객의 어떤 욕구를 채워줘야 할까? 고객을 위해 어떤 문제를 해결해줄 수 있을까? 어떤 서비스를 필요로 할까? 고객에게 어떤 이득을 제공할 수 있을까?

제품을 통해서만 이득을 제공할 필요는 없다. 고객의 주문을 최대한 단순하고 효율적으로 구성해 제품을 공급하는 데 필요한 시간을 최소화하는 방법도 있다. 이렇게 하면 여러분은 간접적으로 공급 비용도 절감할 수 있다. 예를 들어 여러분의 경쟁자가 같은 제품을 더 저렴한 가격으로 공급하고 있다. 그런데 주문 과정이 원활하지 않아 고객이 17번씩 전화를 해야 한다면? 당연히 여러분이 더 유리할 것이다.

이런 생각은 머릿속으로만 할 수도 있지만 고객을 직접 만나 확인할 수도 있다. "저는 이 비즈니스 관계를 정말 소중하게 생각합니다. 저는 이 관계가 더 탄탄해지길 바랍니다. 편하게 말씀해주십시오. 어떤 제안서를 원하십니까? 어디 출신입니까? 앞으로 사업이 어떤 방향으로 나아가기를 원합니까? 당신이 중요하게 여기는 것은 무엇입니까? 어떤 걱정을 하고 있습니까?"

이런 대화는 향후 최우수 고객의 잠재력을 완전히 활용하기 위한 밑거름이다. 이런 대화를 나눴다면 시간 투자를 잘 한 것이다.

어떤 유형의 고객에게서 비용 투자 효과를 볼 수 있을까? 당연히 잠재력이 있는 고객, 즉 A유형과 B유형 고객이다. 여러분도 고객 분류를 제대로 했길 바란다! 또한 구매량이 적은 고객이 전부 C유형 고객이라는 생각의 오류에 빠지지 않길 바란다!

이러한 관찰이 잘 맞지 않을 때도 있다. 고객의 수요가 정말로 아주 적을 때가 있다. 반대로 고객이 처음 견적을 요청했을 때보다 수요가 더 늘어날 수도 있다. 여러분이 고객이 원하는 수량을 맞춰주지 못한다면 고객은 대개 다른 업체를 찾는다. 여러분을 통해 구매할 수 있는 제품 수량이 한정되어 있기 때문이다. 이런 경우에는 고객에게 특별 견적서를 바로 제시하는 등 즉각적으로 반응해야 제품을 팔 수 있다.

현재 수요는 적지만 잠재력이 있는 고객은 겉으로는 C유형 고객처럼 보이지만 실제로는 휴면 상태의 고객이다. 왕자가 잠자는 숲속의 미녀를 키스로 깨운 것처럼, 제대로 된 제안으로 그들을 깨워야 한다. 그러면 졸고 있던 고객들은 엄청난 잠재력을 가진 B2 고객으로 깨어날 수 있다.

둘째, 오래된 사랑은 쉽게 변하지 않는다

세일즈맨이 고객을 잃게 되는 경우는 세 가지가 있다.

- 고객이 '사망하거나' 파산 신청을 한 경우
- 세일즈맨이 일을 잘 못했거나 고객과 충돌한 경우
- 경쟁자가 일을 더 잘해서 고객을 빼앗아 간 경우

첫 번째 사례라면 더 이상 가져올 수 있는 것이 없다. 두 번째 사례에서는 고객을 잃은 책임이 여러분에게 있기 때문에 고객에게 보상을 해야 한다. 세 번째 사례라면 여러분은 소속사에 대한 책임이 있으므로 잃어버린 고객을 다시 찾아와야 한다.

고객을 잃으면 당신은 더 이상 할 것이 없다고 생각할지 모른다. '마음이 이미 돌아선 고객은 더 이상 거래 관계를 유지하려 하지 않는다. 고객은 아무 이유 없이 관계를 끊은 게 아니다. 그는 나의 제안에 실망했고 지금 너무 화가 난 상태이기 때문에 특가 제안 열 가지를 해도 소용없다. 한 번 잃으면 영원히 잃은 것이다.'

여러분은 그렇게 생각할지 모른다. 하지만 절대 아니다!

설문 조사 결과에 의하면 새로운 고객을 유치하는 것보다 돌아선 고객의 마음을 되돌리는 것이 훨씬 쉽다. 이런 고객은 현재 여러분을 떠난 상태라고 할지라도 어느 시점이 되면 여러분의 제안에 설득당할 수 있다. 어쨌든 여러분과 고객 사이에 관계는 존재한다. 친숙함에서 출발하는 것이 완전히 새로운 것에 적응하는 것보다 쉽다. 쉽게 해결할 수 있는 사소한 문제로 인해 고객의 심기가 불편해졌을 가능성도 높다. 그러니까 '마음이 돌아선 고객은 돌아오지 않는다'는 가정의 오류에 굴복하지 마라.

잃어버린 고객에게 다가가기를 주저하는 것은 합리적이지 않다. 이런 마음의 이면에는 불안이 존재하고 있다. 갈등에 대한 두려움 말이다.

나는 여러분을 속이려는 게 아니다. 여러분이 신경이 바짝 곤두선 고객에게 전화를 하면 처음에는 욕을 한 바가지 얻어먹을 것이다. 예전 고객은 지금까지 여러분의 회사, 여러분의 제안, 여러분의 서비스 때문에 거슬렸던 것을 일일이 따지고 들 것이다. 이런 갈등은 피할 수 없다.

그렇다면 어떻게 해야 할까? 이런 상황을 견디지 못할까봐 마음이 초조한가? 하지만 지금이 바로 기회다! 여러분은 고객이 터뜨리는 불만을 가만히 들어야 한다. 고객의 불만을 들으면서 다시 내 고객으로 만들 방법을 생각할 수 있기 때문이다. 화가 가라앉은 후 고객은 여러분이 어떤 반응을 보일지 기다릴 것이다. 이것이 여러분의 기회다. 여러분이 잘못한 부분에 대해 고객에게 진심으로 사과하면 관계를 개선할 기회가 생긴다. 그리고 여러분은 구체적인 보상 방안을 제시하는 동시에 질문도 아주 구체적으로 해야 한다. "우리가 비즈니스 관계를 다시 시작하려면 향후 우리 서비스와 제안이 어떠해야 한다고 생각하십니까?"

그렇다. 사소한 갈등은 닫혔던 문이 활짝 열리는 계기가 될 수 있다. 고객은 여러분이 자신에게 관심을 보이고 있다는 사실에 놀랄 것이고 좋은 말도 듣게 될 것이다. 결국 이것은 여러분이 고객을 높이 평가한다는 뜻이니까 말이다.

여러분은 이 방법으로 심지어 B유형 고객을 A유형 고객으로 만들 수도 있다. 고객의 요구 사항에 맞춰 제품을 공급하고 고객과의 관계가 얼마나 중요한지 증명해보이면서 말이다. 단 이렇게 하려면 적어도 15분은 투자하고 귀를 열어두어야 한다.

시장과 고객에 관한 정보가 정확해야 고객의 잠재력을 제대로 평가할 수 있다. 그래야 여러분은 고객과 업무의 우선순위를 정할 수 있고 고객의 잠재력을 온전히 활용할 수 있다.

셋째, 드림 리스트

먼저 고정 고객의 잠재력을 충분히 활용하고 마음이 돌아선 고객을 다시 내 고객으로 만들자. 그 다음에 새로운 고객을 확보하자! 하지만 무작정 달려들면 안 된다. 인터넷 옐로 페이지(업종별 전화번호부를 제공하는 웹사이트—편집자)로 바로 들어가, 여러분이 세일즈하고 싶은 분야에서 어떤 사람들이 활동하고 있는지 확인한 후 무작정 전화를 하거나 메일을 보낼 생각은 하지 않는 것이 좋다. 이것은 에너지 낭비다. 여러분이 할 일은 간단하다. 먼저 정기적으로 희망 고객 리스트를 작성한다. 그리고 영업 동료들에게도 리스트 작성을 요청한다. 이를테면 새해가 시작될 때마다 희망 고객 리스트를 작성하는 것이다.

이 리스트에는 여러분이 함께 일하고 싶은 회사들이 정리되어 있다. 다음 단계에서 이 고객들에게 어떤 잠재력이 있는지, 현재 이들이 어느 업체와 거래하고 있는지, 어떤 조건을 제시해야 내 고객으로 만들 수 있을지 꼼꼼하게 분석하도록 한다.

부를 부르는 극한의 영업 법칙

이 리스트에 '간절한 소망'이라는 제목을 붙여 책상 서랍에 넣어 두지 말고, 동료들과 이 리스트를 두고 의견을 나누도록 한다. 한 달에 한 번 혹은 분기별로 한 번씩 정례화해 의견을 나누는 것이 좋다. 이때 여러분은 희망 고객에게 다가가기 위해 어떤 전략을 짜고 실제로 어떻게 움직였는지 설명하도록 한다. 동료들은 여러분에게 윤리적으로나 실질적으로나 도움이 되는 조언들을 해줄 것이다.

연말에 리스트 분석을 해보면 드림 리스트에 있던 고객이 실제 고객이 되어 있는 사례가 많다는 사실을 확인할 수 있을 것이다. 꿈이 저절로 현실이 된 것이 아니라 여러분이 꿈을 품고 여러분과 여러분의 팀을 위해 '선택적 인지'(자신에게 영향을 주거나 자신이 기대하는 바와 일치하는 것만을 인식하는 경향-옮긴이)를 했기 때문이다. 목표 고객에 집중하면 그들과 비즈니스할 기회를 훨씬 더 강하게 인지하게 된다. 이렇게 하면 어중이떠중이로 신규 고객을 얻는 것이 아니라 명백한 A유형 고객을 얻을 수 있다.

매출 10% 상승으로는 부족하다

"매출 10퍼센트 상승이 목표입니까? 그 정도로는 부족합니다. 시장은 이미 변했습니다. 더 멀리 내다봐야합니다…."

이것은 내가 한 자동차 전문 대출 은행의 전략회의에서 한 말이다. 자동차 전문 대출 은행이란 자동차 딜러들의 사업 자금을 전문적으로 대출해 주는 은행인데, 이 은행은 회사 건물과 심지어 개인 주택 구매를 위한 자금 대출 업무에까지 손을 대고 있었다. 경영진은 이 은행이 업계 1위 업체의 자회사였기 때문에 심각한 사태가 발생할 리 없다고 안심하고 있었던 것이다.

하지만 자동차 대출 시장은 이미 오래전부터 침체되어 있었다. 자동차 회사마다 지정 대출업체가 있고, 자동차 딜러들에게는 사실상 자신에게 유리한 조건을 선택할 기회가 없었다. 물론 자동차 회사와 관련 없이 독립적인 관계에 있는 자동차 전문 대출 은행들도 있었다. 내가 컨설팅 의뢰를 받은 회사도 그중 하나였다. 하지만 이 회사는 구태의연한 영업 방식에서 벗어나지 못하고 있었다. "우리한테 다 맡기세요. 우리가 돈줄을 쥐고 있으니."라고 고객들을 을처럼 취급하며 협박했다. 그런데 몇 달 전 한 외국계 은행이 독일에 진출해서는 자동차 대출 시장의 선도 업체에 공격적으로 맞서면서 고객들을 하나둘 빼앗아가기 시작했다. 이 은행의 독일 시장 진출은 성공적이었다.

갑자기 독일의 모든 자동차 대출 전문 은행들이 긴장 모드에 몰입했다. 이런 일이 있을 수가! 이런 식으로 경쟁업체의 고객을 빼앗아갈 수도 있구나!

나는 내 고객사에 이렇게 조언했다. "이 시장은 엄청난 기회인만큼 위험하기도 합니다. 매출을 두 배, 세 배, 네 배, 그 이상으로 끌어올려놓아야 안전합니다. 지금처럼 하다가는 5년도 못 버팁니다."

하지만 이 은행은 기존의 경영 방식을 고집했고 결국 파산했다.

달에 가고 싶다면 그만큼 목표를 높게 잡아야 한다. 달에 못 가면 별 하나라도 딸 수 있어야 한다. 야심찬 목표를 세우고, 할 수 있다는

부를 부르는 극한의 영업 법칙

믿음을 크게 가질수록 더 많은 것을 이룰 수 있다.

자신을 과대평가할 위험성은 없는 것일까? 너무 높이 도약하려는 사람은 실패할 수 있다. 맞는 말이다. 일보후퇴도 우리 삶의 일부다.

보스턴 컨설팅 그룹의 설문 조사 결과에 의하면 한 번 실패한 기업인의 대부분이 두 번째 도전에서는 한 번도 실패하지 않은 사람보다 훨씬 더 성공한다고 한다. 매출과 직원 수도 전보다 빨리 는다. 사실 당연한 일이다. 이런 사람들은 일이 돌아가는 사정이 어떤지, 어떤 상황에서 조심해야 하는지 잘 알고 있다. 무엇보다 이들은 새로운 도전을 할 용기를 갖고 있고 쉽게 주눅 들지 않는다. 자신이 원하는 것이 무엇인지 안다. 그래서 원하는 걸 얻을 수 있는 것이다.

문제는 대부분의 세일즈맨들이 자신이 무엇을 원하는지 모른다는 것이다. 여러분도 한번 생각해보라. 나는 심지어 목표조차 없는 세일즈맨을 만난 적도 있다. 이들은 일정표에 적혀 있는 일만 한다. 방문 예정인 고객을 순서대로 방문한다. 쉽게 말해 자신이 해야 할 일만 생각할 뿐, 이루고 싶은 게 뭔지 생각하지 않는다. 하지만 목표가 없는 사람은 목표를 달성할 수 없다.

여러분은 아마 하버드 대학교의 연구 결과를 들어본 적이 있을 것이다. 자신의 희망 직업을 글로 적어 둔 학생은 3퍼센트였고 그렇지 않은 학생은 97퍼센트였는데, 10년 후 조사했더니 이 3퍼센트의 학생들이 97퍼센트의 학생들보다 훨씬 더 많이 벌었다고 한다. 이 연구 결과는 마크 매코맥Mark McCormack의 책《하버드 MBA에서도 가르쳐주지 않은 것들》에서 상세히 다루고 있다. 한편 미국 도미니칸 대학교에서는 목표 달성에 도움이 되는 방법에 관한 연구를 실시했다. 이 설문 조사에는 다양한 국가 출신의 276명이 참여했고 여러 그룹으로 분류되었다. 첫 그룹은 4주 동안 자신들이 달성하고 싶은 목표를 말없이 추진했고, 둘째 그룹은 자신들의 목표를 종이에 적었다. 한편 셋째 그룹은 자신들의 목표를 달성하기 위해 구체적으로 어떤 노력을 할 것인지 종이에 적었다. 넷째 그룹은 친구들에게 자신들의 목표를 이야기했고, 마지막 다섯째 그룹은 자신들의 목표가 진행되고 있는 상황에 대해 주말 보고서를 작성했다.

결과는 충분히 예측 가능했다. 머릿속으로만 생각하고 있던 그룹에 비해 목표를 글로 적은 그룹의 목표 달성률이 두 배나 높았다. 특히 정기적으로 진행 상황 보고서를 작성한 그룹, 즉 성공적으로 통제해 온 그룹의 목표 달성률이 가장 높았다.

이 연구에서는 목표를 시각화했을 때 미치는 영향에 관해서는 다루지 않았지만, 내 개인적 경험에 의하면 아주 큰 영향을 미친다.

나는 미니 목표 노트에 내 목표들을 기록한다. 글로만 기록하지 않고 그림도 그려 넣는다. 예를 들어 지난해 내 목표는 아들과 함께 모터크로스를 타는 것이었다. 나는 잡지에서 사진 두 개를 잘라 노트에 붙여놓았다. 하나는 한 남자가 모터크로스를 타고 있는 모습이고, 다른 하나는 내 아들 또래의 남자 아이가(당시 내 아들은 여섯 살이었다) 미니크로스를 타고 있는 모습이었다. 나는 이 사진을 한두 달에 한 번씩은 보면서 우리 부자가 진흙으로 덮인 구릉을 질주하는 장면을 상상했다.

지난해 여름 우리는 정말로 모터크로스를 탔다. 물론 사진도 찍었다. 나는 아들과 내가 모터크로스를 타고 있는 모습이 담긴 사진을 내가 잡지에서 오려 붙여놓았던 사진 옆에 나란히 붙여놓았다.

원하는 이미지를 떠올릴 수 있다면 달로 가는 길은 열려있는 것이다. 조만간 이것과 흡사한 이미지가 현실이 되어 있을 것이다. 나는 사진에 있는 남자와 똑같은 기종의 모터크로스를 샀을 뿐만 아니라 똑같은 색 옷을 입었다. 이는 계획했던 것이 아니라 그저 우연이었다. 나는 무의식적으로 내 노트에 붙여놓은 사진 속의 제품과 똑같은 것을 고른 것이다.

확신컨대 내가 잡지 사진을 노트에 붙여놓지 않았더라면 아들과 내가 모터크로스를 타고 있는 사진을 찍는 일은 현실이 되지 못했을 것이다. 우리는 절대 그렇게 할 생각을 못했을 것이다. 이처럼 시각화는 간절한 소망을 구체적인 목표로 만든다.

강조할 것이 또 하나 있다. 여러분이 작은 방에 차분히 앉아 목표를 시각화해 놓았다고 해도 혼자서 몰래 목표를 추진하고 있다면 아무 소용이 없다. 모두가 눈으로 보고, 손으로 잡고, 느끼고, 냄새를 맡을 수 있게 하라!

우리 사무실 벽에는 새로운 매출 목표 옆에 온도조절기 사진이 걸려있다. 우리는 여기에 미리미리 서로를 맞춘다. 어떻게 하면 케이크의 큰 조각, 즉 고객의 시장 잠재력을 최대한 많이 차지할 수 있을까? 다음과 같이 해보자.

- 야심찬 목표를 세운다.
- 목표를 글로 적는다.
- 목표를 시각화한다.

- 여러분의 팀을 위해 목표를 투명하게 밝힌다.

- 목표 달성 후 다음 단계에 무엇을 할지 고민한다.

- 일단 시작하고 잠시 물러나 있어야 하는 상황에서도 목표를 계속 추진한다.

자신이 모든 것을 할 수 있다는 사실에 여러분 스스로 놀라게 될 것이다. 계획한 기간에 목표를 달성하지 못하더라도, 몇 주 후면 목표를 달성하게 될 것이다.

무조건적인 봉사의 원칙

고객과 무조건 두 번은 마주친다

만프레드 뮐러는 "여기에 있는 기타를 테스트해 보시면 됩니다."라고 말하며, 찢어진 청바지와 가죽 재킷을 입은 한 청년에게 기타를 보여주었다. 그 모델은 청년이 원하는 기타의 서브 브랜드 버전으로, 중국산이었다.

상점 한가운데 너덜너덜한 가죽 소파에는 전설의 펜더 스트라토캐스터Fender Stratocaster의 서브 브랜드 스콰이어Squier가 놓여 있었다. 만프레드 뮐러는 고정 장치를 풀고 스콰이어를 증폭기 전원에 연결하고 잠시 음을 조율한 후 고객에게 연주를 해보라고 했다.

고객은 짜증이 난다는 듯 이렇게 말했다. "음, 저는 오리지널 펜더를 테스트해보고 싶습니다. 제가 가장 연주해보고 싶은 것은 멕시코산 펜더입니다. 제가 처음에 그렇게 말했던 같은데요. 제가 표현을 애매하게 했나요?"

판매 사원인 만프레드 뮐러는 고객의 구멍 난 배낭을 힐끔 쳐다보며 생각했다. '당연히 펜더를 갖고 싶겠지.' 그는 이런 행색을 한 사람이 한 대에 1,000유로(약 134만 원)인 기타를 산다는 건 상상조차 할 수 없었다. 보아하니 그는 400유로짜리 중국산도 허리띠를 졸라매야 살 수 있을 것 같았다.

"네네 손님, 정확하게 이해했습니다. 그런데 오리지널 펜더는 너무 비쌉니다. 스콰이어는 기술이나 품질 면에서 오리지널 펜더에 견줄 만한 제품입니다. 생산 공장이 근동 지역으로 이전되어 가격 대비 성능이 훨씬 좋습니다." 그는 젊은 청년에게 고갯짓을 하며 이렇게 말했다. "한번 테스트해 보시죠. 테스트해본다고 손해 볼 일은 하나도 없지 않습니까?"

청년은 아니라는 듯 고개를 내저었지만 소파에 앉아 몇 소절을 연주했다.

청년은 판매 사원을 올려다보면서 말했다. "네, 당신 말이 맞아요. 하지만 오리지널 펜더 수준은 아닙니다." 그러고 나서 그는 가격표를 보면서 이 말을 덧붙였다. "지금 이 제품이 399유로면 싸게 파는 것도 아니군요." 청년은 퉁명스럽게 말하며 기타를 다시 돌려주었다.

만프레드 뮐러는 기타를 받아들고 너바나Nirvana의 '컴 애즈 유 아 Come as you are' 첫 소절을 연주했다. 뮐러는 생각했다. '중국산 살 돈도 빠듯해 보이는데, 꼭 멕시코산 펜더로 연주하고 싶어 하는군.' 그는 고객에게 다시 한번 기타를 건넸다. "직접 들어보세요. 이 제품의 소리도 정말 훌륭합니다. 손님의 예산이 399유로라면 제가 문제를 해결해드리겠습니다. 우리 숍에는 신규 고객을 위한 특별 프로그램이 있습니다. 이 프로그램을 적용하면 손님은 10퍼센트 할인된 가격으로 구매하실 수 있어요."

고객이 여전히 싫은 기색을 보이자 그는 또 다른 제안을 했다. "여기에 제가 3퍼센트 할인 혜택을 추가로 제공하겠습니다."

고객은 잠시 밝은 표정을 짓더니 구매를 고민하는 듯했다. 하지만 기회는 결국 날아가 버렸다.

"아니, 아니, 괜찮습니다. 정말 솔깃한 제안이긴 합니다만, 이 기타는 제가 찾고 있던 제품이 아닙니다."

청년은 배낭을 다시 메고, 그에게 악수를 건넨 뒤 가게를 떠났다. 만프레드 뮐러는 멍하니 스콰이어를 들고 그 자리에 서있었다.

이런 일은 비일비재하다. 실제로 하나의 제품도 팔지 못하는 판매 사원들이 있다. 이런 가게에 들어간 고객은 엉뚱한 제품만 보다가 30분 후 빈손으로 나간다. 판매 사원이 고객이 원하는 답을 주지 못하기 때문이다.

외근을 다니는 판매 사원들 중에도 이런 경우가 있다. 이들은 샘플 보따리를 한가득 들고 헤어숍마다 찾아다니며 보따리를 풀었다 묶었다 하지만 물건 하나 팔지 못한다. 고객이 정말로 원하는 것을 주지 못하기 때문이다. 이런 상황을 해결하는 것은 할인이나 특가 제안이 아니다. 고객은 원치 않는 제품에 대해서는 단돈 천 원도 아깝다고 느낀다.

고객과 잡담만 실컷 하고 정작 해야 할 질문은 하지 않는 판매 사원도 있다. "그럼 여기에서 딜을 할까요?"가 아니라 "어머님이 치료를 잘 받으셨나요? 아내는 요즘 어떤가요?" 이런 질문만 한다. 이들은 고객이 주말에 할리 데이비슨을 타고, 그의 딸이 부활절 달걀을 모으고 있는 것을 안다. 하지만 고객이 냉동실 세척제에 관심이 있는지 없는지는 모른다.

한편 내내 제품 설명만 하는 판매 사원도 있다. 이들은 고객이 관심이 있는지 없는지는 생각하지 않고 커피 로스팅기의 온도 조절 기능을 장황하게 설명한다. 이렇게 무대포로 설명만 한다면 이런 기능이 필요하지 않은 고객은 이 제품을 구매하지 않을 것이다.

이런 판매 사원에게는 확실한 목표가 있다. 매출을 10퍼센트 올리는 것이다. 그런데 이 목표는 원래 전년도에 달성했어야 하는 것이다. 전년도보다 그는 커피 머신 15대, 나사 2톤, 세탁기 30대를 더 팔아야 한다.

이들은 매출을 올리기 위해 갖은 노력을 다한다. 사장은 최우수 판매 사원에게 특별 보너스를 지급한다. 마진이 조금이라도 더 남으면 이들은 다음 휴가에 아내와 함께 그토록 원하던 크루즈 여행을 할수 있다. 물론 자신감도 상승할 것이다. 하지만 위에서 얘기한 방법으로는 더 이상 매출을 올릴 수 없다. 회사의 생존을 위해서는 더 많은 매출을 올리는 판매 사원들이 많아야 하지만 말이다.

어떤 기업은 이윤을 유지하려면 풍차 20대를 더 팔아야 한다. 독일에서 제조된 자동차가 팔리지 않으면 생산 공장을 해외로 이전해야 하는 경우도 있다. 회사가 파산 위기에 몰리고 수천 명의 일자리가 위태로워진다.

이런 상황이어도 이들은 목표를 달성하지 못한다. 제품에 대한 확신이 있고 상담도 잘한다. 고객과의 연락은 이들의 직업이자 삶이다. 이처럼 고객과 커뮤니케이션하는 걸 좋아하지만, 정도를 걷지 못한다. 그래서 원하는 것과 실제로 해내는 것에 차이가 생기는 것이다. 왜 그럴까? 실패의 원인은 무엇인가?

세일즈맨의 전형적인 이미지를 벗어라

누구나 이런 전화를 받아봤을 것이다. 월요일에는 보험회사, 화요일에는 통신판매업체, 목요일에는 또 다른 누군가가 전화를 한다. 자신의 판매 할당량을 채우기 위해서다. 시내에 나가면 무료 신문을 주거나 서명을 해달라고 행인을 붙들고 늘어지는 사람들이 있다. 이런 유형의 세일즈맨들은 행인이 동물보호협회, 구호기관, 사회복지단체에 가입을 원치 않는데도 굳이 붙들고 설득을 시도한다. 이렇듯 난감한 상황을 피하는 유일한 전략은 마주치지 않도록 아예 먼 길로 돌아가거나, 그럼에도 붙들렸다면 단호하게 거절하고 가던 길을 가는 것이다. 그러지 않으면 귀한 15분을 낭비하게 되고 그날 하루 기분을 망치게 된다.

그렇다. 고객은 끈질긴 세일즈맨을 부담스러워할 수 있다. 훌륭한 세일즈맨은 고객의 이런 심리를 정확하게 파악한다. 이들도 매일 자신에게 무언가를 팔려는 사람들 때문에 잔뜩 짜증이 나있기 때문이다. 보험, 회원 가입, 신문 정기 구독 등등. 여러분은 절대 고객의 짜증을 돋우는 유형에 들어가면 안 된다고 생각한다. 그래서 고객에게 부담을 줄까봐 겁낸다. 고객과 대화할 때 공손함과 겸손함을 유지하고 고객이 거절할 가능성도 염두에 둔다.

하지만 이는 단지 부담감으로 끝나지 않는다. 실제로 세일즈맨의 걱정은 심각하다.

"능력이 있는 세일즈맨이라면 사하라 사막에서 우산을 팔고 교황에게도 더블베드를 팔 수 있어야 하죠." "올해의 세일즈맨은 농부에게 착유기를 판매하고 그 대가로 소 한 마리를 받은 밀러입니다." 이런 농담에서 독일 사람들의 세일즈맨에 대한 평가가 드러난다. 세일즈맨은 이윤에만 눈이 멀어 기회가 생기면 고객을 속여서라도 물건을 파는 사람들이라는 것이다.

세일즈맨은 세일즈를 스포츠로 보고 있는지도 모른다. 고객의 요구가 스쳐 지나가는 순간을 포착해 제품을 구매하도록 설득하기 때문이다. 따지고 보면 아무것도 아닌 것을 제품의 장점으로 제시하기도 한다. 처음에는 정말 좋아 보이는 조건이었는데 자세히 따지고 보니 악마가 숨어 있는 경우. 이를테면 세일즈맨의 말을 믿고 정말 저렴한 가격에 프린터를 구매했는데 나중에 알고 보니 토너 가격이 새기기 한 대 가격인 경우다.

이런 이미지가 많은 세일즈맨의 잠재의식 속에도 있다. 그래서 세일즈맨들은 고객과 상담을 하며 회의를 느낄 때가 많다. 고객이 공공보험 혜택을 받을 수 있는데 굳이 추가로 사보험에 가입해야 할까? 고객이 지금 타고 다니는 차에 충분히 만족하고 있지 않을까? 고객이 단순한 근무 시간 기록 모델을 문의했는데 굳이 복잡한 데이터뱅크 기능이 있는 모델을 권유할 필요가 있을까? 내가 소개하는 제품에 대한 확신이 있다면 고객을 속이는 건 아니지 않을까?

목표 매출이 높을수록 이런 불안함은 점점 커진다. 그 결과 세일즈맨은 고객에게 죽도록 상담만 하는 '줏대 없이 친절하기만 한 사람'이 되고 만다. 그는 고객이 지갑을 닫기 전에 최고급 프린터의 기능을 전부 설명하려고 한다. 그러다가 고객의 구매 신호를 모두 놓치게된다. 고객이 지불 방법에 대해 물어봤는데도 제품 설명만 하려 한다. 그래서 필요 이상으로 상담만 오래하다가 소득 없이 끝난다. 그에게는 이런 일이 일상이다.

세일즈맨에 대한 편견 중에, 양심 없는 세일즈맨 이미지가 있다. 아주 극단적인 경우로, 강매와 다름없이 물건을 파는 사람들이다. 여기에서 핵심은 판매만을 목표로 끝까지 가는 것이다. 다른 것은 전혀 중요하지 않다. 이런 세일즈맨은 고객에게 판매한 식기 세척기가 대형 주방에 맞지 않는 모델이라 해도 상관없다. 추가 보험도, 집에 소금통이 있는데 또 구매하는 것만큼이나 불필요한 것인데 세일즈맨은 물불을 가리지 않고 덤빈다. 팔 수만 있다면 모든 것이 초토화되어도 상관없다고 생각한다.

고객이 연민의 감정으로, 혹은 더 이상 설득당하고 싶지 않아서 물건을 팔아주는 경우가 있다. 이런 식으로라도 짜증스런 상담을 끝내버리고 싶은 것이다. 아니면 여러분의 상담 수완이 워낙 좋아서 설득이 될 때도 있다. 이 경우 고객은 5분이면 구매 계약에 서명을 하고 거래를 마친다. 하지만 이후 여러분의 불안감은 점점 커진다. 물론 여러분은 다시 한번 그를 만나게 될 것이다. 두 번째이자 마지막으로 클레임을 걸어올 테니. 이 고객은 여러분을 통해 두 번 다시 물건을 사지 않을 것이다.

이렇게 여러분은 고객을 잃고 물건도 팔지 못하는 신세가 될 수 있다. 그렇다면 매출과 상담의 중도를 어떻게 찾을 수 있을 것인가? 어떻게 고객을 응대하고, 제품을 판매할 수 있을 것인가? 어떻게 해야 매출 하락의 소용돌이에서 벗어나는가? 방법은 하나다. 스스로를 가둔 이미지에서 벗어나는 것이다. 바로 지금!

네, 저는 세일즈맨입니다!

"크로이터 씨, 당신은 나한테 뭐든 팔려고만 하는군요." 내가 이 말에 아무런 대꾸도 하지 않자 고객은 '내 말이 맞네' 하는 눈빛으로 나를 쳐다보았다. 고객과 판매 관련 대화를 하다 보면 항상 도달하게 되는 지점이 있다. 그동안 나는 너무 모범 답안만 제시한다는 말을 자주 들었다. "네, 손님. 손님 말씀이 100퍼센트 맞습니다." 나는 이렇게 대답한다. "저는 세일즈맨입니다. 하지만 저는 고객님께 아무것도 팔지 않습니다. 다만 고객님이 구매 여부를 결정하실 수 있도록 동기 부여를 할 뿐입니다. 저는 이것이 고객님의 관심사라고 생각합니다. 그렇지 않다면 왜 이 자리에 있겠습니까?"

세일즈란 무엇인가? 세일즈는 감언이설로 고객을 속여 물건을 파는 일이 아니다. 고객이 구매를 하는 것이다. 세일즈는 고객이 원하는 것을 제공함으로써 고객의 문제를 해결하거나 고객의 갈망을 채워주는 일이다. 예를 들어 고객사에서 유연근무제를 고려하고 있다면 그 회사에 가장 적합한 소프트웨어 솔루션을 소개하는 것이 세일즈맨이 할 일이다. 고객이 사설탐정이라면 탐정 업무에 적합한 자동차를 판매하는 것이다. 고객이 프리랜서라면 그의 업무에 맞는 합리적인 휴대폰 요금제를 추천하는 것이다.

세일즈는 좋은 거래를 성사시키는 것이다. 여러분과 고객 모두에게 윈윈인 상황을 만들어주는 것이다. 고객이 제품의 장점을 보지 못할 때 장점을 소개하는 것이 세일즈다. 세일즈란 고객에게 동기를 부여하는 일이다. 고객이 고민할 때 결정을 내릴 수 있도록 도와주는 일이다. 경쟁자가 터무니없이 비싼 가격의 쓸모없는 피트니스 프로그램을 소개한다면? 이런 경우 약속했던 효과가 나타나지 않는다는 것은 여러분도 잘 알고 있지 않은가? 여러분은 무리를 해서라도 고객들을 행복하게 해주어야 한다.

이런 상황을 생각해보자. 겉으로 보기에도 과체중인 40대 남성이 무료 트레이닝에 관심이 있어서 피트니스 센터에 왔다고 하자. 이 남성은 몸을 많이 움직이지 않고 운동도 전혀 하지 않는 것처럼 보인다. 그가 주로 어떤 음식을 먹을 것인지도 대충 짐작이 간다. 아마 패스트푸드나 스낵, 달콤한 과자를 마구 먹어댈 것이다.

트레이너가 그에게 무료로 제공할 수 있는 트레이닝 시간은 45분에서 60분 사이다. 트레이너와 이 남성 사이에 긍정적인 관계가 형성될 시간은 없다. 이것은 이 남성이 무엇을 원하고, 어떤 목표를 갖고 있고, 다음 달에 어느 정도까지 살을 뺄 수 있을지를 가늠해보는 단순한 문제가 아니다. 피트니스 센터의 매출을 확보하기 위한 차원도 아니다. 이 남자가 피트니스 센터에 등록하지 않는다면 월 회비 30유로 혹은 50유로보다 더 큰 문제가 생길 것이다. 텔레비전을 보면서 스낵을 먹고 맥주를 마시면 점점 몸무게가 늘어날 것이다. 이런 생활습관으로 살다 보면 새로운 사람을 사귀기 어렵고 점점 외로워질 것이다. 심혈관 질환, 당뇨병, 요통, 무릎 통증 등 심각한 건강 문제를 겪게 될 것이다. 나쁜 생활습관 때문에 다른 사람보다 10년 일찍 사망할 수도 있다. 그렇게 된다면 이 남자를 피트니스 센터에 등록시키지 못한 트레이너에게도 공동 책임이 생기는 것이다.

여러분은 이 점을 반드시 명심해야 한다. 세일즈맨은 회사뿐만 아니라 고객을 위해 의무감을 갖고 물건을 팔아야 한다. 모두에게 이익이 되는 결정을 내릴 수 있도록 고객에게 동기 부여를 해주어야 한다.

물론 여러분이 매출을 올리지 못한다면 즐겁진 않겠지만 포인트는 그게 아니다. 여러분은 자신뿐만 아니라 고객을 위해 제품을 판매해야 한다. 고객은 제품과 함께 부가가치를 얻으므로 여러분은 고객이 원하는 서비스를 제공해야 할 책임이 있다. 그러니 여러분이 세일즈맨이라는 사실에 자부심을 가져도 좋다. 무조건적으로 고객을 섬기는 세일즈맨!

이렇게 할 때 여러분은 원하는 가격을 고객에게 제시할 수 있다. 가격은 여러분이 제품을 판매함으로써 고객에게 제공한 이점에 대한 대가다. 핵심은 이것이다. 세일즈맨은 쌍방에게 이익이 되는 거래를 하기 위해 합당한 가격을 요구하고, 이 가격에도 불구하고 고객이 제품에 관심을 보이게 만들 권리와 의무가 있다.

그런데 많은 세일즈맨들이 이렇게 행동하기를 주저한다. 특히 고객이 너무 비싸다고 느낄 경우에 그렇다. 이럴 때 세일즈맨들이 보이는 반응이 있다. 고객이 물건을 사기도 전에 가격을 먼저 내려서 낮은 금액에 물건을 판매하는 것이다. 이것은 여러분은 물론이고 고객에게도 해를 끼치는 심리적 함정이다. 고객은 저렴한 가격에 구매한 물건의 가치를 제대로 평가하지 않기 때문이다. 그래서 제품의 장점을 완전히 활용할 수 없다. 어떻게 하면 여러분이 원하는 가격을 끝까지 밀고 나갈 수 있을까?

정말로 비싼 것은 무엇인가

여러분이 제안한 해결 방안을 선택하거나 제품을 구매하는 데 고객이 얼마를 쓸지 생각하지 마라. 당신이 파는 나사, 자동차, 의료 장비를 사지 않았을 때 고객이 얼마나 많은 돈을 쓰게 될지 생각하라. 고객에게 어떠한 불이익이 생길 것인가를 생각하라.

세일즈맨이라면 직접비용뿐 아니라 간접비용도 생각해야 한다. 잘못된 재고 보관 시스템을 바꾸지 않으면 배송 기간이 길어질 수 있다. 보관하고 있는 제품이 망가질 수도 있다. 이런 사고를 방지하려면 고객은 더 많은 직원을 고용해야 한다. 직원을 고용하면 그 순간에만 지출이 발생하는 것이 아니다. 장기적으로 발생한다. 회사는 연구 및 개발, 마케팅에도 투자해야 한다. 이 경우 회사는 더 많은 이윤을 남기기는커녕 불필요한 지출을 하게 되는 것이다.

현재 여러분이 소개하는 제품을 구매한다면 당장 지출은 발생하겠지만 충분히 그럴 만한 가치가 있다. 여러분 스스로 제품에 대한 확신이 있어야 고객에게 당당하게 원하는 가격을 요구할 수 있다.

여러분 스스로 제품과 서비스의 장점을 확신할 때 고객에게 다가갈 수 있는 것이다. 고객에게 기회손실비용Lost Opportunity Costs을 알려주어야 한다! 그리고 여러분이 제안한 해결방안이나 제품을 구매하지 않을 경우 고객이 잃게 되는 것이 무엇인지 정확하게 짚어주어야 한다.

특히 헤드헌터는 비싼 중개 수수료를 지불하고 서비스를 이용하는 것이 고객에게 이득이라는 점을 설명하기 어렵다. 하지만 기회손실비용을 함께 계산하면 명확해진다. 독일에서 새로 직원을 채용하는 데 드는 중개 수수료는 1만 2,000유로(약 1,600만 원)에서 2만 5,000유로(약 3,300만 원) 사이다. 기업이 직접 직원을 채용을 할 때 드는 비용은 얼마인가? 기업은 어느 정도의 비용을 예상해야 할까?

회사에 자체적으로 인사부를 설치해 관리하는 비용은 엄청나다. 인사 담당자뿐만 아니라 사장도 채용 공고, 지원서 검토, 면접을 하는 데 많은 시간을 들여야 한다. 이런 업무를 처리하려면 직원을 한명 더 채용해야 한다. 직원 연수 프로그램을 기획해야 할 수도 있다. 직원 교육에도 시간이 필요하다. 이 시기에 신입 직원은 한 푼도 벌어들이지 못한다. 회사에서 직원을 잘못 뽑는 경우가 가장 최악이다. 새로 직원을 모집하는 데 드는 비용은 끝도 없다. 회사는 지원자를 다시 검토하고 면접을 진행해야 한다. 잘못 뽑은 직원은 해고 조치를 하거나 다른 부서로 이동시켜야 한다.

반면 헤드헌터는 노동 시장 전반을 꿰뚫고 있고 지원자들을 충분히 접해보았기 때문에, 해당 분야에 경력이 있고 회사에서 원하는 직원을 잘 찾아내는 역할을 한다. 여러분이 헤드헌터라면 어떤 점에 유의해야 하는지 파악하고, 기업이 소수의 적합한 후보들만 인터뷰할 수 있게 조처해야 한다.

기업이 직원을 잘못 뽑아 얻게 될 손실은 수백 배에 이를 수 있다. 반면 중개 수수료는 한 번 지불하는 것으로 끝난다.

여러분의 전문 분야가 나사, 프린터, 선반 시스템이라고 해도 여러분은 제품 이상의 것을 팔아야 한다. 여러분은 가치를 파는 사람들이다. 고객에게 제품의 장점을 제공해야 한다. 여러분이 고객에게 콘텐츠 관리 시스템, 지게차, 화물차를 판다고 해도 효율적인 경영과 연결할 수 있도록 해줘야 한다.

모든 계약에서 여러분이 염두에 두어야 할 사항이 있다. 무조건적으로 고객을 섬겨야 한다는 것이다. 고객은 자신에게 이득이 되는 거래일 때만 계약서에 서명을 한다. 여러분이 제품의 장점을 소개해도 통하지 않는다면 그는 여러분의 고객이 아니다. 나중에 어떻게 될지는 모르지만 아직은 아니다. 고객의 입장에서 비용만 나가고 아무런 이익이 없는 거래는 깔끔하게 포기하는 편이 낫다. 나중에 어떤 고객에게는 여러분이 소개한 제품이 필요한 상황이 생길지 모른다. 그러면 이 고객은 여러분을 다시 찾아올 것이다. 물론 여러분이 그의 관심사에 맞춰 구매 상담을 해왔을 경우에만 해당된다. 여러분의 목표는 당장 모든 고객의 매출을 두 배씩 올리는 것이 아니다. 여러분의 목표는 이 일을 오래 하는 것이다. 여러분을 다시 찾는 고객을 점점 늘려 지속적으로 매출을 성장시키는 것이 목표다.

그렇다면 여러분은 합당한 가격을 요구해야 한다. 여러분은 이 모든 권한을 갖고 있다.

가격 인하 전략을 쓸 때 무엇을 해야 하는가?

고객과 협상 시 가격을 인하해야 하는 상황이라면 공격적으로 대응하라. 가격 인하에 대한 보상을 요구하라! 여러분이 배송 일정을 정하라. 여러분의 일정에 맞춰 고객을 위한 교육에 착수하라. 양측 모두 계약 체결 후 얻는 것이 있어야 한다. 여러분에게 손실이 발생한다면 아무것도 얻을 게 없다. 여러분의 고객 역시 얻을 것이 없는 것은 마찬가지다. 그도 소중한 비즈니스 관계를 잃게 될 것이기 때문이다.

이제 좀 이해가 되는가? 어쨌든 이론적으로는 그렇다. 내가 세일즈 교육을 하는 현장에서 만나는 세일즈맨들은 이 부분에 전적으로 동의한다. 그리고 나서 고객을 방문하지만 정작 제품은 판매하지 못하고 그냥 지나치기 일쑤다. 고객에게 봉사하려는 마음이 없기 때문이 아니다. 상황이 어떻게 돌아가는지 모르기 때문이다. 이제 모든 것이 좀 명확해졌는가?

물론 무조건적으로 고객을 섬기는 데 방해가 되는 요인들이 있다. 정확하게 세 가지다.

고객을 함부로 판단하지 말라

"크로이터 씨, 이러고 있을 때가 아닙니다." 내 주치의가 걱정스런 표정으로 말했다. 그는 내 요통 증상을 철저히 분석하더니 심각한 눈빛으로 나를 쳐다봤다. 그리고는 이렇게 말했다. "이제 아이를 위로 번쩍 들어 올리고 안고 다니는 건 그만 두세요. 차에 정형외과 치료용 시트를 설치하세요. 그렇게 하지 않으면 무슨 일이 생길지 저도 장담할 수 없습니다."

아이들은 하루가 다르게 키가 크고 몸무게가 늘어난다. 사실 나는 이런 변화를 체감하지 못했다. 또 직업 특성상 운전하고 다닐 일이 많기 때문에 통증이 빨리 가라앉기를 기대하기는 어려웠다. 그래서 나는 메르세데스 벤츠 부퍼탈Wuppertal 지점을 찾아가 서비스 센터 직원에게 "업무용 차량에 레카로 시트를 설치했으면 합니다."라고 말했다.

판매 사원이 나에게 시트 하나를 보여주었지만 원하는 제품이 아니었다. 그는 시트 제조업체의 웹사이트에서 모델을 보여줄 수 있다고 했다. 그는 키보드를 두들기더니 모니터를 내 쪽으로 돌려주었다.

나는 모니터를 확인하고 말했다. "좋습니다. 나한테 꼭 필요한 제품 같군요. 하지만 내차의 내부는 가죽으로 되어 있어요. 가죽으로 된 제품은 없을까요?"

판매 사원은 또다시 컴퓨터를 두들기더니 나를 위아래로 살펴보고 작은 소리로 말했다. "있습니다. 이 제품을 구매한다면 손님께는 괜찮은 선택이 될 겁니다. 그런데 가죽을 씌우는 데만 1,000유로에서 2,000유로가 듭니다. 이보다 가격이 훨씬 저렴한 인조 가죽 제품도 있습니다."

이런! 이 사람은 내가 가죽 시트를 살 형편이 안 된다고 생각한 게 분명했다. 그런데 나는 운전을 하지 못하면 일을 할 수가 없다. 그의 말 한 마디에 잠시 주저했지만 계속 대화를 이어갔다.

"감사합니다. 저는 가죽이 좋습니다. 그러면 열선과 통풍 기능은 어떻게 되는 겁니까? 시트를 편한 걸로 바꾸더라도 이런 기능을 포기하고 싶지 않습니다."

판매 사원의 눈이 휘둥그레졌다. 그는 다시 컴퓨터로 가서 뭔가를 두들겼다. 나는 그가 준 생수에 아직 손도 대지 않았다. 물을 마시려면 통증을 느끼는 자세로 바꿔야 했기 때문이다.

"음… 손님이 원하신다면 열선 설치가 가능합니다만, 1,200유로를 추가로 지불하셔야 합니다. 하지만 통풍 기능은 설치가 불가능해요."

"그럼 마사지 기능은요? 그건 가능하겠지요?" 나는 더 확인하고 싶었다. 판매 사원은 내가 이상한 사람이라는 듯 눈알을 굴렸다. 물론 나는 이런 분위기를 이미 눈치 채고 있었다. 판매 사원은 다시 홈페이지를 클릭했다.

그는 전혀 아쉽지 않다는 듯 말했다. "아니요. 없습니다. 그런 기능을 추가하려면 천문학적으로 비용이 늘어납니다."

그 정도로 충분히 파악했다. 이 시트가 나한테 아무런 가치가 없는 것이었다면 그렇게 꼬치꼬치 캐묻지 않았을 것이다. 나는 이런 기능을 추가하면 비용이 많이 들고 내 문제를 해결할 합리적인 방안이 없다는 말을 들으려고 그 자리에 있었던 것이 아니었다. 요통으로 고생하는 사람은 그가 아니라 나다. 나는 쓸데없는 짓을 한 것이었다. 나는 "저는 다른 것을 기대했습니다."라고 말하며 자리에서 일어섰다.

이 판매 사원에게는 어떤 문제가 있는가? 그는 나름 최선의 지식과 양심으로 고객과 상담했다. 그럼에도 고객은 한 푼도 쓰지 않고 그 가게를 나왔다. 이것은 판매 사원은 물론이고 고객에게도 시간 낭비다.

문제는 판매 사원이 자신의 관점에서 가격과 제품을 평가했다는 데 있다. 커피 로스팅을 즐기는 판매 사원은 공장에서 로스팅한 커피를 추천하지는 않는다. 와인을 잘 아는 사람은 가격이 저렴한 와인을 많이 갖고 있지 않다. 차의 크기, 마력, 브랜드와 상관없이 모든 차는 운전자를 A지점에서 B지점으로 이동할 수 있게 해준다. 하지만 스포츠카나 최고급 세단을 타는 사람에게 이런 사실은 전혀 중요하지 않다. 판매 사원도 사람이기 때문에 자신의 판단 기준에서 벗어나지 못하고 맴돌기 일쑤다. 판매 사원도 고객처럼 이런 질문을 한다. 이 가격이 합리적인가? 화물차의 마력이 적절한가? 세탁기 소음이 적은가? 그런데 답변을 자신의 관점에서 한다. 자신이 판매하는 제품이 어떤 가치와 유용성을 갖고 있는지를 자신의 기준에 따라 결정한다. 그래서 이들이 판매하려는 제품이 평생 선반 위 장식품 신세가 되는 것이다.

이 문제를 해결하는 방법은 간단하다. 여러분의 고객을 함부로 판단하지 마라! 고객의 관점에서 생각하라! 고객은 무엇을 중요하게 여길까? 고객이 제품에 관심을 갖는 이유는 무엇일까? 여러분이 할 일은 차를 팔고 싶은 고객이 있는데, 그 고객의 직업이 변호사라는 사실을 확인하는 것이다. 변호사에게 차는 필수품이지만 그 외에도 필요한 것들이 있다. 그는 자신이 성공한 변호사라는 것을 고객에게 어필할 필요가 있다. 사회적 지위를 드러내는 방법은 특정 가격대의 모델밖에 없다.

가격이 비싼지 저렴한지는 당신이 판단할 문제가 아니다. 고객이 판단할 문제다! 이 점을 반드시 명심하길 바란다.

판매 사원들은 자신이 앞서서 고객 대신 결정을 하려는 경향이 있다. 절대 그렇게 하지 마라! 여러분의 고객은 스스로 결정하고 책임질 수 있는 사람들이다. 판매 사원이 할 일은 고객의 구매 동기를 찾아내는 것이다. 고객에게 제품 혹은 서비스의 장점을 정확하게 알려주는 것이다. 당신이 팔고 싶은 제품이 아니라 고객이 원하는 제품으로 말이다.

당신의 중요성을 부각시켜라

판매 사원은 자신이 고객에게 어떤 영향을 끼칠지 잘 모르는 경우가 많다. 이제 막 세일즈업계에 입문한 초보 사원이라면 일정표에 빈칸이 많기 마련이다. 그는 거래하길 원하는 고객들에게 시간을 내어 방문해달라고 요청할 수 있을 것이다.

이때 한번쯤 관점을 바꿔볼 필요가 있다. 당신은 모든 계약에서 당신이 필요한 존재라는 인상을 고객에게 남겨야 한다. 이러한 관점은 고객에게 어떤 영향을 미칠까? 물론 고객이 당신의 제품에 관심이 없으면 거래는 성사되지 않을 것이다. 예를 들어 먼지통이 필요 없는 진공청소기가 입고되었다고 하자. 아직 아무도 이 제품에 관심이 없는 상태다. 이런 경우 판매 사원은 어떤 방법으로 고객들에게 이 진공청소기가 혁명적인 제품이라는 생각을 심어줄 수 있을까?

고객에게 연락해 방문 일정을 체크하자. 3주에 한 번 정도가 적당하다. 그리고는 화요일 오후와 목요일 오전에만 가능하다고 얘기한다. 고객에게 시간이 많지 않은 것처럼 행동한다. 규모가 큰 회사들이 새로운 청소기에 관심을 보이고 있고, 그가 유일한 고객은 아니라는 점을 강조한다. 고객이 원하는 일정을 잡지 못했다면 30분쯤 뒤 전화를 하라. 그리고 어렵게 시간을 조정해서 고객이 원하는 일정을 맞추었다고 말하라. 그리고 소개하려는 제품이 얼마나 가치 있는지 이야기하라.

이처럼 당신이 고객에게 최선을 다하고 있으며, 다시 만나게 될 거라는 인상을 남겨라. 그러면 당신의 가게는 손님들로 북적대게 될 것이다. 고객을 확보할 때까지는 이런 페이크 전략을 써보자.

승자는 승자에게서만 구매하길 원한다. 그것이 자신의 지위도 높여주기 때문이다. 따라서 고객에게 최대한 승자의 이미지를 보여주어야 한다. 그리고 고객을 승자로 만들어주어야 한다!

물론 판매 사원의 경우 해당 분야를 잘 안다고 해서 반드시 승자가 되는 것은 아니다.

정확성의 함정

"이 특별 애플리케이션은 다루는 방법이 아주 까다롭습니다. 우리 데이터뱅크는 리눅스 운영체제에 맞춰져 있습니다. 윈도우 운영체제에서 사용하려면 한 개 이상의 에뮬레이터가 필요합니다. 수천 개의 인터페이스에서 호환성 문제가 발생할 수 있습니다. 각 인터페이스마다 엑스트라 패치가 필요합니다. 저는 안 된다고 말하지는 않겠습니다. 우리 개발팀 직원들이 이 문제를 살펴볼 것입니다. 최소 2주는 필요합니다. 하지만 실제로 모든 경우에 작동할지 확답을 드릴 수는 없습니다."

자신의 전문분야에 대해 잘 아는 세일즈맨도 함정에 빠질 수 있다. 이들은 자신의 동료들이 보편적으로 할 수 있는 일은 다 안다. 하지만 그렇지 않은 것에 대해서는 잘 모른다. 특히 기술과 의학 분야 세일즈맨이 이에 해당한다. 이들은 대개 전문 교육을 받은 엔지니어나 이직자라 고객의 눈높이에 맞춰 응대하고 기계에 대해 정확하게 설명할 수 있는 전문지식을 갖추고 있다. 하지만 이런 지식이 세일즈에는 오히려 걸림돌이 될 수 있다.

완벽주의 성향의 기사에게 아직 완성 단계가 아닌 솔루션을 판매한다는 것은 있을 수 없는 일이다. 하지만 오류를 완전히 해결한 제품을 개발하려면 막대한 비용이 든다. 소위 기술 영업을 하는 세일즈맨들은 이런 상황을 너무도 잘 안다. 그래서 이들은 다소 위축되어 있다. 이들은 고객의 질문을 거부하거나 개발비를 지나치게 높게 책정하여 고객 스스로 포기하게 만든다.

이들이 고객과 계약을 체결하기 전에 머뭇거리는 의도는 긍정적이다. 거짓 약속을 하지 않는 세일즈맨이라는 점에서 존경할 만하다. 하지만 이런 태도는 개발 부서에서 이들이 생각하는 것보다 빨리 새로운 문의 사항에 대응해야 할 때가 많다는 사실을 간과한 행위다.

일단 걷기 시작하면 여러 가지 길이 열린다. 사람들은 계약을 따낸 후 구체적으로 어떻게 이행할지 고민한다. 부동산업계에서는 이런 관행이 일상이다. 항공업계에서도 먼저 계약을 따낸 후 개발을 시작한다. 비행기 개발 혹은 부동산 건축 과정에서 어떤 문제가 발생할지 아무도 예측할 수 없다. 처음부터 모든 것이 문서로만 존재하는 것은 지극히 정상적인 일이다. 자문 서비스의 범위, 소프트웨어 솔루션의 기능은 계약서에 적혀 있는 문자에 불과하다. 집은 처음에 설계도에 불과하다. 실제로 기업들이 어떤 문제에 직면하게 될지 미리 안다면 깜짝 놀라 주춤하게 될 것이다. 내가 시작하지 않으면 아무 일도 일어나지 않는다. 현존하는 세계 최대의 여객기 A380이 대표적인 예다. 지금은 아무도 도입 당시 있었던 문제점에 대해 묻지 않는다. 처음에는 이 여객기가 완성될 수 있을지 불확실했다. 그 다음에는 날수 있을지 불투명했다. 그러나 A380은 수많은 여행객을 자석처럼 끌어들이는 여객기가 되었다.

전문지식을 갖고 있는 세일즈맨에게 완벽주의 외에도 걸림돌이 되는 요인이 바로 불안감이다. 경쟁자가 완벽한 제품을 출시할지 모른다는 불안감 말이다. 고객은 자신이 개발비를 더 지불해야 하거나 어딘가 다른 곳에서 이미 개발해 놓은 제품을 기다려야 하는 상황이 되면 속았다고 느낀다.

그런데 내 경험은 다르다. 어떤 소기업이 유명 대기업과 경쟁했는데 그 대기업도 고객의 문제를 해결할 방안을 찾지 못했다. 물론 이들은 노력했다. 하지만 최후의 수단을 동원해도 소기업과 똑같은 품질 문제를 갖고 있었다. 여러분이 중소기업에서 일한다고 해도, 대기업이 일방적으로 계약을 다 따내어 여러분이 계약을 따지 못할 일은 없다는 말이다.

그렇다고 정직하지 않게 행동하라는 것은 아니다. '확대된 진실'은 거짓말과 다를 바가 없다. 내 원칙은 어떠한 상황에서도 제품에 대한 거짓말은 안 된다는 것이다. 하지만 무엇이 진실인지 다 말할 필요는 없다. "세 번 이 문제가 발생했고 세 번 다 문제를 해결하지 못했습니다."가 아니라 "이런 문제가 세 번 발생한 것이 맞습니다. 우리도 잘 알고 있습니다!"라고 표현하는 식이다.

여러분이 평범한 기본 기능만 있는 콘텐츠 관리 시스템을 세 번 판매했다는 사실을 고객에게 일일이 다 밝힐 필요는 없다. 네 번째에는 획기적인 개선이 생길 수도 있으니까! 여러분이 계약을 따내지 못하면 기업이 혁신적인 제품을 개발할 수도 없다.

용기와 함께 성공할 수 있다는 믿음을 가진 자만이 혁신을 일으키고 시장의 주역이 될 수 있다. 기존의 제품만 판매한다면 여러분의 기업은 성장할 수 없다. 경쟁업체가 혁신적인 제품으로 점수를 따고 있는 동안 여러분은 시장에 질질 끌려 다닐 것이기 때문이다.

세일즈맨인 여러분이 시장에 혁신을 일으킬 수 있다는 사실을 명심하라. 내부적인 문제는 이 게임 중 일부에 불과하다. 예를 들어 여러분의 동료가 이런 질문을 한다고 하자. "왜 기존 제품은 팔려고 하지 않는 겁니까?" 그 말에 흔들릴 이유가 없다. 여러분의 생각을 계속 밀고 나가며 양쪽 전선에서 일하라. 고객과 회사 모두에게 세일즈를 하는 것이다. 고객에게는 제품의 이점을, 회사에는 개발 기회가 생길 수 있다는 사실을 알려야 한다.

제품과 관련된 까다롭고 기술적인 세부 사항을 너무 자세히 알려고 하는 것이 세일즈맨에게는 오히려 방해가 된다. 이보다는 제품을 판매하는 데 필요한 지식을 알차게 갖추는 것이 나을 수 있다.

지게차 현상

"이번에 내가 세일즈 교육 대상이 됐어." 자비네가 한숨을 푹 쉬었다. 지게차 제조업체의 텔레마케팅 부서 여직원 여덟 명이 교육을 받게 된 것이다. 기대감도 있기는 했다. 하지만 이들은 전화로 판매하는 상황을 상상하고 어떤 표현을 사용해야 할지 토론해야 했다. 괴로운 순간이었다.

강사가 잠시 자기소개를 하더니 "저를 따라오세요. 세미나는 작업장에서 할 것입니다."라고 말했다. 그 말에 여직원들은 더 놀랐다.

그곳에는 장애물 경기 시설이 준비되어 있었다. 경사로와 급커브,

위험한 흔들다리까지 설치되어 있었다. 판자 한 더미가 쌓여 있었고 커브가 많은 도로를 운전한 후 목적지에서 방향을 바꾸어야 했다. 모든 유형의 지게차가 준비되어 있었다.

"누가 처음으로 시도해보겠습니까? 동료가 시간을 재고 있습니다. 원뿔 모양 도로 표지가 뒤집어지고 판자가 없어지면 감점입니다. 여러분, 조심하세요!"

그러자 갑자기 분위기가 전환되었다. 여덟 명의 여직원들이 지게차로 달려들었다. 이들은 지게차 모델을 전부 테스트해보고 싶어 했다. 각 모델마다 운전 방식도 달랐다.

장애물 코스를 넘고 난 후 세부 원칙에 따라 경기가 시작되었다. 지그재그로 운전하고, 상자를 쌓고, 화려하게 경기를 마무리했다. 지게차로 칵테일을 서빙하기도 했다. 이들은 이전까지 단 한 번도 이렇게 즐겁게 세미나에 참여한 적이 없었다.

다음 날 통신 판매 분위기는 전보다 훨씬 활기찼다.

"KS 타입은 특히 방향 조정이 능해요. 2미터 면적인 공간에서도 사용할 수 있습니다!"

"보관 창고의 천장이 높으면 TL 모델을 추천합니다. 텔레스코픽 포크로 5미터까지 짐을 올릴 수 있습니다."

제품에 대한 자부심과 열정은 전화선으로도 퍼져 나갔다. 덕분에 전화 판매 실적이 10배 상승했다.

많은 판매 사원들이 몇 년 전에 봤던 제품을 판매한다. 이들이 알고 있는 기술 데이터는 대개 문서나 홈페이지의 짧은 영상을 통해 얻은 것이다. 그래서 제품의 장점을 고객에게 소개할 때는 교육 받은 내용을 그대로 말하는 것처럼 들린다. 이런 경우 여러분은 매일 제품을 다루는 고객의 입장을 100퍼센트 공감할 수 없다. 최소한의 정보만 갖고는 판매를 할 수 없다.

판매하는 제품을 자신과 동일시하는 판매 사원만이 고객의 눈높이에 맞게, 믿음을 주며, 활기차게 제품을 판매할 수 있다. 자신이 판매하는 제품의 타깃 그룹과 동일해져야 한다는 의미가 아니다. 대부분의 서비스나 제품의 경우 이것이 불가능하다. 단 판매 사원이 제품과 자신을 동일화할 수는 있다. 이를테면 판매 사원이 제품을 직접 조작하고 테스트해보면서 일을 하는 것이다.

유감스럽게도 이 방법을 항상 적용할 수 있는 것은 아니다. 소프트웨어나 지게차는 세일즈맨이 설명을 할 수 있는 구체적인 형태의 제품이다. 이런 것들은 작동을 한다. 반면 의료 관련 제품은 어떠한가? 판매 사원은 심장에 스텐트를 쉽게 삽입할 수 있는지 판단할 수 없다. 수술은 의사가 하는 것이지 판매 사원이 하는 것이 아니기 때문이다. 여러분은 어떤 공간에서 어떤 유형의 환자에게서 녹는 실이 분해되는지 알 수 없다. 이런 경우에는 여러분도 문의를 해야 한다.

새 프린터가 기대한 만큼 비용을 절감해줄 수 있을까? 새로운 기계로 더 많은 목재를 생산할 수 있을까? 새로운 종이를 사용하면 프린터 잉크 소비량을 줄일 수 있을까?

많은 판매 사원, 내근직 서비스 직원들과 고객 사이의 거리는 너무 멀다. 이들은 피드백을 거의 받지 못하기 때문에 제품이 고객에게 어떤 장점을 제공하는지 정확하게 모른다. 그래서 자신 있게 제품에 대해 말하지 못한다.

판매 사원들이 고객의 의견을 묻는 것도 이런 이유에서다. 고객에게 제품의 피드백을 요청하라. 피드백은 제품에 관해 중요한 사실을 알 수 있는 기회이므로 여러분에게도 도움이 된다. 제품에 어떤 장점이 있는가? 고객의 필요를 채워주었는가? 매출 성장 목표를 달성했는가? 생산 프로세스는 간소화되었는가?

여러분이 부정적인 피드백을 받는다면 개발 부서에 전달하라. 그리고 동료들과 이 문제를 해결할 방안을 논의하라. 해결 방안을 찾으면 제품에 대해 회의적인 고객에게 이 사실을 전달하라.

피드백이 긍정적이면 최고다! 이것은 판매 상담의 새로운 활력소가 되고 여러분은 제품을 더 많이 판매할 수 있다. 또한 여러분의 상담 내용은 모범 사례가 되어 다음 고객에게 활용될 수 있다.

당신이 세일즈 부서 책임자라면 '고객의 소리'를 요청하라. 그리고 내부적으로 이 의견을 나누라. 이런 의견들은 여러분의 팀에 동기를 부여하는 계기가 될 수 있다! 이메일로 칭찬 메시지를 보내고 관련 사진도 첨부하라. 긍정적인 피드백은 모든 부서에서 읽어볼 수 있도록 하라. 직원들은 제품의 장점을 알면 더 많이 판매하고 싶어진다. 좋은 평가를 받으면 고객을 응대하는 일이 훨씬 더 재미있어진다. 홍보부에서 회사 웹사이트에 고객 피드백을 올리면 그 효과는 배로 증가한다.

우리 아이들은 학교에서 좋은 성적을 받으면 성공 일기를 쓴다. 여러분도 이렇게 해보라. 여러분의 성공 사례를 적어라. 긍정적인 측면에 집중하면 제품을 더 많이 판매하고 싶은 의욕이 커지고 매출도 성장한다.

　'무조건적인 봉사'는 판매 사원의 기본적인 마음가짐으로 매우 중요하다. 가장 이상적인 것은 고객의 눈높이에 맞추는 것이다. 고객과 동등한 위치에서 말이다. 이 사실을 아는 사람은 그렇게 행동한다. 그리고 여러분은 역피라미드의 원칙이 정확하게 어떤 것인지 알게 될 것이다.

　　　　　　　　　　　　　　　　　　　　부를 부르는 극한의 영업 법칙

역피라미드의
원칙

지피지기면 백전백승이다

지금 이 장을 읽고 있는 이유는 무엇인가? 여러분은 무엇을 얻길 기대하는가? 컴퓨터 앞에 앉아 타이핑을 하고 있는 동안에는 여러분에게 직접적으로 물어볼 수가 없다. 여러분이 이 책을 산 이유는 무엇인가? 책 소개 문구를 읽고 여러분이 원하는 것을 얻을 수 있으리라 기대했기 때문일 것이다.

여러분이 원하는 것은 세일즈를 잘하는 것 아닌가! 물론 여러분은 지금까지와 다른 방법으로 잘하고 싶을 것이다. 덜 좌절하고, 압박을 덜 느끼고, 고객을 덜 잃기를 바랄 것이다. 그러면서 더 많은 매출을 올리고, 더 많은 재미를 느끼고, 더 많은 고객과 연결되고 싶을 것이다. 또한 더 발전하길 원할 것이다. 많은 고객들이 찾는 훌륭한 세일즈맨, 고객들과 관계가 좋은 세일즈맨, 비즈니스를 잘하는 세일즈맨으로 말이다.

그러려면 무엇이 필요할까? 여러분은 이미 한 가지 조건을 갖추었다. 1장과 2장을 읽었으니 정말 중요한 조건을 갖추게 된 것이다. 이제 성공한 세일즈맨이 되려면 그에 적합한 툴이 필요하다.

그렇지 않은가? 내가 여러분이 원하는 것을 제대로 짚고 있는가? 아니면 여러분은 더 많은 것을 원하는가?

마지막 장까지 다 읽은 후에 여러분은 이렇게 말할 것이다. 그래, 이제부터는 무조건적으로 고객을 섬기겠어! 그래, 이제부터는 고객이 정말로 원하는 것을 판매하겠어! 그런데 어떻게 실천해야 할까? 쉽게 말해 여러분은 고객이 정확하게 무엇을 원하는지 알아내는 법, 즉 고객 응대 매뉴얼을 찾을 것이다.

물론 여러분도 그렇게 될 수 있다. 나는 이 장에서 여러분에게 고객 응대 매뉴얼을 알려줄 것이다. 그러면 여러분이 매뉴얼대로 할까? 다른 훌륭한 세일즈맨들처럼 고객을 섬길 수 있을까?

아니, 아직 부족하다는 말을 하고 싶은 건가? 당연히 여러분은 고객을 섬기겠다는 마음을 갖고 있을 것이다. 고객이 열광적인 반응을 보이며 다시 여러분을 찾길 원할 것이다. 또 고객의 요구에 맞춰 준비한 거래를 고객들이 받아들이리라 확신할 것이다. 그렇지 않은가?

여러분에게 바로 비법을 전수했다고 가정해보자. 이 장의 마지막 부분에서 여러분은 확실하게 물건을 팔 수 있는 판매 상담을 계획하고 구성하는 방법을 알게 될 것이라고 가정해보자. 여러분은 좀 더 전문적이고 친절해 보일 것이다. 다른 세일즈맨과 달라 보일 테고 여러분의 고객은 여러분을 중요한 파트너로 여기게 될 것이다.

앞으로 여러분은 여러분의 고객이 정말로 무엇을 원할지 알게 될 것이다. 나는 정말로 여러분이 고객이 꼭 원하던 서비스를 제공하게 될 것이라고 생각한다. 처음에는 고객이 무엇을 원하는지 전혀 몰랐다고 할지라도 말이다.

이것이 전부가 아니다. 여러분이 이 장을 읽으면 대화의 걸림돌이 생기리라는 점도 알게 될 것이고 고객이 제품을 사게 만드는 방법도 알게 될 것이다.

나는 이 장에서 모든 비법을 여러분에게 알려줄 수 있다고 가정했다. 여러분은 내 방식을 받아들이고 여러분이 배운 것을 실천에 옮길 마음이 있는가? 예스인가 노인가? 회의적인 입장인가? 내가 터무니없이 큰소리만 뻥뻥 치고 있다고 생각하는가? 여러분에게 전혀 불가능한 일을 바라고 있는 것인가?

깨끗하게 인정하겠다! 내가 너무 많은 것을 요구하고 있다는 사실을 말이다. 나는 여러분과 여러분의 능력, 또한 여러분이 어떤 스타일의 세일즈맨이 되어야 할지에 대해 아주 까다로운 기준을 정하고 있다. 여러분이 넘어야 할 높이뛰기 장대는 아주 높이 걸려 있다. 그럼에도 가능하다고 말한다면 여러분은 내 말을 믿겠는가?

예스? 노? 아마도 "크로이터 저 사람은 정말 말이 많아."라고 말할지도 모르겠다.

맞다. 아무려면 어떤가. 의심은 여러분의 권리다. 이 장을 읽으면서 내가 했던 말이 가능하다는 확신이 든다면 그대로 계속 하라. 그러다 보면 훌륭한 세일즈맨이 되어 있을 것이다. 먼저 피라미드를 뒤집어보자. 그리고 고객별로 철저히 준비하자. 고정 고객은 가장 준비를 잘해야 하는 대상이다. 이제 우리의 거래는 성사된 것인가?

말은 은이고 침묵은 금이다

30분 전부터 나는 내 평생에 가장 황당한 세일즈 미팅을 하고 있었다. 나는 코칭을 위해 고객 한 명과 동행했다. 대형 인쇄업체 영업 담당자였던 그는 지방 은행의 한 지점을 새 거래처로 뚫고 싶고 했다.

"서류 용지의 워터마크는 고객의 요청에 따라 준비가 가능합니다. 주문량이 10만 장 이상인 경우 매년 용지를 재고로 확보해두기 때문에 짧은 시간 안에 추가 인쇄를 할 수 있습니다." 나한테 코칭을 받은 사람이 은행 대표인 고객에게 말했다.

"그렇다면 특정 제지업체와 긴밀한 협력 관계라는 말씀이신가요?"

"한 업체가 아니라 여러 업체입니다. 각 업체마다 품질이 탁월한 분야가 다르기 때문입니다. 대표님께서는 광택지와 무광택지 중 어떤 재질의 종이를 원하십니까? 아주 정교한 인각印刻이 가능한 종이를 원하십니까? 귀사의 로고에 5색 인쇄를 하면 색조를 정확하게 맞출 수 있기 때문에 제품 공급에 아무 문제가 없습니다."

은행 대표는 내 고객의 이야기를 전혀 이해하지 못하는 듯했다. 대신 이런 말을 했다.

"제가 귀사의 홈페이지를 살펴봤습니다. 사업 소재지가 여러 곳이더군요. 어디였는지 다시 한번 말씀해주시겠습니까? 각 소재지는 전문화되어 있습니까?"

대화는 이런 식으로 계속 흘러갔다. 내 고객은 사업 파트너가 자신의 회사에 관심을 보인다고 생각하며 들떠있는 듯했다. 그는 회사 관련 정보를 줄줄이 쏟아냈다. 그는 대화 내용이 인쇄 제품이 아니라 인쇄소 경영으로 흘러가고 있다는 것을 눈치 채지 못한 듯했다.

한 시간 후 그 은행 대표는 대화를 끊었다. "정보 주셔서 감사합니다. 다음 미팅이 있어서 저는 이제 일어나야겠군요. 제가 보기에 대표님의 인쇄소는 회사 전략의 일환으로 주식 시장 상장이나 합병을 추진해야 할 것 같습니다. 이와 관련하여 대표님께서 재무 혹은 기획 관련 파트너를 찾고 계신다면 기꺼이 도움을 드리지요." 그리고 그는 내 고객에게 명함을 쥐어주더니 자리를 떴다.

이 상황은 뭘까? 지금 누가 세일즈를 하고 있는 것인가?

여러분은 이런 상황이 벌어진 건 대화에 대한 준비가 부족했기 때문이라고 생각할지 모르겠다. 세일즈맨은 자기 고객으로 삼고 싶은 상대에게 자신과 거래를 원하는지 묻지 않았다.

하지만 진짜 고객도 긴 시간 대화를 나눈 후 정작 계약서에 도장을 찍지 않는 경우가 있다. 세일즈맨은 세계 챔피언처럼 등장했다가 마지막에는 아무것도 얻지 못하고 고객과 헤어지기 일쑤다. 고객은 "다시 연락드리겠습니다."라고 얼버무리며 세일즈맨에게 다음 일정에 대한 일말의 기대감만 남긴다.

고객이 대화에 할애할 수 있는 시간을 세일즈맨이 잘못 알고 있었을 수 있다. 아니면 세일즈맨이 무의식적으로 계약이 성사되지 않을 것 같다는 뉘앙스를 흘렸을지도 모른다. 물론 이런 것들이 문제가 되었을 수 있다. 하지만 문제는 훨씬 이전에 시작되었다. 문제는 세일즈맨이 판매 상담이 아니라 강연을 했다는 데 있다.

실제로 고객과의 관계를 일방통행이라고 생각하는 세일즈맨들이 많다. 이들은 판매하는 제품에 푹 빠져서 제품을 소개하는 데에만 온 정신이 팔려 있다. 제품에 대해 설명을 많이 해야 고객에게 확신을 줄 수 있다고 생각한다. "생명 보험료가 확실히 지급된다.", "인도산 커피는 누구도 따라올 수 없을 만큼 탁월한 맛이다.", "호주에서 추가로 수입한 레모네이드는 이번 여름에 히트 상품이 될 것이다.", "지금 내가 일하고 있는 은행이 최고다." 이런 스타일의 세일즈맨들은 고객을 제품의 매력에 푹 빠지게 만들면 계약은 떼어 놓은 당상이라고 굳게 믿는다. 역풍이 몰아치기 전까지는 말이다.

그리고 5분만 지나면 생각대로 일이 진척되지 않는다는 사실을 깨닫는다. 설명을 하고 또 해도 고객은 아무 반응을 보이지 않는다. 내 마음처럼 행동해주지 않는다. 이 경우 고객의 불만사항을 듣고 대처하는 데만 몇 시간을 보낸 것처럼 느끼게 된다.

이런 느낌은 구체적인 현실로 다가온다. 10분 후면 세일즈맨은 '이 고객에게는 껌 하나도 못 팔 분위기네.'라고 생각하며 심한 좌절감에 빠진다. 어쨌든 수습해보려 하지만 고객은 이미 숍이나 사무실을 떠나고 없다. 제품 하나 사지 않고 말이다. "신형 크레인을 사용하기에 우리 회사는 너무 규모가 작다.", "더 큰 플래시는 복잡한 촬영을 할 때만 필요하다.", "우리는 초상화 작업만 한다." 고객들은 온갖 변명으로 대화에서 빠져나간다.

그럼에도 '야심만만한' 세일즈맨들은 미련을 버리지 못한다. '아직 기회는 있어. 고객이 아직 확실하게 거절 의사를 밝히지 않았어. 게다가 대화 분위기도 화기애애했잖아.'

기분 좋은 대화를 나누다 보면 여러분은 지치지 않는다. 하지만 고객은 아니다. 바로 여기에서 무엇이 잘못 돌아가고 있는지 문제를 정확히 찾을 수 있다. 고객이 무엇을 필요로 하는지도 모르면서 어떻게 물건을 팔 수 있겠는가?

이런 상황을 상상해보자. 며칠 전부터 이상하게 목이 따끔거렸다. 오늘 아침에 일어났더니 왜 그랬는지 확실해졌다. 감기에 된통 걸린 것이다. 목은 아프고 콧물이 줄줄 흐르고 머리는 멍하다. 구멍이란 구멍은 다 막혀 있는 것 같다. 다행히 코로 숨을 쉴 수 있다. 그 사이 바이러스가 온몸으로 퍼진 것이다. 이런 상황이라면 병가를 내고 푹 쉬어야 한다. 그런데 계약이 성사되기 직전인 프로젝트가 있다. 당연히 집에서도 마음 편히 쉴 수가 없다. 이럴 때는 당장 병원으로 가라고 누군가 조언한다. 빨리 회복될 수 있도록 의사가 약을 처방해줄 것이라고 말한다.

여러분은 이 말을 듣자마자 실행에 옮긴다. 자동차를 운전해 병원으로 간다. 대기실은 환자들로 가득하다. 다들 코를 훌쩍 거리고 콜록콜록 기침을 한다. 다행히 차례가 일찍 왔다. 담당 의사는 여러분을 친절하게 맞이한다. 그는 여러분이 증상을 설명하기도 전에 자기 말만 한다.

"감기에 잘 듣는 약이 콘트라카피돌로르, 안티돌로르빈, 에피포룸 그라베도(저자가 임의로 붙인 약물 이름이다-역자) 이렇게 세 종류 있어요. 목이 아파서 알약을 삼키기 어렵다면 드롭형인 에피포룸 그라베도를 권합니다." "이 약은 …에 도움이 됩니다."

궁금한 것을 물을 틈도 없다. 담당 의사가 자기 말만 계속하기 때문에 끼어들 수가 없다. "제가 에피포룸 두 통을 처방해 드리겠습니다. 증상 완화에 도움이 될 겁니다."

무슨 상황인지 확인하기도 전에 여러분 손에는 처방전이 들려 있을 것이다. 그리고 의사는 "아침, 저녁으로 20방울씩 복용하시면 됩니다."라고 말하며 능숙하게 대화를 마무리한다.

여러분은 이 의사에 대해 어떻게 생각하는가? 여러분이라면 그가 처방해 준 약을 믿고 복용하겠는가?

물론 이것은 실제 상황이 아니라 가정이다. 어떤 의사도 이렇게 행동하지는 않는다. 약을 처방하기 전에 환자를 꼼꼼하게 진찰하고 질문을 하며 진단을 내린다. 그런데 많은 세일즈맨들이 실제 의사처럼 고객을 대하지 않고, 앞에서 예로 든 의사처럼 행동한다. 이들은 고객이 어떤 '병'을 앓고 있는지 안중에도 없다. 제품을 팔아치우려고만 한다. 훌륭한 세일즈맨은 훌륭한 의사처럼 행동해야 한다. 의사가 환자의 상태를 진단하고 처방을 하듯, 먼저 고객에게 필요한 것이 무엇인지 확인해야 한다. 그런 다음 고객에게 맞는 해결책을 제시해야 한다.

이것은 아주 자연스런 순서다. 여러분이 이 순서를 따르지 않으면 고객은 여러분에 대한 신뢰는커녕 거부감만 느낄 것이다. 자기 얘기만 하는 사람은 다른 사람들과 관계를 형성할 수 없다. 사람들은 자신에게 관심을 보이는 사람과만 교제하려는 경향이 있다. 이러한 행동 양태에서 벗어나야 더 좋은 결과를 얻을 수 있다. 그렇게 하지 않으면 여러분의 고객은 제품을 구매하려고 하지 않을 것이다. 자신의 문제가 해결되지 않았다고 생각하기 때문이다.

이런 딜레마에서 벗어나는 방법은 고객과 진짜 판매 상담을 하고 질문을 통해 원하는 것을 알아낼 때까지 고객의 말을 들어주는 것이다. 문제는 이렇게 하기가 쉽지 않다는 것이다. 그 이유는 무엇일까?

내 경험에 비춰보면 세일즈맨들은 적극적으로 행동해야 한다는 선입견에 사로잡혀 있다. 세일즈맨들은 자신이 대화를 주도하려 하

부를 부르는 극한의 영업 법칙

고 자신의 감정에 따라 일하려고 한다. 일을 성사시키기 위해 모든 기회를 이용한다. 그래서 제품을 급하게 소개할 수밖에 없다. 세일즈맨들은 전문성과 시장에 관한 해박한 지식을 내세우며 고객들에게 강한 인상을 남기려고 한다. 하지만 세일즈맨이 고객과 상담을 하면서 쉴 새 없이 자기 말만 하면 문제가 발생한다. 고객이 필요로 하는 것을 파악하는 과정에서 이런 일이 자주 일어난다. 내 경험에 의하면 이런 대화는 끝도 없이 늘어진다.

나는 고객에게 쓸데없이 말만 많이 늘어놓는 세일즈맨들을 자주 본다. 세일즈맨이 말을 많이 할수록 고객은 거절할 수 없다는 것이 이들의 모토다. 어떻게 보면 틀린 말도 아니다. 세일즈맨이 고객의 말을 경청하지 않는다면 거절의 말을 들을 일도 없다. 이런 메커니즘을 이용해 많은 세일즈맨들이 무의식적으로 불편한 상황에서 벗어나려 한다. 하지만 불편한 상황이 해결되기는커녕 오히려 악화된다. 세일즈맨들은 종종 자신이 원치 않는데도 무의식적으로 이런 전략을 쓴다. 이런 경우 고객은 절대 구매하지 않으려 한다. 고객은 이렇게 생각할 것이다. '이 사람 정말 질기네. 말이 너무 많고 물건만 팔고 보겠다는 심보야. 나한테 이 물건이 필요한지 관심도 없어. 30분째 내 문제와는 상관없는 얘기만 하고 있어. 다른 사람의 시간을 함부로 빼앗아도 돼? 이럴수록 내 문제는 더 커진다고! 내 세척제가 고객의 비싼 카펫을 망가뜨려놨어. 나는 지금 해결책을 찾아야 해!'

고객들은 대개 이런 말들로 대화를 끊는다. "애써주셔서 감사합니다. 당신이 제안한 해결책으로는 제 문제를 해결할 수가 없군요." 이렇듯 대부분의 고객들은 지나치게 정중하다. 질질 끌다가 어찌 계약을 하더라도 역풍이 분다. 가격, 컬러, 배송 조건에 문제가 생기면 갑자기 세일즈맨은 전에 한 번도 들어보지 못했던 변명과 항의를 접하게 된다. 양측 모두 체면을 지키기 위해 이런 식으로 대처하는 것이다. 고객은 면전에 대고 이 제품이 쓸모없다고 말하지 않는다. 이 말은 고객도 여러분도 약속한 일정을 최대한 지킬 수 있을지 제대로 고민하지 못했다는 의미이기도 하다. 이럴 때 절차를 구실로 삼으면 고객은 여러분을 끌어들이지 않고도 문제에서 빠져나올 수 있다.

고객이 원하는 게 무엇인지 확실하게 밝혔다면 얼마나 편했을까! 일이 훨씬 간단했을 것이다. 따라서 세일즈맨인 여러분은 고객이 원하는 것을 정확하게 제공해야 한다. 그래야 여러분과 고객 모두 행복해진다.

바로 계산대로 보내지 말라

아이와 차가 있는 사람이라면 이 둘이 때로는 좋은 조합이 아니라는 사실을 알 것이다. 교통 상황이 최악이고 운전에만 집중해야 할 때 뒷좌석에서 아이들이 싸우거나 칭얼대면 특히 그렇다.

나는 2년 전 이 문제를 해결할 방법을 생각해냈다. 운전하는 동안 아이들에게 아이패드로 게임을 하게 하거나 만화를 틀어주어 얌전히 앉아 있게 할 생각이었다. 그래서 애플 스토어에 갔다. 그리고 아이패드가 진열되어 있는 코너에서 판매 사원에게 "이 제품을 사고 싶습니다."라고 말하고 손가락으로 제품을 가리켰다.

판매 사원에게는 더없이 편한 상황이었다. 오랫동안 제품 상담을

부를 부르는 극한의 영업 법칙

하지 않아도 되었기 때문이다. 나는 내가 원하는 것을 정확하게 알고 있었다. 판매 사원은 바로 제품만 내주면 되므로 나를 위해 더 할 일이 없었다. 나한테 아이패드를 건네주고 계산대로 보내 최단시간 판매 기록을 세우면 되었다. 제품을 판매하는 데 1분도 걸리지 않을 테니 쉬운 일이었다. 그런데 그는 자처해서 일을 복잡하게 만들었다. 갑자기 내게 말을 건 것이다.

"손님은 어떤 용도로 아이패드를 사용하려고 하십니까?"

"운전하는 동안 아이들에게 만화를 보여주려고요."

"만화 몇 편을 저장하려고 하십니까?"

"20편 정도입니다. 물론 전부 저장할 생각은 아닙니다."

"그럼 이 제품으로는 부족할 것 같습니다."

"이유가 뭔가요?"

"손님께서 선택하신 제품의 저장 용량은 아주 작습니다. 이 모델은 만화 파일 다섯 개만 저장해도 용량이 꽉 찹니다."

"그럼 저에게 추천해 주실 만한 제품이 있습니까?"

나는 판매 사원에게 잠시 제품 상담을 받았다. 내가 애플 스토어를 나설 때 지출한 돈은 600유로가 아닌 1,000유로였다. 화면이 큰 아이패드, 케이스, 어댑터, TV 수신기 등등. 예상보다 지출을 많이 했지만 나는 사기를 당했다고 느끼지 않고 오히려 기분이 좋고 만족스러웠다. 원하던 것을 모두 구매했기 때문이다. 아이들은 내가 운전하는 차에 타면 만화를 볼 수 있기 때문에 좋아했다. 덕분에 나는 교통 체증이 있을 때도 운전에만 집중할 수 있게 되었다.

이 이야기를 통해 하고 싶은 말이 있다. 원하는 것과 필요한 것을 정확히 알고 있다고 생각하는 고객들에게도 문제가 있을 수 있다는 것이다.

첫째는 고객이 자신이 원하는 것을 알지만 전문 용어를 잘못 알고 있는 경우다. 틀린 표현을 사용해서 세일즈맨으로부터 원하는 서비스를 제공받지 못하는 것이다. 몇 년 전 우리 팀은 주요 고객 관리에 관한 교육을 해달라는 제안을 받았다. 당시 이 분야에는 우리 팀보다 실력이 훨씬 뛰어난 회사가 세 곳이나 있었기 때문에 우리는 거절할 생각이었다. 그런데 몇 가지 질문을 해보고 생각이 바뀌었다. "먼저 교육 목표를 정해주십시오. 목표에 따라 교육 내용이 달라지지 않겠습니까?" 그 다음에는 모든 것이 확실해졌다. 고객은 주요 고객 관리 교육이 정확하게 어떤 의미인지 모르고 있었다. 그는 대량 주문 고객을 위한 세일즈 교육을 원했던 것이었다. 당연히 우리 팀은 이 고객에게 그러한 서비스를 제공할 수 있었다.

둘째는 자신이 원하는 것을 정확한 전문 용어로 표현할 수 있는데, 원하는 것과 실제로 필요한 것이 다른 경우다. 이런 고객은 자신에게 훨씬 잘 맞는 다른 서비스가 있다는 사실을 모른 채 상담 문의를 한다. 얼마 전 나는 구인 중인 한 기업인을 상담했다. 그는 외근직 직원을 찾고 있었고 나한테 구인 방법에 대한 조언을 듣고 싶어 했다. 몇 가지 질문을 하고 나니 그에게 무엇이 필요한지 알 수 있었다. 그에게는 외근직 직원이 필요 없었다. 그는 직접 고객을 방문하기 때문에 그의 일정을 관리해주는 직원만 있으면 되었다. 즉 그에게 필요한 사람은 텔레마케터였다. 나는 고객이 상황을 잘못 판단했다는 사실을 알려주었다. 그의 피드백은 다음과 같았다. "내가 원했던 게 정확하게 이것은 아니지만, 이 방안이 훨씬 낫기는 합니다."

세일즈맨은 고객이 무엇을 원하는지 파악해야 한다. 훌륭한 세일즈맨은 무조건 고객이 원하는 대로 내주고 계산대로 보내지 않는다. 몇 단계 거꾸로 돌아가 고객에게 질문을 한다. 고객이 정말로 원하는 것은 무엇인가? 이상적인 해결 방안은 무엇인가? 어떤 방안이 고객에게 도움이 되는가?

고객이 원하는 것을 바로 내주는 사람이 진정한 세일즈맨은 아니다. 그는 제품을 판매하는 것이 아니라 분배하고 있는 것이다.

여러분은 어떤 마음가짐으로 고객에게 제품을 판매하는가? 단순한 제품 분배자인가 아니면 세일즈맨인가? 고객은 여러분의 어떤 서비스에 돈을 지불하는가? 세일즈맨인 여러분의 임무는 고객을 위해 최고의 해결 방안을 찾는 것이다.

가령 고객에게 XL이라는 해결 방안은 필요하지 않고 M이라는 해결 방안이 필요하다는 사실을 알게 되었다고 생각해보자. 이럴 때 여러분은 어떻게 행동할 것인가? 예를 들어 고객이 기업 재산 보험이 포함된 보험 패키지를 문의했다. 그런데 이 고객은 일반 기업 손해 보험만 가입해도 충분히 보장받을 수 있다. 고객이 데이터뱅크 시스템 관리 출동 서비스를 문의했다. 그런데 이 고객의 회사 규모라면 내부 IT 관리자를 조금 교육해 업무를 처리할 수 있다. 여러분이 고객에게 솔직하게 이런 상황을 설명하면 매출이 떨어진다. 그럼에도 고객에게 이런 사실을 알려야 할까?

물론이다. 여러분은 고객에게 모든 것을 솔직하게 밝혀야 한다.

"회사 문제는 조금만 손을 대도 해결 가능합니다. 이렇게 하면 비용도 절감할 수 있습니다." 정직함으로 고객을 대하라. 고객은 곧 사실을 알게 될 것이고, 나중에 정말로 큰 건이 생기면 여러분을 찾을 것이다. 정직하게 씨를 뿌려야 결실을 맺을 수 있다. 정직함이 신뢰를 낳고 신뢰가 매출을 창출하기 때문이다.

유감스럽게도 이런 원칙은 제대로 적용되고 있지 않다. 아무 이유 없이 리테일 업계의 세일즈 부서에서 애플 스토어 판매 사원들의 응대 방식을 벤치마킹하는 것이 아니다. 애플 스토어처럼 고객이 무엇을 원하는지 정확하게 확인하는 작업을 중시하는 회사가 많지 않다.

대부분의 회사들은 어떻게 하고 있을까? 이들은 장래의 세일즈맨에게 이 작업이 얼마나 중요한지 알려주지 않는다. 지금까지 세일즈 전문 교육, 조언, 훈련, 세미나에서 이들은 불만 사항 처리, 가격 협상, 계약 체결에 중점을 두었다. 세일즈 교육이 3일이면 이틀 동안은 주로 이런 내용을 다루었고 여기에 대부분의 에너지가 소진되었다. 이런 상황에 대해서만 강도 높은 훈련을 받았다. 판매 상담도 여기에 맞춰 진행되었다.

나는 일반적인 판매 상담을 피라미드에 비유한다. 두 변의 길이가 같은 이등변 삼각형이 있다고 상상해보자. 맨 위에는 푸른 하늘이 있고, 그 아래에 피라미드의 꼭대기가 있다. 피라미드는 아래로 내려갈수록 점점 넓어지고 바닥에는 모래가 있다. 이것을 판매 상담에 적용해보겠다.

먼저 푸른 하늘은 여러분이 달성하고 싶은 매출 목표다. 그 다음

　　　　　　　　　　　　　　부를 부르는 극한의 영업 법칙

피라미드로 표현한 구시대적 영업방식의 형태

에 여러분은 대화로 넘어간다. 이 피라미드는 위가 뾰족하고 아래가 넓은 형태다. 가벼운 대화가 잠깐 이어진다. 고객에게 필요한 것이 무엇인지 조사하는 기간이 짧다. '나는 전문가이기 때문에 이미 고객의 필요를 잘 안다.'고 생각할지도 모른다. 다음 순서는 프레젠테이션이다. 이때 제품에 관한 정보를 상세하게 소개한다. 나머지 시간은 고객의 불만 사항을 처리하는 데 보낸다. 이를테면 "가격이 너무 비싸다." 혹은 "컬러가 너무 빨갛다." 등 훨씬 구체적으로 지적이 들어온다. 고객은 한 달 후에 비용을 지불할 것이다. 여러분은 대부분의 시간을 이런 일을 처리하는 데 보낸다. 그러다 보면 모든 것이 모래 속으로 흩어져 있다. 여러분은 애매모호하게 고객의 동의를 얻지만, 사실 이것은 거절과 같다.

이런 모든 흐름이 과거의 방식이다. 어떤 세일즈맨에게서도, 더더군다나 톱 세일즈맨에게서는 절대 볼 수 없는 흐름이다. 그렇다고 여러분이 고객의 항의를 처리하는 데 드는 시간을 아껴서 세일즈 훈련과 자문을 받는 데 투자해야 할까? 반드시 그렇지는 않다.

내 말을 잘못 이해하지 않길 바란다. 고객의 항의는 발생하는 즉시 처리해야 한다. 하지만 내가 확신하건대 여러분이 고객을 제대로 응대하면 고객이 항의할 일이 생길 수가 없다. 여러분은 고객에게 맞는 제품을 판매하면 된다. 이런 경우 가격 협상을 따로 하지 않아도 고객은 여러분이 제시한 가격을 받아들인다.

피라미드를 뒤집어보자. 맨 위층은 밑변, 맨 아래층은 꼭짓점이 되지만 세일즈 기간에는 변함이 없다. 피라미드를 뒤집어 놓으면 시간 투입과 에너지의 비율이 전혀 달라진다. 피라미드에서 가장 많은 면적을 차지하는 부분은 준비 기간이고, 고객 관리나 프레젠테이션에 투입되는 시간은 더 적다. 고객의 항의를 처리하는 시간은 이보다 더 적다. 가격 협상은 형식에 불과하다. 당연히 계약은 성사된다. 삼각형의 두 변은 갈라져 있다가 맨 아래층에서 서로 만난다.

여러분이 이렇게만 한다면 쉽게 제품을 팔 수 있다.

대부분의 시간을 준비하는 데 보내자! 이렇게 하면 다음 단계에 투입해야 할 시간이 점점 줄어들 것이다. 계약은 30초면 끝난다. 볼펜을 꺼내고, 서명하고, 악수하는 데 드는 시간만 필요하다. 여러분이 처음부터 이 방법대로 잘 따라간다면 세일즈는 이렇게 쉬운 것이다.

피라미드의 가장 넓은 부분: 철저한 준비

먼저 여러분의 고객과 대화를 나눠라! 대화를 통해 정보를 얻어라! 여러분이 얻을 수 있는 모든 정보는 대화 속에 포함되어 있다. 인터넷에서 회사 정보를 찾아보고 구글링을 하라. 싱(Xing, 독일 함부르크에 소재한 비즈니스 전문 소셜 네트워크 업체-옮긴이)에서 비즈니스 상대에 관

부를 부르는 극한의 영업 법칙

한 정보를 확인하라. 동
료들에게 전화를 하라.
동료들은 어떤 경험을
했는가? 이 회사에 대
해? 이 회사 담당자에
대해? 이 회사의 다른
동료들에 대해? 여러분
의 세일즈 상대가 주식

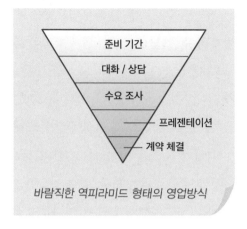

바람직한 역피라미드 형태의 영업방식

회사라면 사업보고서를 구해서 살펴본다. 사업보고서를 보면 귀한
내부자 정보를 얻을 수 있다. 사업 파트너는 업계 문외한인 여러분이
자신이 원하는 것을 정확하게 파악하고 있다는 사실에 놀랄 것이다.

담당 분야의 전문가가 되라!

사업보고서에는 기업의 사업 실적뿐만 아니라 시장 상황 분석도 포함되어 있다.
여러분은 사업보고서를 통해 고객이 당장 해결해야 할 숙제가 무엇인지 확인할 수
있다. 따라서 고객뿐만 아니라 해당업계를 선도하는 업체의 시장보고서를 모두 구
해 보는 것이 가장 좋다. 선도적 업체가 업계의 최신 트렌드를 결정하고 이끌어가
기 때문이다. 예를 들어 보험업계에 종사하고 있다면 알리안츠의 사업보고서를,
자동차업계에 종사하고 있다면 폭스바겐의 사업보고서를 살펴보길 바란다. 이렇
게 하면 업계가 돌아가는 사정을 판단하는 감을 키울 수 있다.

여러분이 새로운 업계에 입문했을 때는 물론이고 원칙적으로 이렇게 해야 한다. 여러분의 업계 경력이 20년이라고 해도 마찬가지다.

이 맥락에 딱 맞는 쿠르트 투홀스키Kurt Tucholsky의 훌륭한 인용구가 있다. "경력은 아무것도 아니다. 20년 경력을 가진 사람도 일에 서툴 수 있다." 20년 업계 경력이라면 첫 해에는 배우고 나머지 19년은 첫 해에 배운 것을 반복하는 기간이다. 이렇게 하여 20년 경력이 아니라 하나의 경력이 된다. 아주 원숙한 하나의 경력. 따라서 항상 열린 태도를 갖고 깨어 있어라. 여러분에게 언제 새로운 상황이 닥칠지 모른다. 새로운 제품, 업계, 주제 영역을 개척하라. 모든 것이 다 여러분의 경력이다! 경력을 쌓으려면 쉴 틈이 없다.

업계 전반에 적용되는 것은 개별 고객에게도 적용된다. 고객을 만나기 전에 고객의 상황을 철저하게 조사하라. 20년 넘게 사업 관계를 유지해왔다면 사업 파트너의 딸이 대학에서 무엇을 전공하는지 알 정도가 된다. 이럴 때가 더 위험하다. 여러분뿐만 아니라 고객도 자동조종장치에 운전을 맡겨버릴 위험이 있기 때문이다. 업계와 회사 사정은 언제든 변할 수 있다. 고객사에서 20년 동안 같은 제품을 사용하다가 어느 날 갑자기 전혀 다른 제품을 납품해달라고 요청할 수 있다. 고객도 이런 상황이 올 것을 예측하지 못했을 수 있다. 따라서 세일즈맨인 여러분은 주변 상황에 항상 신경을 써야 한다. 자동조종장치의 스위치를 꺼라!

애플은 수십 년 동안 컴퓨터로 유명한 회사였다. 애플이라는 이름은 컴퓨터를 위해 존재했다. 애플에서 1세대 아이팟을 출시하기 전까지는 그랬다. 이후 무슨 일이 일어났는지는 누구나 다 알 것이다.

여러분이 고객을 잘 알수록 더 많은 준비를 할 수 있다.

대형 고객에 대해서는 구글 알리미Google Alert를 이용할 수 있다. 여기에서 700개 이상의 신문과 잡지가 스캔된다. 예를 들어 바이어리셰 모토렌베르케Bayerische Motorenwerke'(BMW의 정식 명칭-옮긴이)를 입력하면 최근 2주간 BMW와 관련된 모든 기사가 제공된다. 이렇게 얻은 정보는 가벼운 대화를 나눌 때와 고객에게 세일즈를 할 때에 매우 유용하다. 고객사의 염료 공장이 환경 규제 의무 사항을 위반하여 비판을 받고 있는가? 여러분은 고객에게 적합한 필터 시스템을 한 발 앞서 준비해 놓아야 한다.

단 고객의 현재 상황을 처리하는 것보다 준비하는 것이 훨씬 중요하다. 고객과 대화를 나누기 전 세부 사항까지 미리 알아두어야 한다. 머릿속으로 고객과의 대화를 시뮬레이션해보아야 한다. 여러분의 질문 카탈로그에 아래 질문을 활용할 수 있다.

- 모든 소식통을 동원해 고객에 관한 정보를 수집했는가?
- 판매할 제품에 대해 완벽하게 알고 있는가? 고객이 어떤 질문들을 할 것으로 예상되는가? 고객이 무엇을 원하는지 확인하기 위해 어떤 질문을 할 것인가? 고객이 어떤 항의를 할 수 있는가?
- 누가 판매 상담에 참석할 것인가? 내 파트너와 나만 참석할 것인가? 아니면 다른 결정권자들도 참석하는가?
- 내가 결정권자들을 위해 할 일이 있는가? 내 파트너가 내부적으로 최종 구매 결정을 조율해야 하는가?
- 구매 주기는 어떻게 되는가? 테스트 후에 구매가 이뤄지는가? 고객은 먼저

제안서를 원하는가? 파일럿 프로젝트가 있는가? 중간 과정 없이 곧바로 계약을 할 수 있는가?

- 약속 장소와 시간은? 약속 장소에 어떻게 도착할 것인가? 내가 가져가야 할 것은 무엇인가? 어떤 미디어와 툴이 필요한가?
- 이번 방문의 목적은 무엇인가? 최대 목표와 최소 목표는 무엇인가?

여기에 상세하게 소개한 내용들을 바탕으로 여러분의 분야에서 중요한 질문 문항들을 정리하자. 그리고 질문지를 만든 다음 고객과 대화를 할 때마다 추가 사항을 채워나가라. 이렇게 하면 여러분은 필요한 모든 정보를 신속하고 일목요연하게 챙겨놓을 수 있다. 정확한 시간에 정확한 제안을 함으로써 그 제품이 꼭 필요했던 고객에게 확실한 인상을 남길 가능성이 높아진다. 여러분이 고객에 대해 잘 알고 준비를 잘했고 정확한 툴을 소개했으니까 말이다.

일정 조율도 준비 과정에 속한다. 사전 연락 없이 고객을 방문해봤자 여러분이 얻을 것은 없다. 예고 없는 방문으로 세일즈를 하던 시절은 지났다! 물론 지금도 이 전략이 통용되는 업계가 있기는 하다. 하지만 99퍼센트는 회사의 리셉션에서 끝난다. 리셉션 데스크 여직원이 아주 능숙하게 세일즈맨의 출입을 거부하기 때문이다. 게다가 여러분이 그렇게 행동해봤자 이득이 될 것이 없다. 고객은 여러분을 위해 내줄 시간이 없을 가능성이 높다. 여러분을 맞을 준비가 되어 있지 않을 수도 있고 자리에 없을 수도 있다. 반면 고객과의 선약은 여러모로 도움이 된다. 일단 계약이 성사될 가능성이 훨씬 높다. 고객은 자리에 있고 시간도 있고 여러분을 맞을 준비도 되어 있다. 게다가 여러분이 오직 고객을 위해 이 시간을 바치기 때문에 고객에게 점수를 더 딸 수 있다. 이렇게 하면 준비 없이 고객 앞에 나타날 때보다 여러분의 제안이 고객의 마음을 사로잡을 가능성이 높다.

고객과의 약속은 어떻게 따내는가?

고객에게 약속을 따내기 좋은 수단은 전화다. 이때 유의할 사항이 있다. 일단 약속 일정을 조율하고 기본적인 사항을 확인하는 것이 중요하다. 참석자는 누구인가? 누가 여러분의 대화 파트너가 될 것인가? 방문 목적은 무엇인가? 전화로 섣불리 세일즈를 시도하지 마라! 한 번에 너무 많은 것을 하려고 하면 아무것도 못 얻는 수가 있다. 중요한 것은 여러분과 고객이 시간을 낭비하지 않고 목표를 달성하는 것이다. 여러분이 목표에 집중할 때 약속을 잘 잡고 지체 없이 밀고 나갈 수 있다.

내가 세일즈 교육을 할 때 참석자들에게 많이 시키는 훈련이 있다. 먼저 전화 옆에 모래시계를 둔다. 세일즈맨 교육을 받고 능력을 인정받자마자, 이를테면 고객이 "당신은 유지보수 분야에 대해 잘 알고 있군요."라고 말하자마자 우리는 모래시계의 방향을 돌려놓는다. 내 경험에 의하면 이 시점부터 세일즈맨이 고객과 약속을 잡는 데 3분 이상 걸린다. 여기서 뭔가 삐거덕거리면 약속 일정을 잡을 가능성은 점점 낮아진다. 물론 고객과 약속 일정을 조율한 후, 가벼운 대화를 하거나 방문 준비와 관련해 몇 가지 설명할 시간이 필요할 수 있다. 하지만 여러분의 목표는 몇 분 내에 고객과 약속 일정을 잡는 것이다.

대화 제한 시간을 정해놓는 것이 좋다. 이렇게 하면 대화에 훨씬 더 집중할 수 있기 때문에 여러분은 신속하게 방문 목적을 말하고 약속 일정을 조정할 수 있다. 시간이 지나면 이것은 저절로 습관이 된다.

여러분이 전화로 약속을 정했다면 문서로 확인하는 작업이 필요하다. 신규 고객과의 약속일 경우 이것은 의무다. 고정 고객은 물론이고 불확실한 고객에게도 그렇게 해야 한다. 95퍼센트의 세일즈맨들은 메일을 보내는 것이 번거롭고 어렵다고 생각한다. 약속 일정을 확인하는 메일을 보내는 것만으로도 이 95퍼센트의 세일즈맨과 달라 보일 수 있다. '8월 15일 약속 일정 확인'이라고 쓰지 말고 '크로이터와의 약속 일정 확인'이라고 제목을 달아 메일을 보내자. 그러면 고객과의 대화가 잘 될 가능성이 높아진다. 샘플 메일은 아래와 같다.

브레너 씨,

오늘 오전 브레너 씨와의 통화는 유익했습니다. 친절한 응대에 감사드립니다. 2021년 3월 13일 10시부터 11시까지 무스터슈타트, 쉴러가 소재 귀사에서 있을 판매 상담 관련 확인 메일을 드립니다. 주제는 아래와 같습니다.

난방비 절감 가능성
고효율 연료의 비용 절감 효과
귀사 난방 시설의 연소 효율 극대화 전략

부를 부르는 극한의 영업 법칙

상세 정보는 당사의 웹사이트 www.die-heizlösung.de → 제품 → 히팅 매니저 2000을 참고하시기 바랍니다.

아래 두 업체는 당사의 고정 거래처입니다. 언제든 연락 가능합니다. 귀사의 연락이 갈 것이라고 미리 연락해 두었습니다.

이그나츠-타쉬너-김나지움, 뮌헨, 담당자: 라이트마이어
전화번호: 089/5575538

프린츠-에른스트-아우구스트 재단, 쾰른, 담당자: 퀴르텐바흐
전화번호: 0221/23552455

문의사항은 개인 휴대폰 0151-29 68 73 24 29 55로 연락 주십시오.
귀사를 알게 되어 기쁘게 생각합니다.

감사합니다.
발터 바틱

추신: 당사에서 귀사의 데이터를 좀 더 구체적으로 분석할 수 있도록 2020년 1/4분기와 2/4분기 귀사의 난방 시설 작동 데이터를 찾아 보내주시면 감사하겠습니다.

이렇게 공문서 양식으로 일정 확인을 할 경우 가장 큰 장점은 구속력이 강해진다는 것이다. 일정이 정확하게 지켜질 가능성이 높아진다. 그리고 일정을 문서로 작성해 보내면 전문성이 드러난다는 장점도 있다.

문서로 일정 확인 시 또 한 가지 플러스 요인이 있다. 고객은 어떤 주제에 관한 대화를 나눌지 정확하게 알고 있기 때문에 준비를 할 것이다. 이렇게 하면 대화의 수준도 높아진다. 고객은 제품에 대해 이미 알고 있고 제품 구매 시 장점도 미리 알 수 있다.

가장 큰 장점은 고객이 짧은 시간 내에 구매 결정을 할 수 있다는 것이다. 고객은 여러분과 통화 후 상사 혹은 이전 고객에게 제품에 관한 정보를 교류할 것이다. 결정권자의 승인을 미리 받아올 수 있다.

일정은 정해졌고 확인도 끝났다. 여러분은 철저한 준비를 하고 고객에게 간다. 이제부터 본격적인 판매 상담이 시작되지 않겠는가?

피라미드 2층: 대화의 시작

대화의 시작은 언제일까? 여러분이 고객사의 주차장으로 진입할 때? 회사 리셉션에 도착했을 때? 고객과 악수를 할 때?

아니다! 여러분이 도로로 진입하는 순간 판매 상담은 시작된다.

충격적인 이야기를 들은 적이 있다. 한 고객이 납품업체 관계자를 판매 상담에 초대했다고 한다. 이 고객은 제품 공급 제안을 하려고 했는데, 담당 부서장과 동료들이 일찍 회의실에 도착해 대형 유리창 전면을 보고 있었다. 멀리에서 자동차 한 대가 회사 건물을 향해 들어오더니 도로 한복판에서 멈췄다. 그리고는 정장을 입은 한 남성이 차에서 내려 길가로 가더니, 다리를 쫙 벌리고 도랑에 소변을 보는 것이었다. 그는 다시 차에 올라타더니 이어서 운전을 했다. 고객과 그의 동료들은 속으로 '저 사람만은 제발 우리 납품업체 사람이 아니었으면 좋겠다!'라고 생각했다. 그때 이 차가 회사 주차장으로 진입했다. 그 남자가 차에서 내리더니, 트렁크에서 캐리어를 꺼내 잰걸음으로 회사 건물로 들어왔다. 판매 상담은 아주 미묘한 분위기에서 진행되었다. 아무도 이 남자와 악수를 하려고 하지 않았다. 대화는 빨리 끝났다. 물론 누구도 그에게 발주를 할 마음이 없었다.

첫 인상이 중요하다. 이것은 진부한 문구가 아니라 사실이다. 심리학자 페터 보르케나우Peter Borkenau는 90초 동안 피실험자들의 행동을 영상으로 녹화하고 이 영상을 연구 참여자들에게 보여주었다. 연구 참여자들은 자신들이 받은 인상을 개개인의 성격 목록에 적었다. 그리고 이 목록과 피실험자 스스로 평가하는 자신의 성격을 비교했다. 실험 결과 연구 참여자들은 영상 속 피실험자 중 누가 외향적이고 사교적이고 교양 있고 붙임성이 있는지 거의 정확하게 표현했다. 불과 90초 만에 말이다. 다만 우울증 성향과 같은 복잡한 성격은 바로 구분하지 못했다.

이 실험 결과는 우리가 사람들의 행동과 겉으로 드러나는 모습을 통해 성격을 판단한다는 사실을 보여준다. 무의식적이고 기계적으로 말이다. 실험 결과가 그렇다. 상대에 대한 판단은 한 번 머릿속에 박히고 나면 잘 변하지 않는다.

고객사의 주차장에 도착한 이후 립스틱을 덧바르거나 넥타이를 매거나, 다진 돼지고기 빵을 먹거나 서류를 분류하기 시작하는 등의 행동은 절대 금물이다. 차의 상태는 어떠한가? 주말에 정원 쓰레기를 버리고 왔기 때문에, 햄버거를 급히 사왔기 때문에, 쓰레기장처럼 지저분한가? 밖에서 내 행동을 지켜보는 사람이 아무도 없을 것이라는 생각은 하지 말아야 한다. 누군가는 여러분을 보고 있을지 모른다. 논두렁 밭두렁을 넘어 지름길로 오느라고 차에 진흙이 덕지덕지 붙어 있지는 않은가?

세일즈맨의 행동은 매순간 관찰되고 있다는 사실을 명심하라! 여러분이 등장하는 모습도 판매 상담의 일부다. 이것은 피라미드에서 2단계에 속한다. 좀 더 자세하게 살펴보도록 하자.

도착

다음은 세일즈맨이 지켜야 할 행동 수칙이다. 깨끗하고 정돈된 차로 주차장에 들어가라. 차에서 내려라. 캐리어를 들어라. 지체 없이 회사 건물로 들어가라.

회사 리셉션에서

회사 리셉션에서 여러분의 명함을 내밀어라. 판매 상담의 수준은 처음부터 달라질 것이다. 리셉션 여직원은 여러분의 이름을 제대로 발음할 수 있다. 이제 그녀는 여러분이 어느 업계의 사람이고 어떤 회사에서 일하는지 안다. 여러분은 더 이상 '약속 때문에 이 회사에 온 대리인'이 아니다. 여러분은 '16시에 슈미트 씨와 약속이 되어 있는 △△회사의 슈나이더 씨'다.

자리 선택

리셉션 여직원이 회의실로 여러분을 안내할 것이다. 대화 파트너가 올 때까지 그 자리에 그냥 있어라. 왜 그럴까? 한 번 더 생각을 해보자. 여러분이 실수로 고객이 좋아하는 자리에 앉으면 상황이 이상하게 돌아갈 것이다. 물론 그는 들어오자마자 편견을 가진 채 여러분을 만나고 싶어 하지는 않을 것이다. 그냥 서서 기다리다가 노련하면서 정중하게 말하라. "감사합니다. 운전을 하느라 종일 앉아만 있었더니 잠시 서 있는 것도 좋네요."

음료에 관한 질문

비서가 음료를 마시겠느냐고 물어보면 항상 그러겠다고 하라. 여러분이 그 날만 벌써 커피를 다섯 잔 마셨더라도 말이다. 이것은 상대방에 대한 예의다. 특히 남부 및 동부 유럽, 독일어권 국가에서도 마찬가지다. 꼭 커피나 주스를 마실 필요는 없다. 생수를 마시겠다고 해도 충분하다.

명함 교환 에티켓

세일즈 훈련을 할 때 나는 종종 이런 질문을 받는다. 명함은 언제 몇 장 정도 나눠주어야 합니까? 나는 판매 상담을 시작할 때 그 자리에 참석한 모든 사람에게 나눠주어야 한다고 대답한다. 그리고 여러분이 상대방에게 명함을 받으면 바로 집어넣지 말고, 참석자들이 앉아 있는 순서대로 테이블에 올려둔다. 이것은 상대를 존중한다는 표현인 동시에 실용적이다. 여러분이 상대의 이름이 떠오르지 않을 때 커닝 페이퍼처럼 사용할 수 있다.

도착 후의 첫 인사

인사를 할 때 상대방이 아무 사고 없이 무사히 왔는지 물어보면 그렇다고 답하라. 고객의 회사로 운전을 해오던 중 강도에게 습격을 당하고 강탈당하고 납치를 당했을지라도, 벌거벗은 채 납치범에게서 도망을 쳤을지라도, 비상용 신용카드로 정장을 사 입었다고 할지라도 여러분은 항상 괜찮다고 해야 한다. 괴로움을 호소할 수도 있겠지만 그런 모습이 좋아보이지는 않는다. 고객은 승자에게서만 구매한다는 사실을 알아두길 바란다. 오는 길에 여러분에게 무슨 일이 벌어졌는지 상관없다. 내가 판매하는 제품을 사는 사람은 승리의 길에 들어선 것이다! 여러분이 고객에게 전할 메시지는 오직 이것뿐이다.

칭찬하라!

칭찬으로 대화를 시작하라. "로비가 멋있군요.", "리셉션의 여직원이 친절하더군요.", "회사 건물이 건축 작품 같군요." 이렇게 표현을 하라. 누구나 칭찬받는 것을 좋아한다. 하지만 여러분이 정말로 그렇게 생각할 때만 칭찬하라. 거짓말을 하면 바로 들통이 나게 되어 있다. 리셉션의 여직원이 용처럼 사나우면 이것이 여러분의 눈에만 보일 리는 없다.

진심에서 우러난 칭찬은 호의적이고 가벼운 대화로 이어지면서 판매 상담에 딱 맞는 분위기를 형성해준다. 칭찬하는 시간이 대화에서 차지하는 비중은 대략 5퍼센트다. 그럼에도 피라미드 구조에서 중요한 단계이므로 그만큼 집중할 가치가 있다.

막힘없는 진행

여러분이 프레젠테이션을 해야 할 경우 노트북 배터리의 충전 상태도 첫 인상을 좌우한다. 여러분이 콘센트를 찾으려고 회의실을 분주하게 돌아다니는 모습을 보이면 고객에게는 자신의 문제를 해결해줄 사업 파트너처럼 보이지 않을 것이다. 여러분은 노트북이 부팅되는 데 시간이 얼마나 걸리는지 알고 있는가? 너무 오래 걸릴 경우 대기 모드로 켜두도록 한다. 가방에서 꺼내는 순간 부팅되어야 한다. 노트북을 열고 키를 누르면 바로 작동할 수 있도록 말이다.

제품 프레젠테이션도 이런 식으로 막힘없이 진행되어야 한다. 여러분이 혁신적인 믹싱 유닛 스위치가 어디에 있는지 찾고 디지털 카메라의 해상도를 조절하는 시간이 오래 걸린다면 이미 진 것이나 다름없다.

자료를 '막힘없이' 보여주는 것이 중요하다. 자료는 완벽하게 준비된 상태로 찾기 쉽게 가방에 들어 있어야 한다. 자료를 찾느라 시간을 소비하면 안 된다. 여러분의 제안서는 즉시 테이블 위에 놓여야 한다. 제2의, 여러분의 고객이 구매 계약에 서명을 할 수 있도록 말이다. 커피를 흘린 흔적이 있거나 귀퉁이가 접혀 있어도 안 된다.

긍정적인 첫 인상이 끝까지 유지되도록 해야 한다.

이렇게 하면 여러분에게 본격적인 대화를 시작할 수 있는 길이 열린다. 고객이 무엇을 원하는지 찾아라.

피라미드 3층: 수요 조사

나는 고객의 실제 수요와 욕구를 조사하고 그의 확고한 생각인지 묻는 것이 얼마나 중요한지 이미 설명했다. 이제 중요한 것은 고객의 수요를 파악하는 방법이다. 여러분은 두 단계에 걸쳐 다음 질문들을 던져보고 성공 가능성을 높일 수 있는 구조를 파악해야 한다.

1단계: 고객의 수요를 조사하라

준비 과정에서 여러분은 고객의 현재 상황에 대해 이미 많은 것을 알아냈다. 이제 여러분은 대화를 통해 여러분이 평가한 내용과 실제 고객이 인식하고 있는 내용이 일치하는지 알아내야 한다. 그리고 인터넷이나 전임자가 작성한 서류에서 확인할 수 없는 세부적인 사항도 파악해야 한다.

다음 질문을 던져보자.

- 고객이 원하는 수요는 어느 정도인가? 직원은 몇 명이고, 몇 대의 랩톱이 설치되어야 하는가? 환기와 배기 장치가 필요한 작업장 면적은 어느 정도인가?
- 고객은 지금까지 어떤 제품을 사용해왔는가?
- 고객은 이 제품의 장점과 단점을 무엇이라 생각하는가? 고객은 지금까지의 상황에 만족하는가?

평범한 세일즈맨은 이렇게 질문할 것이다. "지금 쓰고 있는 자동 난방 조절 시스템에 만족하시는지요?" 하지만 이런 질문으로는 긍정적인 측면만 듣게 된다.

반면 톱 세일즈맨은 보다 중립적인 표현으로 질문한다. "경험해

부를 부르는 극한의 영업 법칙

보시니, 지금 쓰고 있는 자동 난방 조절 시스템이 어떻든가요?"

자신이 직접 선택한 제품에 만족하지 못하고 있다는 사실을 기꺼이 인정하려는 고객은 없다. 반면 여러분이 제품에 대한 고객의 경험을 묻는다면 고객은 아주 중립적으로 답할 것이다. 이렇게 여러분은 난방 조절 시스템의 온도조절기가 여름에도 돌아간다거나 겨울에는 난방 온도가 너무 뜨겁다는 사실을 알게 될 것이다. 여러분이 제시한 방안의 장점을 강조하기 위해 이런 정보들을 활용할 수 있다. 그전에 2단계를 살펴보아야 한다.

2단계: 고객의 욕구를 분석하라

이 시점에서 중요한 것은 고객이 기대하는 상황의 확인이다. 즉 고객의 구매 동기를 확인해야 한다. 고객이 무슨 생각을 하고 있는지 알아야 한다. 고객에게 무엇이 중요한지, 이것이 고객에게 왜 중요한지, 고객이 구매 결정을 하게 만들려면 여러분이 어떤 단추를 눌러야 하는지 확인해야 한다.

예의바른 세일즈맨이라면 이렇게 질문할 것이다. "손님은 무엇이 중요하다고 생각하십니까? 자동 난방 조절 시스템에서 가장 중요하다고 생각하시는 게 무엇입니까? 어떤 기능이 꼭 필요하다고 생각하십니까?"

하지만 좀 더 편안하게 이 문제를 다룰 수도 있다. 이를테면 '요정들이 하는 질문'처럼 질문을 재미있게 만드는 것이다. "숲길을 산책하고 있다고 상상해보시기 바랍니다. 갑자기 작은 덤불 속에서 요정이 날아와 이렇게 말합니다. 이번 프로젝트와 관련해 바라는 소원 세

가지를 말해 보세요. 자, 어떤 소원을 말씀하시겠어요?"

그러면 고객은 입을 열기 시작할 것이다. "기계가 잘 고장 나지 않았으면 좋겠습니다. 공간별로 난방 작동 시간을 설정할 수 있으면 좋겠습니다. 공간별로 난방 온도도 다르게 설정할 수 있으면 좋겠습니다. 그러면 난방 온도가 너무 낮아서 얼어 죽겠다는 직원들과 19도인데도 난방 온도가 너무 높아서 티셔츠를 입고 다니는 직원들 간의 싸움이 없어질 거라 생각합니다." 이렇게 하면 쉽게 끝난다. 여러분의 고객은 웃으면서 자신이 원하는 것을 말하고, 여러분은 고객이 원하는 것을 아주 정확하고 자세히 알 수 있다.

고객에게 이런 질문을 하는 목적은 제품에 대한 고객의 요구 사항을 정리하기 위해서다. 고객은 자신의 현재 상황을 기준으로 제품에 대해 바라는 것들이 있다. 그중에서도 고객은 특히 무엇을 가장 중요시 여기는가? 다른 말로 고객의 구매 동기는 무엇인가?

현재 베를린 공항의 결정권자들은 비용은 별로 신경 쓰지 않지만 완성도는 매우 중시한다. 일정도 정확하게 지켜야 한다. 이 회사와 새로 거래를 트고 능력을 인정받으려면 서비스 비용에 집착하지 말고 완성도 높은 결과물을 보여주어야 한다. 안전을 위해서라면 더 많은 비용도 지불할 의향이 있어야 한다. 과거에 어떤 제품이나 서비스로 인해 문제가 있었다면 여러분의 고객은 특히 안전성을 추구할 것이다.

고객이 무엇을 원하는지 조사할 때, 어떻게 맞추어야 고객이 제품을 구매하게 만들지 방법을 찾아야 한다. 프레젠테이션을 할 때 어떤 장점은 강조하고 어떤 장점은 짧게 다루고 넘어갈지 정해야 한다.

부를 부르는 극한의 영업 법칙

이런 모든 정보를 도의적 조건부 계약에 활용하면 여러분은 탁월한 세일즈맨이 될 것이다. 도의적 조건부 계약은 고객의 수요 조사에 포함되어 있는 구조다. 이 구조를 이용하면 여러분은 몇 배나 더 나은 성과를 얻을 수 있다.

성과의 극대화: 도의적 조건부 계약

고객의 수요와 구매 동기를 정확하게 파악했다면 다시 한번 정리하도록 하자.

"손님은 특히 A, B, C를 중요하게 여기고 계시는군요. 손님이 이보다 더 중요하다고 생각하는 것이 있습니까?"

중요한 부분을 놓치지 않으려면 확인하기 위한 질문이 필요하다. 고객에 대해 어느 정도 파악했다고 안심해서는 안 된다. 고객이 원하는 것을 전부 알아낼 때까지 계속 질문해야 한다.

이제 가장 중요한 질문을 해야 한다. "그런 요구를 충족시키는 제품이 있다면 거래하시겠습니까?"

고객이 이러한 조건부 질문에 동의한다고 하면 정말 최고다. 이 경우 여러분은 프레젠테이션을 건너뛰어도 된다. 하지만 이 시점에서 고객은 종종 핑계를 대거나 항의를 한다.

"당신이 제안한 가격은 이번 분기 예산과 맞지 않습니다." "저 혼자 결정할 수 있는 일이 아닙니다." "우리 회사 본사에 구매 담당 부서가 있습니다."

이런 말을 듣고 풀이 죽는 세일즈맨들이 많다. 여러분은 아니길 바란다. 실력 있는 세일즈맨이라면 어떠한 저항에도 기죽지 말아야 한다. 이런 상황에서도 고객에게 맞는 조건을 제시해 거래를 성사시킬 수 있어야 한다.

"그러면 이번 분기에 두 번, 다음 분기에 세 번 더 만나면 되겠군요. 이 일정이 괜찮으십니까?"

"예, 좋습니다."

"본사 구매 담당 부서에서 당사의 제안에 확답을 주면, 고객님도 함께하시겠습니까?"

고객이 여러분의 질문에 그렇다고 하면 여러분이 이긴 것이다. 이제 여러분의 제안서가 고객이 직접 제시한 요구 조건에 정말로 부합하는지 확인할 차례다. 이제 그는 여러분의 제품을 구매해야 할 도의적 의무가 생긴 것이다.

도의적 조건부 계약에는 또 한 가지 장점이 있다. 이 계약서는 양측이 동일한 원칙에 따라 승부를 다툴 수 있게 해준다. 세일즈맨인 여러분은 제품을 판매하려고 하고, 고객은 '다른 회사의 상품들도 한 번 살펴보고' 제안서를 검토하겠다고 할지 모른다. 이 경우에는 고객을 설득하려고 해도 소용없다. 고객은 구매 의향이 전혀 없기 때문에 여러분에게서 아무것도 구매하지 않을 것이다. 조건부 질문을 하면 여러분은 이런 분위기를 빨리 눈치 챌 수 있다. 그리고 이런 상황에 맞춰 미리 대비할 수 있다.

피라미드 4층: 프레젠테이션

고객이 무엇을 원하는지 확인하고 도의적 조건부 계약을 했다면 제품 프레젠테이션을 하라. 판매 상담의 핵심은 아주 간결해야 한다. 게다가 여러분은 제품의 여러 가지 장점 중 어떤 것이 고객에게 중요하고 어떤 것이 중요하지 않은지 이미 알고 있다.

프레젠테이션을 할 때 10가지 방안을 모두 꺼내놓으면 안 된다. 'L방안과 XL방안'과 같이 두 가지 방안만 제시하라. 이렇게 하면 고객

부를 부르는 극한의 영업 법칙

이 조건 혹은 요구 사항으로 언급한 것에만 집중하기 때문에, 여러분은 제품이나 서비스를 상세하게 설명할 수 있다. 다른 잡다한 사항은 생략하고 최대한 간결하게 '장점'만 강조하라.

고객은 세일즈맨이 한 말에는 이의를 제기할 수 있지만 자신이 한 말에는 그렇게 할 수 없다! 여러분은 고객에게 제품에 관해 가장 좋은 점과 사실만을 설명한다. 그럼에도 고객들은 "나한테 물건을 팔려고 이렇게 말하는 거야."라고 말할 때가 많다. 하지만 여러분이 고객에게 먼저 원하는 것을 설명해보라고 한다면 그런 말을 할 수 없다. "손님, 보십시오! 이 제품에 손님이 원하는 기능이 다 들어있습니다. 손님께서 말씀하신 그 해결 방안입니다." 그러면 고객은 그렇다고 할 수밖에 없다.

피라미드 5층: 계약 체결

"이 제안서가 모든 요구 조건을 충족시킨다고 확신하십니까?"

"그렇습니다."

가방에서 계약서를 꺼내어 고객에게 건넨 뒤 간단히 설명한다. 그리고 서명을 하고 말한다. "감사합니다. 다음에 또 뵐 수 있길 바랍니다!"

여러분이 피라미드를 꼼꼼하게 쌓았다면 남은 건 계약뿐이다. 내가 보장한다!

반드시 제품을 판매할 수 있다. 고객의 수요와 요구를 정확하게 파악하라. 대화에서 어느 부분이 걸림돌이 될지 미리 확인하고 대화를 시작하라. 내가 여러분에게 무엇을 약속했는지 기억하는가? 내가 여러분께 그 약속을 지켰는가? 이제 여러분이 현장으로 나가서 실행에 옮길 일만 남았는가? 여러분이 소비하는 시간의 피라미드를 뒤집어 놓았는가?

그렇다면 우리 모두 약속을 지킨 것이다. 도의적 조건부 계약을 말이다.

부를 부르는 극한의 영업 법칙

철저한
극기의 원칙

적당한 상태에 만족하지 마라!

2001년에 나는 그리스 크레타에서 개최된 회의에서 라인홀트 뷔르트를 알게 되었다. 그 사이 그는 77세가 되었으나 여전히 업계의 전설이었다. 그는 전후 2인 기업에서 시작해 전 세계에 퍼져 있는 직원 수가 무려 6만 명인 대기업으로 키워냈다. 좀 더 정확하게 표현하면 직원 수가 30만 퍼센트 늘었다!

마침 크레타 회의에서 뷔르트의 수상식이 있었고, 청중들을 대상으로 뷔르트에게 질문할 수 있는 시간이 주어졌다. 그의 성공 원칙에 호기심이 많았던 나는 이 기회를 놓치지 않았다. 당시 내 질문은 "뷔르트 주식회사에서 원하는 세일즈맨의 조건은 무엇입니까?"였다.

뷔르트는 잠시 생각에 잠겼다가 몇 초 후 이렇게 답했다. "하루에 8시간 동안 성실하게 일할 수 있는 사람이어야 합니다."

아, 그렇구나! 그런데 그 답은 특별히 혁신적인 것처럼 여겨지지 않았다. 왠지 그에게 다른 성공 비결이 있을 것 같았다. 그래서 나는 "이것이 전부입니까?"라고 되물었다.

뷔르트는 다시 한번 심각하게 생각에 잠겼다. 그리고 이렇게 답했다. "하루에 8시간 동안 성실하게 일할 수 있는 사람이어야 합니다."

나는 두 번이나 캐물었다. 우물 안 개구리인 나는 이 대답 외에 뭔가 더 있을 것이라고 생각했다. 하지만 그의 대답은 끝까지 '8시간 동안 성실하게 일할 수 있는 사람'이었다.

그리스에 있는 동안 나는 이 말의 참뜻을 이해하지 못했다. 독일로 돌아온 후에야 실마리를 찾았다.

공항에서 집으로 오는 길에 주유소에 들러 기름을 넣어야겠다고 생각했다. 주유소에 도착해 차에서 내리기 전에 시계를 봤더니 오후 5시 16분이었다. 기름을 넣고 계산을 하고 다시 차에 올라타면서 시계를 봤다. 오후 5시 22분이었다. 주유를 하는 데 6분이 걸린 것이다. '6분?'

갑자기 뷔르트가 무슨 말을 하려고 했던 것인지 이해가 되었다. 그의 회사에는 영업 사원이 8천 명 있다고 했다. 그리고 당시 그의 회사에서는 영업 사원이 근무 시간에 주유하거나 세차하는 것을 금지하고 있었다. 그가 그렇게 말했을 때 참 쓸데없는 것까지 신경을 쓴다고 생각했는데 이제야 그가 이 원칙을 왜 중요하게 생각했는지 이해할 수 있었다. 영업 사원 한 명이 10일에 한 번씩 근무 시간에 주유를 하고 여기에 드는 시간이 6분이라고 하자. 사실 영업 사원 한 사람에게 이것은 별로 많은 시간이 아니다. 하지만 기업의 입장은 다르다. 직원이 8천 명이므로 하루에 4,800분, 즉 80시간 동안 직원들이 일하지 않고 있다는 뜻이다. 달리 표현하면 고객과의 약속이 없으니까 판매 상담도 없을 것이고, 계약도 못 땄을 것이니 매출도 없다는 뜻이다.

하루 8시간 동안 성실히 일할 수 있는 사람! 충분히 납득할 수 있는 조건이다.

부를 부르는 극한의 영업 법칙

우리 주변에 잠복해 있는 함정

요즘 같은 세상에 세일즈맨에게 성실함을 요구하는 것은 상당히 낡은 사고방식인 것처럼 보인다. 독일의 전후 세대들은 시간을 투입해 착실하게 일하는 것만으로 나라를 재건하고 경제를 활성화시켰다. 물론 지금은 성실함 하나만으로 성공하기 힘든 세상이다. 기민한 노동 조직, 창의력, 효율, 능률이 중요하다. 최소 비용으로 최대 효과를 얻는 것이 중요하다. 이것을 해내는 사람은 '부지런하기만 한 일벌'과의 경쟁에서 뚜렷하게 차별화될 수 있다.

업무 시간 단축이 한창 유행이다. 팀 페리스의 자기계발서 《나는 4시간만 일한다》가 대히트를 친 이유는 무엇일까? 이 책은 2007년 출간된 이후 130만 부 이상 팔렸다. 노동 시간을 최소화하는 방식에 매료된 사람들이 많다는 사실을 입증한 셈이다.

팀 페리스의 모델에 따라 여가 시간을 많이 갖기로 했다면 이 130만 명의 신규 기업인, 자영업자, 세일즈맨은 행복해야 한다. 하지만 실제로는 그렇지 못하다. 페리스의 모델은 자신만의 관점, 지금까지 우리가 배워온 것들을 통째로 뒤집을 것을 요구하기 때문이다. 그가 말하듯 그만큼 성공하려면 노력해야 한다. 어떤 일을 일관성 있게 밀고 나가야 한다. 독하게 일해야 한다. 그래서 130만 권 중 129만 권은 책장에 꽂힌 채 먼지만 자욱하게 쌓여있다. 사람들은 이보다는 에너지를 적게 소비하면서 목표 달성하는 법을 가르쳐주는 책을 사려고 한다. 책을 읽는 것은 쉽지만 책에서 말하는 대로 변하기란 여간 힘든 일이 아니다.

그렇다면 모든 자기계발서, TV 프로그램, 속성 강좌는 사기인가?

좀 더 솔직하게 터놓고 말해보자. 내가 여러분에게 같은 시간을 투입해서 두 배의 매출을 올리는 방법을 알려준다고 하면 여러분은 무관심할 자신이 있는가? 아니면 한번쯤 그런 방법을 찾고 생각해볼 필요가 있다고 여기는가?

방법을 찾는 대로 여러분께 알려드리겠다. 실제로 그런 방법이 통한다면 말이다. 나한테 시간을 절약해 더 좋은 성과를 낼 수 있는 방법이 있다면 항상 그 방법을 쓸 것이다. 이럴 때 나는 내 안에 숨겨져 있던 게으른 속성을 보게 된다. 물론 나만 이런 생각을 하는 것은 아니다. 이러한 게으름은 그야말로 인간적인 것이다.

인간의 몸에는 자원을 아껴 사용하게 해주는 에너지 절감 프로그램이 장착되어 있다. 우리가 에너지를 적게 사용할수록 몸에는 더 좋다. 석기 시대 사람들에게 이 프로그램은 유용했을 뿐만 아니라 생존을 위해 중요했다. 언제 또 먹을 것이 생길지 아무도 알 수 없었다. 인간이 몸을 움직일 때마다 귀한 칼로리가 소모되었다. 그래서 인간은 자신이 가지고 있는 것에 쉽게 만족했다. 이 프로그램은 인간이 과로하지 않도록 보호하고 탈진을 막아주었다.

문제는 수천 년 전 석기 시대 사람들의 에너지 절약 프로그램이 현대인에게도 작동하고 있다는 사실이다. 배고픔, 목마름, 살해 등 당시 사람들이 생명의 위협을 느끼는 강도와 빈도는 현저히 감소했음에도 말이다. 이러한 에너지 절약 프로그램 때문에 우리는 몇몇 방식의 지적인 측면과 효과를 과대평가하는 경향이 있다. 말 그대로 주 4시간 근무로 기업을 성공적으로 이끌 수 있다는 주장을 수용하고,

이 방법을 적용했을 때 성공할 거라고 기대할 수는 있다. 하지만 언젠가는 좌절할 수밖에 없다. 첫 번째 시도로 최적의 결과를 얻을 수 없기 때문에 원하는 만큼의 성과를 얻으려면 절약한 시간의 두 배 내지 세 배를 들여 더 일해야 한다.

시간을 들이지 않고 빨리 성공할 수 있다고 믿는 사람은 현실 감각을 잃었다고 봐야 한다. 그는 현실을 아예 무시한 것이다.

하루아침에 백만장자가 될 수 있다? 일주일에 7킬로그램 감량이 가능하다? 이런 말은 완전히 사기다. 폭풍 다이어트를 하면 실제로 일주일에 7킬로그램을 뺄 수 있을지 모른다. 하지만 얼마 지나지 않아 여러분의 몸무게는 10킬로그램 더 불어날 것이다. 장기적으로 식생활을 바꿀 수 없기 때문이다. 로또 당첨으로 백만장자가 된 사람의 대부분은 10년 후에 그전보다 더 가난해진다. 돈을 제대로 쓰는 법을 배운 적이 없기 때문이다. 소위 지름길을 택하다가 오히려 진창에 빠진다. 그러면 여러분은 다시 방향을 되돌려야 한다. 이것은 사실 길을 돌아가는 것이다. 속성 프로그램을 추진하려다가 목표를 일찍 달성하기는커녕 시간만 낭비한다.

빠른 성공을 보장한다는 말에 현혹되지 말고 땀 흘려 일하라! 이길을 걷다 보면 허리띠를 졸라매야 할 때도 있다. 하지만 길을 잘못 들어 헤매는 것보다는 낫다.

이 책에서 나는 여러분에게 실제로 검증된 방법만 소개했다. 나와 내 고객에게 수백 번, 수천 번 통한 방법이다. 지름길이 아닌, 최단 거리를 택하라. 여러분도 그런 길을 택해야 한다.

이 정도로는 충분하지 않은가? 더 좋은 방법을 원하는가?

좋다. 내 비밀무기를 공개하겠다. 세일즈맨으로 성공할 수 있는 유일한 방법이자 실제로 통하는 방법 말이다. 그게 뭐냐면, 고객을 많이 방문할수록, 전화를 많이 할수록 계약을 더 많이 할 수 있다는 것이다.

황당한가?

여러분도 이미 오래전부터 알고 있었을 것이다. 고객에게 전화를 하지 않으면 약속을 잡기 어렵다는 것은 모든 세일즈맨이 아는 사실이다. 그리고 고객과의 약속이 없으면 아무것도 판매할 수 없다. 세일즈맨이 최고의 판매 테크닉을 갖고 있다고 해도, 고객에게 다가가지 않으면 아무 소용이 없다.

알고 있는 것과 실천에 옮기는 것은 별개의 문제다. 그런데 열심히 일하는 것이 합리적인 행동이 아닌 것처럼 만드는 치사한 전략들이 많다. 인간은 본능적인 게으름을 끊임없이 극복해야 한다. 사실 나도 여러분과 별반 다르지 않다. 다음은 매일 우리 주변에 잠복해 있는 함정들을 정리한 것이다.

첫째: 목표? 어떤 목표?

뚜렷한 목표 없이 일하는 세일즈맨이 드물지만 없는 것은 아니다. 뚜렷한 목표가 없는 세일즈맨조차도 더 많이 팔고 싶어 한다. 다만 얼마나 많이, 언제까지 팔아야 할지 목표를 정해놓지 않고 애매모호한 상태로 둘 뿐이다. 그러지 않으면 자신이 목표를 달성하지 못했다는 사실이 들통 날 수 있기 때문이다.

문제는 뚜렷한 목표를 정해 놓지 않으면 확실하게 목표를 달성할

부를 부르는 극한의 영업 법칙

수 없다는 것이다. 이런 사람들은 밀가루 반죽의 양을 늘리는 것이 아니라 밀가루 반죽을 늘려 넓게 펴고 있는 것에 불과하다. 이런 경우에는 경영진의 지원도 끊기기 마련이다. 여기에서 '지원'이란 '요구'를 뜻한다. 세일즈맨이 어디에 있어야 할지, 어떤 목표를 추구해야 할지 아무것도 요구하지 않게 되는 것이다.

"네, 끝까지 해내겠습니다."라고 말하라. 경영진이 요구하는 것이 많으면 그 순간에는 피곤할 수 있지만, 그게 세일즈맨이 할 일이다. 세일즈에는 결국 도움이 되는 것이다.

둘째: 이제 한숨 좀 돌려볼까?

하지만 대부분의 세일즈맨에게는 목표가 있다. 그리고 목표를 달성할 때까지 열심히 달린다. 정확하게 목표를 달성할 때까지만 그렇다. 예를 들어 이런 세일즈맨들은 10월에 이미 연간 목표를 달성했다는 사실을 알면 소파에 앉아 다리를 올려놓는다. 그리고 1월까지 이들의 발은 땅을 밟지 않는다. 기본 업무만 처리할 뿐 새 고객을 확보할 생각을 하지 않는다.

소파 위에 올려놓았던 발을 내려놓고 소매를 걷어붙여 보자. 그리고 이렇게 말해보자. "마지막 분기에 다시 한번 속도를 내보겠어!" 시장에서 더 건질 것은 없는지 살펴보라는 것이다.

셋째: 일진이 안 좋아!

혹자는 목표가 눈앞에 있으면 더 의욕적일 것이라 생각할 수 있다. 실제로 많은 세일즈맨들이 목표가 눈에 보이면 독하고 고집스럽게 일한다. 그런데 딱 거기까지다! 실제로 세일즈맨들은 나이아가라 폭포 앞에 서있는 연어보다 쉽게 기죽는다. 자신의 실적이 올해 목표치에 훨씬 못 미친다는 사실을 알면 더 이상 실력을 발휘하지 않고 바로 포기한다. 목표 달성을 위해 힘껏 밀어붙이거나 더 높이 뛰려고 하지 않는다는 말이다.

전체 매출 목표치를 달성하지 못하여 좌절하면 하루 목표치를 달성하는 데도 영향을 미친다. 포기하는 이유는 여러 가지다. 일곱 명의 잠재 고객과 통화하는 대신 자동응답기만 돌린다. 새로 사귄 여자 친구와 주말 계획을 짜야하기 때문에 전화는 계속 통화중이라는 메시지만 울린다.

이런 세일즈맨들은 예정되어 있던 10건의 방문 혹은 통화 중 7건이 잘 돌아가지 않으면 업무를 중단한다. 그리고 동료에게 가서 인스턴트커피를 마시며 구시렁대면서 불만을 터트린다. "오늘은 일진이 안 좋아. 날이 아닌 것 같아!" 그러면 동료는 그의 말에 맞장구를 친다. "맞아, 맞아, 나는 올해 계속 그렇다니까!" 세일즈맨들은 '컨디션이 실적을 좌우한다.'고 믿는다. 이것은 일할 마음이 없을 때 그만 하기 위해 멋지게 포장한 핑계에 불과하다. '당신에게 절대 일어나서는 안 될 일'이라는 교재를 집필한다고 할 때, 세일즈맨이 자주 대는 핑계 사례로 넣기 좋은 예다.

넷째: 내 책임이 아니야

"나는 최선을 다했지만 주변 상황이 나를 도와주지 않았어." 어린 아이에서 노인, 현장 노동자에서 국가원수에 이르기까지 전 세계의 많은 사람들이 이런 사고방식을 갖고 있다. 유감스럽게도 세일즈맨도 예외는 아니다. 세일즈맨들은 매출 혹은 계약 실적 부진의 이유를 자기 자신이 아니라 외부에서 찾기에 바쁘다. 안 좋은 시장 사정, 이상한 고객, 불공정 경쟁, 경기, 사장, 동료, 생산 등등.

세일즈업계 사람들은 불만을 터뜨리며 하소연하는 것을 매우 좋아한다. 이들에게는 항상 일을 그르치는 누군가가 있다.

조지 버나드 쇼George Bernard Shaw는 이런 말을 했다. "사람들은 항상 행위의 책임을 전가시킬 주변 상황을 만든다. 나는 이런 주변 상황이 있다고 믿지 않는다. 이런 상황에서도 발전하는 사람들은 일어나 자신이 원하는 주변 상황을 찾는다. 원하는 주변 상황을 찾지 못하면 스스로 만들어낸다."

나는 항상 내가 성공할 수 있는 주변 상황을 찾아 나선다. 이것은 자기 책임을 가장 중요하게 여기는 나의 마음가짐이다.

다섯째: 끈기 부족

계획한 일정은 이미 끝냈다. 내일은 새로운 날이다. 고객과 일정을 잡기 위해 열심히 뛰어다녔는데 왜 성과는 늘 기대에 못 미치는지 모르겠다. 이유는? 끈기가 부족하기 때문이다.

고객에게 제품을 소개하고 견적서를 준다. 고객은 "조만간 연락 드리겠습니다."라고 말한다. 세일즈맨은 알았다고 하며 그 자리에서 일어난다. 그러면 상황은 그 상태에 머물러 있다. 세일즈맨은 고객을 귀찮게 하고 싶지 않아서 "손님, 일전에 제가 견적서를 드렸던 제품을 구매하시겠습니까?"라고 되묻지 않는다. 4주 후에야 고객에게 연락하지만 고객은 "죄송합니다만 경쟁사 제품으로 구매했습니다."라고 답한다.

판매 상담을 할 때 언제까지 구매를 결정할 것인지 고객에게 물어봐야 한다! 고객을 만난 그날 고객에게 전화를 하라. 여러분이 고객에게 제품을 판매하려 한다는 사실을 알려야 한다. 고객이 구매를 결정하는 순간이 바로 당신의 제품을 구매하는 기회가 되어야 하는 것이다.

여섯째: 뭐부터 하지?

지금 해야 할 일이 산더미처럼 쌓여있다. 여러분은 어떤 일부터 시작하겠는가? 불만거리를 한가득 모아서 항의하는 고객이 있다. 이 상대하기 힘든 고객에게 전화하기 전에, 결재를 올릴 주유 영수증을 정리한다. 그리고 오늘 아침 받은 이메일 중 아직 답을 하지 않은 메일의 답장을 쓴다.

세일즈맨은 우선순위가 B인 업무와 C인 업무 사이에서 무엇을 먼저 할지 길을 잃기도 한다. 어떤 업무는 주요 업무보다 더 쉽게 처리할 수 있거나 더 빨리 성공적인 결과를 내기 때문에 우선순위를 착각하게 되는 것이다. 하지만 생각했던 것보다 문제가 더 크거나 시급한 사안이어서 위험이 불거지는 경우도 생긴다.

이들은 자신이 한눈을 판 것과 일이 전혀 관련이 없다고 생각한다. 특히 재택근무를 하는 고독한 투사들은 끊임없이 변명거리를 만들어낼 수 있다. 아내가 아이를 학교에 데려다주라고 부탁했다면 물론 그렇게 해야 한다. 세탁기를 돌렸다면 당연히 빨래를 널어야 한다. 조립형 책장을 새로 구입했는데 일주일째 방치되어 있다면 조립하는 것이 당연하다.

"이런 일들을 하는 데는 고작 5분밖에 안 걸립니다!" 물론 그렇다. 하지만 5분밖에 안 되는 일을 하루에 열두 번 한다고 치면 아무 생산성 없이 보내는 시간이 총 1시간이다. 멀티태스킹과 잦은 딴생각이 생산성을 현저히 떨어뜨린다는 사실은 이미 입증되었다. '빨래는 나중에 널고, 먼저 전화 업무를 처리하자.'라고 정하는 대신 이 업무와 저 업무 사이에서 정신없이 왔다 갔다 하면 엄청난 에너지와 시간이 소비된다.

사무실에서 일하는 경우도 다르지 않다. 아침 일찍 자동판매기에서 커피 한 잔을 가져온다. 물론 자동판매기 앞에는 다른 동료들이 이미 와 있어서 30분쯤 수다를 떤다. 가장 최악인 경우는 부정적인 이야기들을 나누는 것이다. 이를테면 고객이 한 명 줄었다거나 A제품과 B제품에 공급 문제가 있다는 등의 얘기다. 그리고 자리로 돌아와 그날 처음 이메일을 확인한다. 동료인 뮐러가 회사를 그만두었다는 소식이 있다. 그러면 이 소식을 두고 이런저런 이야기판이 벌어진다. 물론 이들은 전화가 걸려오는 것도 좋아한다. 하지만 수화기를 적극적으로 들거나 비즈니스를 하는 것보다는 자신이 좋아하는 고객들과 쓸데없는 통화를 오래하며 시간을 낭비한다.

간단히 말해 이들은 행동하지 않고 반응만 한다. 이들의 하루는 종일 그렇게 돌아간다. 자신에게 주어지는 업무에 대해, 업무를 처리해주기를 원하는 동료에 대해 마땅히 해야 할 일을 하지 않는다. 주도적으로 일하는 대신 업무를 처리할 뿐이다.

능력 없는 세일즈맨은 저녁이 되면 스스로 이런 질문을 한다. 오늘 하루를 어떻게 보냈지? 오늘 하루 무슨 일이 있었지?

반면 능력 있는 세일즈맨은 일의 우선순위를 정확하게 정하고 끝까지 앞만 보고 달린다. 하루 계획을 세우고 계획에 방해가 되는 일은 차단한다. 모든 방해 요인을 말이다. 물론 그도 자신의 계획을 100퍼센트 달성하지는 못한다. 80퍼센트 내지 90퍼센트 정도 달성한다.

많은 세일즈맨이 이런 함정들에 빠져 능력을 제대로 발휘하지 못한다. 이것이야말로 치명적이다. 일이 미뤄지다 보면 중단되기 마련이다.

게으름의 결과

여러분이 하는 모든 일에는 직접적인 결과가 있다. 하지 않은 일도 마찬가지다. 모든 전화, 모든 대화, 모든 계약은 차기 계약, 더 많은 매출, 새로운 계약으로 이어질 수 있는 기회다. 여러분이 그날 하루의 기회를 이용하지 않으면 기회는 영원히 날아가 버린다. "이 일은 내일 할 거야. 오늘은 날이 아니야."라고 말하지 말자. 어쩌면 내일도 여러분의 날이 아닐 수 있다. 아이가 아파서 직장에 가지 못하는 일이 생길 수 있고, 새로 착수한 프로젝트 관련 업무를 처리해야 할 수도 있고, 거래처 담당자가 내일부터 3주간 휴가를 떠날 수도 있다.

여러분이 오늘 전화를 걸지 않았던 10명의 잠재 고객은 내일이면 사라질 수도 있다. 설사 이 10명의 잠재 고객이 내일까지 남아 있어

통화하게 된다 해도 원래 여러분이 전화를 걸어야 했던 또 다른 잠재 고객 10명과 통화를 하지 못하게 된다. 약속을 잡지 못하는 것은 물론이고 매출도 수익도 올릴 수 없다. 일반 직장인과 달리 세일즈맨들은 주말에 밀린 업무를 처리할 수 없다. 고객이 근무하지 않기 때문이다. 원래 작정했던 것보다 매일 10퍼센트씩 잠재 고객을 확보할 기회가 줄어든다고 하면 연말 매출이 10퍼센트 감소하는 셈이다. 이것을 시간으로 환산하면 5주 동안 전혀 일을 하지 않은 것이 된다.

이것은 여러분이 받을 수 있는 수당은 물론이고 고객에게도 부정적인 영향을 끼친다. 고객은 최적의 해결방안을 찾지 못할 수 있다. 여러분의 매출 실적이 떨어지면 회사는 물론이고 그곳에서 일하는 모든 사람들에게 여파가 전달된다.

한번은 건물 청소와 케이터링을 전문으로 하는 기업에 자문 서비스를 제공한 적이 있다. 4,200명의 직원이 240명의 고객을 관리하고 있었다. 회사의 고객은 주로 대형 병원과 노인 요양 시설이었다. 그런데 4,200명의 직원 중 세일즈 담당자가 겨우 5명이었다. 즉 세일즈맨 한 명이 직원 840명의 생계를 책임지고 있는 셈이었다.

세일즈 담당자가 본인이 해야 할 업무에 충실하지 않으면 결국 고객을 잃게 된다. 그가 담당하는 곳이 병원인 경우 50~100명이 타격을 받는다. 단순히 50~100명이 아니라 이들에게 딸린 가족의 생계까지 걸린 일이다. 청소부 한 사람당 자녀 두 명과 부양해야 할 어머니가 있다고 하자. 이 경우 이 청소부는 자신을 포함해 총 4명의 생계를 책임지고 있는 셈이다. 세일즈 담당자 한 명이 거래처인 병원 한 곳을 잃으면 졸지에 200~400명의 생계가 위협을 받는 것이다.

다음 사실을 반드시 명심하길 바란다. 여러분은 자신만을 위해 세일즈를 하고 있는 것이 아니다. 여러분은 회사의 다른 부서 동료들을 위해서도 세일즈를 하고 있다. 무엇보다 여러분 가족을 위해 세일즈를 하고 있다. 여러분은 이 많은 사람들을 책임지고 있다. 따라서 책임 의식을 가져야 한다!

이는 여러분이 지름길을 택하지 않을 때만 가능하다. 인생을 쉽게 살 수 있는 속임수와 기술은 많다. 하지만 지름길만은 택하지 마라. 하루아침에 매출을 3배 올릴 수 있는 힘을 준다는 기적의 약을 기대하지 마라. 나는 오랫동안 세일즈업계에서 일하면서 그런 것은 없다는 사실을 깨달았다. 팔을 걷어붙이고 시작하자!

실적에 영향을 미치는 습관

프로 운동선수는 모든 트레이닝에서 매순간이 중요하다는 사실을 안다. 연습의 중요성도 안다.

두 남성이 근력 트레이닝을 하는 상황을 상상해보자. 두 사람의 체력은 거의 비슷하다. 두 사람은 "나는 1주일에 3회 무거운 바벨을 여덟 번씩 위로 들어 올리는 운동을 하겠어."라고 계획한다.

첫 번째 트레이닝에서 두 사람 모두 바벨을 네 번 들고 나니 지쳐서, 앞에 있는 것이 바벨이 아니라 에펠탑처럼 느껴진다. 그중 한 사람은 바벨을 여섯 번만 들어도 충분하다고 생각한다. 그래서 이 사람은 바벨을 두 번만 더 들고 운동을 멈춘다. 반면 다른 한 사람은 무리를 해서 바벨을 여덟 번 들어올린다. 그는 매번 이렇게 훈련한다. 그렇게 2주가 지나자 힘에 부치는 시점이 바벨을 여섯 번 든 후로 늦춰졌다. 그러자 그는 이 훈련을 총 열 번 반복했다. 바벨이 더 가볍게 느껴졌을 때 다시 바벨을 드는 횟수를 늘렸다.

1년 후 첫 번째 남자는 마치 세서미 스트리트의 어니처럼 통통해 보이는 반면 두 번째 남자는 아널드 슈워제네거처럼 근육질로 보이게 되었다.

이런 차이는 어디에서 비롯된 것일까? 두 번째 남자가 마지막에 바벨을 두 번 더 든 것이 결정적인 역할을 했다. 근육이 탈진할 정도의 반복적인 훈련이 그만큼 중요했던 것이다. 막판 스퍼트가 성장을 좌우한다. 숨이 턱까지 차오르는 마지막 2회의 반복으로 챔피언과 아마추어가 판가름 난다. 힘들지만 충분히 그럴 만한 가치가 있다!

세일즈에서도 마찬가지다. 아마추어는 여섯 건의 판매 상담을 끝내면 "이 정도면 충분해. 그만 하자. 오늘은 날이 아니야." 혹은 "오늘 나는 남은 하루를 아무것도 하지 않아도 될 자격이 있어."라고 말한다. 이제 겨우 정오인데 말이다. 반면 챔피언은 이런 생각 자체를 하지 않는다. 그는 그날 해야 할 일을 끝내기 전까지 자리에서 일어나지 않는다. 계획했던 모든 일정, 계약, 주문을 다 처리할 때까지 꼼짝 않는다. 나는 이 상황을 그대로 묘사해놓은 듯한, 영상미와 내용이 훌륭한 영화를 본 적이 있다. 윌 스미스가 세일즈맨으로 나오는 〈행복을 찾아서〉이다. 그는 가족을 돌보아야 하기 때문에 자신과 경쟁 관계에 있는 동료들보다 매일 두 시간씩 일을 덜 할 수밖에 없다. 그래서 화장실 가는 시간을 절약하기 위해 근무 시간에 물도 마시지 않는다. 전화를 할 때도 수화기를 내려놓지 않고 바로 번호를 눌러 다른 고객과 통화를 한다.

물론 할리우드에서 이 장면을 지나치게 극단적으로 표현한 감은 있다. 하지만 근무 시간에 절대로 딴 짓을 하지 않겠다는 자기 원칙만큼은 확실하게 드러내고 있다. 이와 관련해 여러분의 모든 행동을 되돌아보길 바란다. 그 행동이 목표와 관련이 있는가? 부수적인 것처럼 보이는 일까지 전부 생각하라. 정오에 점심 식사를 하는 것은 오후에 첫 통화 후 얼마나 맑은 정신으로 업무를 할 수 있을지에 영향을 끼친다. 매일 아침 여덟 시 반에 일을 시작할 것인지 아니면 메일 확인 후 일을 시작할 것인지가 큰 차이를 만든다. 이것 외에도 여러분의 실적에 영향을 끼치는 사소한 습관들이 많다. 결론은 하나다. 자기 원칙을 정하고 일해야 좋은 결과를 얻을 수 있다. 이것이 무엇보다 중요하다.

업무의 분배

조정 경기가 생긴 초창기, 새로 설립된 조정협회가 조정 팀들의 능력을 극대화하기 위해 한 가지 시도를 했다. 조정 에이트 경기에서는 일반 경기정에 크루 8명과 타수 1명이 탄다. 타수는 동시에 처리해야 할 일이 많다. 경기정을 조종하고, 편류를 수정하고, 피치를 정하고, 상대팀을 주시해야 한다. 이 과정에서 종종 실수가 발생한다. 세계 챔피언 타이틀 혹은 올림픽 출전 티켓을 놓칠 수도 있는 실수 말이다.

타수는 배의 머리, 크루는 팔 다리와 같은 역할을 한다. 협회는 타수의 부담을 줄여주기 위해 크루 2명을 타수 2명으로 교체하는 시도를 했다. 첫 타수는 피치를 책임지고, 둘째 타수는 진로를 유지하고, 셋째 타수는 상대팀을 주시하는 역할을 맡았다. 그리하여 두 대의 경기정, 타수가 1명인 일반 팀과 타수가 3명인 수정형 팀이 맞붙었다. 이 시합에서는 일반 팀이 크게 승리했다.

다음 경기에서는 역할을 다시 바꿔 보았다. 승리한 팀에서는 실력이 가장 떨어지는 두 명의 크루가 타수 역할을 맡았다. 반면 패배한 팀에서는 두 명의 타수가 노를 잡았다. 이번에도 8명의 크루가 있는 팀이 승리했다.

조정 클럽들이 함께 모여 3명의 타수로 경기를 진행하는 방식에 문제가 있었던 것인지, 아니면 성과를 입증할 때까지 계속 시도해야 할지 고민했다. 그 결과 다시 한번 수정형 팀을 구성해 보기로 했다. 이 경기정에는 가장 실력이 뛰어나고 체력이 강한 크루만 승선을 허용했다. 크루들은 1년 동안 훈련을 받아야 했다. 그리고 일반 경기정과 다시 시합을 했다. 이번에도 결과는 마찬가지였다. 일반 팀의 타수가 실수를 했음에도 불구하고, 타수가 3명이고 크루가 6명인 수정형 경기정이 타수 1명에 크루가 8명인 일반 경기정을 따라잡을 수 없었다.

사실 이 이야기는 내가 지어낸 것이다. 하지만 나는 조정협회와 내기를 해도 이길 자신이 있다. 여러분도 한번 시도해 보라. 내 예상대로 될 것이다. 실제로 나는 우리 팀과 이런 경험을 했고 가장 이상적인 방법을 찾을 수 있었다. 타수가 여럿이고 노를 젓는 사람이 부족하면 아무것도 얻을 수 없다. 세일즈를 할 때도 마찬가지다.

그러면 몇 명의 고객에게 말을 걸고, 얼마나 많은 약속을 잡아야 하는가? 또 얼마나 많은 계약을 성사시켜야 하는가?

세일즈 깔때기

판매하는 제품에 따라 목표 수량은 달라진다. 규모가 큰 중개업체에서는 계약 한 건이 월 매출의 4분의 1을 차지하기도 한다. 커피머신 세일즈맨처럼 고객과 약속을 많이 잡을 필요가 없다. 한 업계에서 비슷한 스타일로 일하는 세일즈맨들이 올리는 실적은 꽤 일정하다. 좀 더 정확하게 표현해 텔레마케팅 횟수 대 매출 등의 비율은 일정하게 나타난다.

세일즈 깔때기로 이 현상을 설명할 수 있다. 세일즈 깔때기는 일반 깔때기와 같은 원리로 작동한다. 세일즈 깔때기에 '고객과의 접촉'을 넣으면 결과물로 '계약'이 나온다. 깔때기는 일정한 크기의 물체만 통과시킨다. 고객과의 접촉이 너무 잦아야 하거나 까다로운 경우, 쉽게 말해 어떤 이유에서든 고객과의 접촉이 깔때기를 통과하지 못하면 계약이 성사되지 못한다. 여러분이 판매 계획을 세워놓고 '희망의 원칙'에만 기대어 판매하고 싶지 않다면 깔때기를 효율적이고 효과적으로 사용해야 한다.

여기에서 반드시 기억해야 할 것이 있다. 그동안 애써 얻은 성과를 기준으로 여러분이 할 일을 계산해야 한다는 것이다. 이 순서가 뒤집히면 안 된다. 그러니까 여러분의 목표가 여러분의 활동을 결정하는 것이다.

첫 번째 계산 단계에서는 여러분이 깔때기 밑에서 끄집어내고 싶은 것이 무엇인지 살펴봐야 한다. 이를테면 '박람회에서 100만 유로 매출 달성하기' 등이다.

두 번째 계산 단계에서는 여러분의 깔때기를 상세 분석해야 한다. 여러분은 어떻게 100만 유로를 벌 수 있을까? 이를테면 '신형 초음파 장치 50대 판매' 등을 통해 목표를 달성할 수 있다.

세 번째 단계에서는 목표 달성을 위해 여러분이 깔때기에 무엇을 얼마만큼 부을 것인지 생각해봐야 한다. 계약 성사율이 5대 1이라고 하면, 계약 한 건을 성사시키기 위해 박람회에서 5번의 판매 상담을 해야 한다. 그러니까 50대의 초음파 장치를 판매하려면 박람회에서 고객과 250건의 판매 상담을 해야 하는 것이다.

조사 결과 전문 박람회의 방문객들은 일정의 90퍼센트를 미리 계획해 놓는다고 한다. 즉 여러분은 세일즈 상대와의 대화 일정을 미리 정해야 한다. 물론 일정을 정해 놓아도 모든 고객이 약속을 지키는 것은 아니다. 따라서 4단계에서는 목표 달성을 위해 실제로 필요한 일정의 2배수로 일정을 잡아놓도록 한다. 이렇게 하면 총 500건이다.

이제 500건의 일정을 어떻게 확보할 것인가? 그렇다. 전화를 하는 것이다. 여러분이 다니는 회사의 텔레마케팅 성공률이 5대 1이라고 한다면 500건의 일정을 확보하기 위해 거래처 2,500곳에 전화해야 한다.

다시 한번 정리하겠다. 여러분이 2,500곳의 거래처에 전화를 해야 500건의 일정을 확보하고 50건의 계약을 성사시킬 수 있다. 이렇게 해야 매출 100만 유로를 달성한다. 여러분이 200만 유로 매출을 목표로 한다면 5,000곳의 거래처에 전화해야 한다. 이론적으로는 그렇다. 물론 매출은 박람회, 부스, 부스에 배치된 인력이 얼마나 능력을 발휘할지에 따라서도 달라질 수 있다. 이것이 세일즈업계의 셈법이다.

판매 성공률은 수학적으로 계산할 수 있다. 하지만 우리가 이 계산을 하려면 그만큼의 경험치가 필요하다. 예를 들어 여러분이 얼마나 많은 상담 일정을 확보했는지 말해준다면 나는 박람회 첫날 저녁에 여러분에게 박람회의 성공 여부를 미리 말해줄 수 있다.

아마 여러분은 이 정도로 정확한 계산이 가능하다는 사실을 모르고 있었을 것이다. 여러분만 그런 것이 아니다. 실제로 이런 얘기를 하면 깜짝 놀라 두 눈이 휘둥그레지는 회사 대표들이 많다. 세일즈는 자신들이 조절할 수 없는 분야라고 생각하기 때문이다. 하지만 여러분이 박람회 참석 후 발주 실적을 계산해보면 모든 것이 확실해질 것이다. 나는 제품 판매를 잘하려면 성공에서 우연이라는 요소를 제거해야 한다고 생각한다.

여러분이 전화를 할 때나 고객과 대화를 할 때 대응하는 방식은 아무런 역할을 하지 못할까?

당연히 중요한 역할을 한다. 훌륭한 전략으로도 아무 변화를 일으킬 수 없다면 이 책을 읽을 필요가 없지 않은가. 여러분은 더 많은 것을 얻기 위해 깔때기를 바꿀 수 있다. 즉 대응 방식을 바꿈으로써 박람회에서 고객과 대화할 경우 계약 성사율을 3대 1까지 끌어올릴 수 있다. 전화 상담 실적도 마찬가지로 2대 1까지 끌어올릴 수 있다. 이렇게 할 경우 여러분은 더 이상 거래처 2,500곳에 전화를 돌릴 필요가 없다. 600곳에만 전화하면 된다. 이 정도로도 충분히 목적을 달성할 수 있다.

물론 하루아침에 가능한 일은 아니다. 이렇게 되려면 기존의 시스템을 완전히 뒤집어엎어야 한다. 여러분의 세일즈 팀을 새 시스템에 맞춰 훈련시키고 세일즈 팀 직원들의 업무 프로세스와 마음가짐을 바꿔놓아야 한다. 단 그러려면 시간이 필요하므로 3주 후 박람회가 열린다면 이런 긴급조치는 아무 의미가 없다. 우선순위를 다른 데 두고 목표를 높게 설정해야 한다.

그런데 계산과는 전혀 다른 상황이 종종 벌어지기도 한다. 세일즈맨들은 성공률에 대해 지나치게 낙관적인 경향이 있다. 2,500회 전화를 걸고 200건의 일정밖에 받아내지 못할 수도 있다. 이 경우 방법은 한가지뿐이다. 전화를 더 많이 하는 것이다. 박람회가 이미 끝났다면 세일즈맨들에게 성공률을 높일 수 있는 전략을 훈련시켜야 한다. 그리고 일을 시작하는 것이다. 세일즈에는 독창적인 방법이 필요 없다. 성실함과 원칙만 있으면 된다. 여러분은 이 원칙에 어떻게 익숙해질 것인가?

여기 두 개의 큰 지렛대가 있다. 하나는 목표를 설정하고 지키는 것, 다른 하나는 습관을 바꾸는 훈련을 하는 것이다. 여러분이 실제로 그렇게 해왔듯이, 두 경우 모두 몇 가지 트릭이 있다.

목표를 설정하고 지켜라

팁1: 두 가지 목표를 세워라

시작은 절대 어렵지 않지만 꾸준함을 지키는 것은 정말로 어렵다. 체중 감량, 운동, 매출 대폭 상승, 무엇을 목표로 하든 말이다. 대부분의 사람들은 처음에 의욕이 하늘을 찌른다. 하지만 본인이 목표한 대로 일이 돌아가지 않을 때 크게 좌절하고 포기할 위험성이 커진다. 그래서 다음번에는 쉽게 달성할 수 있도록 작은 목표를 세운다. 그리고 여가 시간이 찾아온다. 여러분은 첫 번째 함정과 두 번째 함정이 무엇이었는지 기억하는가? 이것이 바로 그런 경우다. 여러분은 이 함정을 피할 수 있다. 스스로 달성할 수 있는 목표를 정하면 그만큼 좌절감도 작아지기 때문이다. 이렇게 하면 여러분은 마라톤 구간을 달린 후에도 계속 달릴 수 있다. 불가능해 보이는가? 두 목표 간의 간극이 너무 커서 동시에 추구할 수 없을 것 같은가? 물론 꼭 그래야 하는 것은 아니지만, 그렇게 하면 효과를 볼 수 있다.

일단 여러분의 목표를 최소와 최대로 나누어 정하라. 그리고 자신에게 의무를 지워라. 나는 이러이러한 일을 하지 않겠다고 최소 목표를 정해 놓는데 내용은 다음과 같다. 책상 앞에서 떠나지 않는다. 전화를 멈추지 않는다. 최소 20건의 약속, 5건의 계약 혹은 3건의 소개를 받아내기 전까지 고객에게 끈질기게 전화한다. 최소 목표는 극복할 수 있는 고통의 한계다. 이 한계를 넘으면 더 이상 버틸 수 없다.

최소 목표를 달성해도 무언가를 성취하는 재미가 완전히 사라지는 것은 아니다. 그러니 여러분은 최대 목표를 설정해야 한다. 단 이런 야심찬 목표에 대한 안전지대를 확실히 확보해놓아야 한다. 최대 목표는 매일 달성할 수 있는 것이 아니므로 만약 달성했다면 자부심을 가져도 좋다. 여러분이 최소 목표를 달성한 후 단련이 되면 다음 목표를 향해 계속 달려라. 아직 달리기는 끝나지 않았다. 최대 목표를 달성하기 위해 모든 것을 시도하라. 완벽하게 달성할 수 없을지라도 말이다. 그렇다 해도 여러분은 알고 있지 않은가! 최소 목표를 달성했고 덤으로 다른 목표까지 달성했다는 사실을 말이다. 이제 여러분은 자부심을 느낄 수 있다. 최대 목표 달성률이 50퍼센트이든, 70퍼센트이든, 90퍼센트이든 상관없다.

두 가지 목표를 정하는 의미와 목적은 의욕을 높게 유지하는 것이다. 여러분이 최대 목표만 정해 놓고 달성하지 못하면 장기적으로는 의욕이 떨어지는 결과를 낳을 수 있다. 대부분 달성할 수 있는 최소 목표를 정하고 어쩌다 한 번씩 최대 목표를 달성하다 보면 의욕도 훨씬 커질 것이다.

팁2: 하루 일정을 정하라

1월 중순에는 최대 목표를 달성하기까지 달려야 할 길이 순탄할지 험할지 알 수가 없다. 아직 갈 길이 너무 멀기 때문이다. 이렇게 한 해의 목표 하나만으로는 일상을 견인하기 어렵다.

목표를 매달, 매일 달성할 수 있는 구체적인 행동 단계로 쪼개라. 매일 저녁 차분히 앉아 다음날 계획을 세워라. 여러분이 내일 처리해야 할 일은 무엇인가? 계획을 실천하는 것이다. 이런 저런 핑계를 대며 미뤄서는 안 된다. 그리고 여러분의 목표를 동료에게도 알려라. 이렇게 하면 압박감이 커져 목표 달성이 더 쉬울 수 있다.

자신을 압박할 수 있는 또 다른 수단이 있다. 목표를 글로 정리하는 것이다. 하루 일과를 시작하기 전과 하루 일과를 마친 후 저녁 시간에 할 일을 명확하게 구분하는 것이다. 목표를 문서로 확실히 정리해두면 부담을 더 느끼게 된다. 이를테면 하루에 고객 20명에게 전화하기, 매달 신규 고객 20명 확보하기 등이다. 이렇게 하면 여러분이 18명의 고객만 확보한 경우 "내가 15명에서 20명 사이라고 하지 않았어? 나는 목표 달성을 했다고!"라는 말로 얼버무릴 수 없다. 스스로 원칙을 세우고 지켜라. 목표를 정하고 이를 달성하기 위한 의식을 치러라.

팁3: 기습 방문 일정을 지켜라

기습 방문이라니, 여러분은 내가 앞뒤가 안 맞는 말을 하고 있다고 생각할지 모른다. 기습 방문은 여러분이 불시에 고객을 방문하는 것을 말한다. 미리 약속을 한 것이 아니므로 계획한 기습 방문 일정이라고 해도 슬쩍 빼버리고 싶은 유혹이 생길 것이다. 게다가 고객이 여러분을 기다린 것도 아니었을 테니까 말이다.

여러분이 기습 방문 전략이 통하는 업계에서 일하고 있다면 계획한 방문 일정은 반드시 지켜야 한다고 스스로를 압박하자! 하루의 첫 번째 방문 일정과 마지막 방문 일정을 그날 처리할 수 있도록 계획을 세우도록 한다.

내가 권하는 방법은 이렇다. 모든 일정이 다 필요한 것은 아니며 중요하지 않을 때도 있다. 그러면 불필요해진 일정을 삭제하고 고객에게 전화해서 곧 가겠다고 말하라. 이렇게 해놓고 고객을 방문하지 않는다면 문제가 되니 계획대로 할 수밖에 없다. 또 마지막 방문 일정을 정해 놓으면 걸림돌이 될 만한 업무는 미리 해결하려 노력하게 된다. 이렇게 하면 마음속 갈등을 좀 더 쉽게 극복할 수 있을 것이다.

팁4: 스스로에게 보상을 하라

여러분은 고객 10명과 통화를 끝냈다. 이제 커피 한 잔을 마시며 한숨 돌려도 좋다. 그전에는 절대 안 된다! 보상에서 중요한 점은 평범한 일상까지 점수에 영향을 미쳐서는 안 된다는 것이다. 평소에 쉽게 할 수 없는 일을 해냈을 때 상을 주어야 한다. 예를 들어 여러분이 종일 초코바를 입에 달고 있으면서 "10번째 통화를 끝낸 후 초코바를 먹자!"고 하는 것은 보상이 아니다. 뛰어난 세일즈맨은 보상의 기준을 까다롭게 정한다. 이를테면 "10번째 고객과 통화를 끝낸 후 보상으로 커피 한 잔 마시기! 커피를 건너뛰면 20번째 통화 후 보상으로 케이크 한 조각 먹기!" 등이다.

최소 목표와 최대 목표를 달성했을 때도 이런 방식으로 자신에게 상을 줄 수 있다. 연매출 70만 유로 달성 시 일주일 동안 산에서 휴가, 연매출 100만 유로 달성 시 카리브해의 럭셔리 호텔에서 휴가, 이렇게 말이다.

팁5: 실적 리스트를 적절히 활용하라

여러분이 경영자이고 회사에 경쟁 지향적인 세일즈맨들이 많다면 화이트보드에 매일 실적 리스트를 게시하라. 가장 많이 판매하는 사원의 이름을 맨 위에 적어라. 화이트보드는 3분의 1로 나누고 맨 위 칸은 녹색, 가운데 칸은 노란색, 맨 아래 칸은 붉은색으로 칠한다. 이것만으로도 엄청난 동기 부여가 된다. 아무도 맨 아래 칸, 붉은색

부분에 머물기를 원하지 않을 것이다. 자신의 이름이 붉은 칸에 들어가 있는 사람은 그 칸에서 벗어나겠다는 의지로 불타오를 것이다. 더 노력하고 최대 목표를 훨씬 쉽게 달성할 것이다. 단 이것은 새로운 고객을 확보하려 할 때 통하는 전략이다.

내부 경쟁은 판매 주기가 짧은 제품에만 적용된다. 즉 신속하게 신규 고객을 확보하는 일이 중요한 업종에 적용할 수 있는 전략이다. 이런 업종에서는 직접 고객을 찾아가 제품 프레젠테이션을 하고, 구매 결정 여부를 바로 파악할 수 있다. 반면 금융 서비스나 직접 판매 방식의 제품에는 적합하지 않다. 고객과 장기적인 관계를 유지해야 하고 고객의 결정 주기가 긴 업종의 경우 이 전략은 생산적이지 않다. 이런 경우 실적 리스트를 만들면 고객과 지속적으로 좋은 관계를 유지하기 위해 오랫동안 애써온 여러분의 소중한 동료가 떠날 수도 있다. 그는 단기 판매에 강한 텔레마케팅 직원에게 밀려 하루나 이틀, 붉은 칸에 이름이 적힐지도 모른다는 불안감에 떨어야 할 것이기 때문이다.

습관을 재훈련하라

나는 세일즈 훈련 세미나에 참석한 사람들에게 일어나서 콤비 정장 혹은 재킷을 벗으라고 한다. 참석자들 대부분은 처음에 조금 황당하다는 기색을 보이지만 하라는 대로 한다. 그리고 나는 다시 참석자들에게 벗어 놓은 옷을 입으라고 한다. 참석자들은 대개 오른쪽 소매에 오른 팔을 먼저 끼운다. 여기까지는 별일 없이 진행된다. 그리고

부를 부르는 극한의 영업 법칙

나는 이렇게 말한다.

"좋습니다. 여러분은 오른손잡이군요. 다시 한번 해봅시다. 콤비정장을 다시 벗으세요. 그리고 왼팔부터 끼워보세요."

참석자들은 겉옷을 벗고 다시 왼팔부터 입으려고 시도한다. 그리고 대부분은 왼팔을 먼저 끼우고 옷을 입는 데 꽤 많은 시간을 들인다. 뭔가 번거롭고 이상하다는 느낌을 갖는다. 왼팔을 먼저 끼우는 데 익숙하지 않은 것이다.

내가 여러분을 변화시키는 데에는 큰 걸림돌이 있다. 사람들은 무언가를 하려고 할 때마다 뇌의 신경 경로가 '확장된다.' 이 신경 경로에서 전기 신호가 전달된다. 신경 경로는 지질이 풍부한 생체막, 즉 미엘린Myelin으로 둘러싸여 있는데 미엘린이 신경 경로를 잘 감싸고 있으면 전기 신호가 더 빠른 속도로 흐를 수 있다. 우리가 어떤 행동을 많이 할수록 미엘린이 활성화되어 그 행동을 하는 것이 점점 쉬워진다. 이것은 우리 뇌가 가진 아주 유용한 기능이지만 우리가 변해야만 하거나 변하려고 할 때 어려움에 부딪히는 원인이 되기도 한다. 오랫동안 해온 행동의 신호는 4차선 고속도로처럼 전달되는 반면, 새로운 행동에 대한 신호는 우리 뇌 안에 있는 자갈길에서 비틀거리기 때문이다. 이런 경우 우리는 머리를 써서 상황을 극복해야 한다.

우리가 스스로 세운 원칙을 습관으로 만들려고 할 때도 마찬가지다. 더 나은 원칙에 따라 판매하는 습관을 들이는 데에는 얼마나 오랜 시간이 걸릴까? 당연히 이런 질문을 떠올려볼 수 있을 것이다.

새로운 습관을 하루에 30번 반복할 경우, 오래된 습관을 버리고 새 습관에 익숙해지는 데 평균 6개월이 걸린다는 뇌 연구 결과가 있다. 아, 너무 고된 과정인 듯하다. 하지만 꾸준히 쉬지 않고 연습하면 이보다 빨리 습관을 바꿀 수 있다는 연구 결과도 있다.

나사NASA 전문가들은 아폴로호 발사 준비 과정에서 다음과 같은 실험을 했다. 이들은 사물이 거꾸로 보이게 하는 안경을 만들었다. 피실험자들 눈에는 천장에 테이블이 있고, 바닥에 램프가 있는 것처럼 보였다. 실로 불편한 상황이다! 그리고 전문가는 이렇게 말한다. "이제부터 여러분은 무슨 일을 하든지 이 안경을 계속 쓰고 다녀야 합니다." 처음에 피실험자들은 이 안경을 쓰고 행동하는 데 서툴렀다. 갑자기 모든 것이 불편해졌다. 설거지를 하기도 힘들었다. 자전거를 탈 생각은 하지도 못했다. 그런데 28일 뒤에 놀라운 일이 벌어졌다. 피실험자들은 분명 특수 안경을 쓰고 있었는데도 모든 상황을 정상적으로 인식했다. 나사의 이 실험은 우리의 뇌가 28일 만에 변화에 적응할 수 있다는 사실을 보여준다.

이 실험 결과가 절대적인 진실이라고 단정할 수는 없다. 새로운 규칙에 익숙해지는 데 28일이 넘게 걸릴 수도 있다. 하지만 적어도 이 사례를 통해 한 가지 사실은 입증되었다. 꾸준한 연습 없이 새로운 습관에 익숙해질 수는 없다는 것이다.

이제부터 새로운 습관에 익숙해질 수 있는 몇 가지 팁을 소개하려고 한다.

팁1: 나만의 의식을 치르자

독일의 축구 선수 올리버 칸은 인터뷰에서 스포츠에 의식이 얼마나 중요한지 말한 적이 있다. 나는 경기를 시작하기 전 우리 팀 선수들이 동그랗게 둘러서서, 옆에 있는 사람과 어깨동무를 하고 구호를 외치는 상상을 해보았다. "최고의 경기를 위해 파이팅! 우리가 승리한다!" 이런 식의 구호를 외치는 상상이다. 어떤 구호인지는 사실 중요하지 않다. 승리하고야 말겠다는 정신과 결연한 의지를 확고히 하는 것이 중요하다. 칸은 이런 의식을 치른 후 경기가 시작될 때까지 흩어져 벤치에 앉아 있는 것이 아니라 바로 필드로 나가는 것이 중요하다고 했다. 아직 열기가 남아 있을 때 출전해야 효과가 있다는 것이다.

의식으로 활력을 얻고 곧장 일을 시작하도록 하라. 의식은 여러분이 일을 훨씬 효율적으로 할 수 있도록 해주는 자동 장치다. 예를 들어, 매일 아침 책상 앞에 앉자마자 이메일을 체크하는 대신 가방을 내려두고 외투를 벗자. 그리고 먼저 10명의 고객에게 전화를 하자. 이메일은 오후 1시 이후에 체크하도록 하자. 마음이 불편한 일이 생기면 10부터 거꾸로 센 다음 일을 시작하자. 휴식도, 머뭇거림도 없이 바로 일을 시작하자.

팁2: 가장 힘든 일부터 처리하라

먼저 가장 힘든 일을 처리하고 가장 어려운 고객에게 전화하라. 그리고 잠시 자리를 벗어나 머리를 식힌 뒤 다음 업무를 처리한다. '어떡해. 나 이 사람한테는 전화하기 싫어.' 이런 생각을 빨리 떨쳐버린다면 남은 하루 업무를 훨씬 효율적으로 처리할 수 있다. 아침부터 뭔가 미루지 않고 하루를 활기차게 시작할 수 있다.

팁3: 정교한 설계가 필요하다

재택근무를 위한 원칙을 세우려면 정교한 설계가 필요하다. 재택근무를 한다면 사무실에 출근하는 것처럼 엄격한 원칙이 필요하다. 앞에 여러분을 감시하는 보스가 있는 것 같은 분위기를 조성해야 한다. 일단 8시 반에 고객과 첫 통화를 한다. 청바지에 티셔츠 바람으로 책상 앞에 앉으면 안 된다. 깔끔하게 면도하고 정장을 입고 넥타이도 매자. 여러분은 집이 아니라 사무실에 있는 것이다. 여러분이 내 말을 믿을지 안 믿을지 모르겠는데 고객은 여러분의 목소리만 듣고도 축 늘어진 스웨터를 입고 앉아 있는지, 완벽하게 정장을 갖춰 입고 앉아 있는지 귀신같이 안다.

어떤 경우에는 1일 임대 사무실을 이용하는 것이 합리적일 수도 있다. 내가 잘 아는 동료는 1일 사무실 임대료로 150유로를 지불한다. 그는 "내가 그렇게 많은 돈을 지불하면 수익을 내기 위해 더 확실하게 일해야 한다. 돈 때문에라도 집에서보다 임대 사무실에서 더 열심히 일하게 된다."고 말했다.

팁4: 묻고 상의하라

이렇게 해도 규칙에 익숙해지지 못하는 사람들이 있다. 그렇다면 코칭 강사, 멘토, 학습 파트너 등 다른 사람들에게 도움을 청하라. 그들에게 여러분의 계획을 알려라. 계획을 지킬 수 없는 상황이라면 스스로에게 묻고 또 물어라. "왜 약속을 거절했을까?" "왜 전화를 하지 않았을까?" "어떤 방법을 시도해야 할까?" 젊은 세일즈맨이라면 멘토를 찾는 것이 가장 좋다. 멘토를 통해 몇 가지 요령을 배울 수 있기

부를 부르는 극한의 영업 법칙

때문이다. 동물에 빗대어 표현하자면, 늙은 토끼는 마음속 갈등을 극복하는 방법을 잘 알고 있다.

여러분이 더 경험이 많다면 같은 눈높이에서 의논할 수 있는 파트너가 있는지 주변에서 찾아보아라. 경쟁 관계에 있는 상대를 택해서는 안 된다. 중간에 어떤 일이 벌어질지 모르기 때문이다. 파트너 관계는 두 사람 모두에게 중요하다.

초콜릿이 담긴 접시

마지막으로 매일 나 자신을 훈련하는 방법을 소개하려고 한다. 나는 이것을 '금식의 원칙'이라고 부른다. 무작정 굶는 것이 아니라 가장 좋아하는 음식을 먹지 않는 것이다. 바로 초콜릿과 콜라다. 생으로 굶는 것은 힘들지만 좋아하는 음식을 참는 것은 쉽다. 단 매일 주변에 좋아하는 것을 두지 않는다는 전제하에 말이다. 그래서 나는 여간 견디기 힘든 게 아니다. 내가 좋아하는 프랄린 초콜릿은 어디에든 있다. 사무실 책상 위에도 프랄린을 한가득 담은 커다란 접시가 있다. 내가 이 접시를 보면서 얼마나 괴로워하는지 아무도 눈치를 채지 못했을 것이다. 달콤한 프랄린을 한 입 물고 싶은 유혹을 뿌리치는 것이 승리의 날을 앞당긴다. 그 보상도 크다. 나는 승리를 자축하며 초콜릿 먹는 날을 비축해왔다. 그러니 승리의 날에 나는 마음껏 초콜릿을 먹어도 된다. 나는 다이어트를 하지도 않고, 가학적 성향이 있는 것도 아니다. 그럼에도 이렇게 나 자신을 학대하는 이유는 나를 위해서 더 열심히 일하기 위함이다!

이것이 자기 원칙이다. 여러분도 이렇게 의지의 근육을 훈련시킬 수 있다. 매일 한 시간 동안 조깅을 하기로 했는가? 그렇다면 57분이 되었을 때 조깅을 중단하면 안 된다. 나는 3분 일찍 조깅을 마치면 다시 한번 시작한다. 목표를 달성할 때까지 말이다. 절대 계획을 축소하지 않는다! 이 원칙을 일상생활부터 실천하면 직장에서 더 엄격하게 일할 가능성이 커진다.

무언가를 시도하고 행동할 때에만 변화가 일어난다. 단 성실과 노력을 엉뚱한 곳에 쏟아 부어 일을 그르치지 않으려면 5장을 읽어보길 바란다. 세일즈 깔때기에 재료를 적당히 채워놓은 상태에서는 상황을 정확하게 파악할 수 없다. 누가 이익을 챙길지 알 수 없기 때문이다. 일단 비운 상태에서 여러분의 원칙을 어디에 먼저 적용할 것인지 곰곰이 생각해보라. 부지런한 사람은 게으른 사람을 이기고 영리한 사람은 부지런한 사람을 이긴다. 다음 장을 기대하시라!

부를 부르는 극한의 영업 법칙

가장 긴
지렛대의 원칙

영리한 사람이 성실한 사람을 이긴다

숨을 헐떡거리며 수영장 벽의 결승점을 터치한다. 내 옆 어린이 풀에 있는 할머니가 짜증난다는 듯이 나를 쳐다보고 있다. 이것은 새 트레이닝 계획 중 하나다. 나는 이미 1킬로미터를 수영했다. 결승점까지 완주하려면 아직 1킬로미터를 더 가야 한다. 남은 1킬로미터는 더 힘들 것이다. 내 팔은 이제 말을 듣지 않는다.

나는 철인 3종 경기 출전을 준비하고 있다. 지금까지 나는 1.5킬로미터에서 3.8킬로미터 사이에서 수영 코스를 훈련해왔다. 처음 200미터에서 500미터 구간까지는 적당히 속력을 낸다. 남은 구간에서는 속도를 최대한 일정하게 유지하려고 노력한다. 다음 단계인 자전거 코스에 대비해 에너지를 비축하기 위해서다.

훈련하는 동안 내 운동 성적은 최소한의 수준만 향상되었다. 이것은 지극히 정상적이다. 고원 현상(일정 기간 발전이 정체되어 학습 효과가 나타나지 않는 현상-옮긴이) 때문에 다음 단계로 올라서기가 아주 힘들기 때문이다. 이런 상황에서는 최소 1년을 투자해야 1분이라도 기록을 단축할 수 있다고 생각했다.

400미터? 나는 신문의 인터뷰 기사를 읽다가 옆으로 치워버렸다. 롭 바렐Rob Barel이 수영하는 구간은 최대 400미터다. 바렐은 여러 차례 철인 3종 경기 세계 챔피언십 준우승과 유럽 챔피언십 우승을 차지한 인물이다. 그는 수영 훈련을 할 때 50미터, 100미터, 200미터, 최대 400미터의 단거리 훈련만 한다. 기사에는 이렇게 훈련하면 신체 부담이 더 커지고 체력이 강해진다고 쓰여 있었다.

그래서 나는 훈련 전략을 바꿨다. 3~4킬로미터 훈련을 하는 대신 2킬로미터 훈련만 했다. 이 훈련에 온힘을 쏟아 붓고 운동 과정에만 집중했다. 고된 훈련이었다. 훈련을 끝내고 나면 모든 근육이 콕콕 쑤셨다. 결과는 놀라웠다. 나는 10년 이상 철인 3종 경기에 출전했지만 항상 3분의 1 구간이 되어야 물에서 나왔다. 이제 나는 10분의 1 구간이 되면 물에서 나온다. 양이 아니라 질을 택했기 때문이다.

운동선수에게 기록의 한계는 근육과 힘줄, 적혈구 수, 심장의 펌핑 능력 등 신체와 관련이 있다. 그래서 많은 운동선수들이 도핑의 도움을 받으려고 한다. 하지만 훈련과 잘 맞지 않는 경우 도핑은 아무짝에도 쓸모없는 목발에 불과하다. 운동선수와 마찬가지로 세일즈맨이 최고로 발휘할 수 있는 능력에도 한계가 있다. 세일즈맨들이 가장 많은 한계에 부딪히는 요인은 시간이다.

한번 생각해보자. 여러분의 고객이 정확하게 약속 시간에 맞춰 오지 않고 대개 8시 혹은 9시가 넘어서 도착한다고 하자. 미디어 업계에서는 10시 이후가 되는 경우도 있다. 이 경우 여러분은 시간의 한계를 느낀다. 매일 저녁 같은 일이 반복된다. 사기업의 경우 오후 5시 혹은 6시에도 전화를 받는 사람이 있다. 하지만 공기업이나 공공 기관은 오후 4시 이후면 아무도 전화를 받지 않는다. 제빵사는 오후 1시부터

부를 부르는 극한의 영업 법칙

브레이크 타임이고, 식당 주인은 오후 7시에 하루 일과를 마친다. 이런 상황을 고려하면 여러분은 하루 종일 고객을 응대해야 한다. 그런데 독일의 경우 여러분이 고객을 응대할 수 있는 시간은 일주일에 4일뿐이다. 금요일에는 12시가 땡하고 지나면 전화를 받는 고객이 없기 때문이다.

다른 모든 자원은 스스로 조절할 수 있으나, 고객과의 연락은 나사를 돌리듯 마음대로 돌렸다 뺐다 할 수가 없다. 또 한 가지 문제는 너무 성실한 세일즈맨들이 많다는 것이다.

너무 성실하다? 앞 장에서 나는 반드시 해야 할 일을 축소하면 안 된다고 했다. 땀 흘리지 않고 목표에 도달할 수는 없는 법이다. 물론 맞는 말이다. 성실함은 반드시 필요한 요소다. 하지만 성실함 하나만으로는 성공할 수 없다.

똑똑하게 처신하지 못하면 에너지만 낭비한 꼴이 된다. 이를테면 아무 잠재력도 없는 고객들을 응대하다가 녹초가 되는 것이다. 대형 박람회는 다음해 비즈니스를 준비하기 위한 행사인데, 쓸데없이 대형 박람회 바로 다음날 고객들을 방문한다. 아니면 필요도 없는 제품을 소개하며 고객들을 귀찮게 한다든가. 시간을 낭비하고 쓸데없는 짓만 한 셈이다. 이렇듯 융통성 없이 열심히 일하면 원했던 것보다 훨씬 저조한 성과를 얻게 된다.

너무 많은 세일즈맨들, 특히 이들의 관리자들은 실적의 양만 본다. '다다익선'이라는 모토로 말이다. 외근직 사원들이 아침 아홉 시가 넘도록 사무실에 있으면 "외근 안 나가고 뭐해? 세일즈맨의 일터는 현장이야."라며 잔소리를 한다.

맞는 말이다. 세일즈맨의 일터는 현장이다. 하지만 세일즈맨은 외근을 나가기 전에 준비를 해야 한다.

2006년 프라우드풋 컨설팅Proudfoot Consulting에서 1만 명이 넘는 세일즈맨과 관리자를 대상으로 다음과 같은 설문 조사를 했다. 당신은 세일즈를 하는 데 얼마나 많은 시간을 투자하고 있습니까? 행정 업무에 얼마나 많은 시간을 사용하고 있습니까? 출장을 다녀오는 데 걸리는 시간은 어느 정도입니까? 고객을 방문하기 전 준비하는 데 걸리는 시간은 어느 정도입니까? 설문 조사 결과 세일즈맨들이 세일즈에 투자하는 시간은 11퍼센트였다. 나머지 89퍼센트는 행정 업무, 내부 의견 조율, 출장 등에 사용하고 있었다.

이 설문 조사가 발표된 직후 나는 언론사 기자와 인터뷰를 했다. 인터뷰에서 기자는 이렇게 말했다. "정말 믿을 수 없습니다. 세일즈를 위해 사용하는 시간이 그렇게 적다니 말입니다. 이건 그야말로 자원 낭비입니다." 이에 대해 나는 이렇게 대답했다. "세일즈 비중이 25퍼센트 혹은 30퍼센트라면 결과는 어떨까요? 이 경우 세일즈맨은 어려운 고객을 응대할 준비가 덜 되어 있을 가능성이 높습니다. 그는 세일즈에 많은 시간을 투자하지만 더 많은 매출 실적을 올리지는 못합니다. 반면 세일즈맨이 자신의 시간 89퍼센트를 준비하는 데 사용하고 고객이 정확한 일정에 구매할 수 있도록 관리한다면, 즉 이 제품을 꼭 필요로 하는 고객에게 정확한 일정에 공급한다면, 이 11퍼센트야말로 진정으로 가치 있는 시간입니다."

부를 부르는 극한의 영업 법칙

효율적으로 일하라

고액권을 포함해 많은 지폐가 바닥에 깔려 있는 공간에 있다고 상상해보자. 돈을 집기 위해서는 딱 한 번 허리를 굽힐 수 있다. 바닥에 있는 지폐의 배열은 바꿀 수 없다.

이 경우 두 가지 전략이 있다. 첫 번째 전략은, 허리를 한 번 굽히면서 최대한 많은 지폐를 줍는 연습을 하는 것이다. 지폐를 많이 줍기 위해 손힘은 어느 정도인지, 허리를 굽혔을 때 팔을 어디까지 뻗을 수 있는지 확인한다. 그리고 손가락용 흡착기를 만들거나 지폐를 더 많이 주울 수 있도록 도구를 이용해 손가락 길이를 연장해 보려는 시도도 해볼 수 있다. 두 번째 전략은 공간 전체를 둘러보는 것이다. 그러면 이 공간에 5유로짜리 지폐들이 쫙 깔려 있고 500유로짜리 지폐는 두 장밖에 없다는 사실이 눈에 들어올 것이다. 이때 민첩하게 움직여 좋은 자리를 차지하면 500유로짜리 지폐 두 장을 모두 차지해 집으로 돌아갈 수 있다.

그러니까 여러분에게는 선택권이 있다. 성실하지만 힘들게 일할 것인지(여기서 '힘들게'는 '정말 고생스럽게' 일한다는 의미다.) 아니면 머리를 잘 써서 일할 것인지 말이다. 세일즈맨에게 성실함이 중요하다는 것은 두말하면 잔소리다. 하지만 성실함보다 더 중요한 것은 질적으로 나은 수준에 도달하는 것이다.

이것을 공식으로 나타내면 '성공 = 투입하는 일의 양 × 질적 수준'이다.

단순히 일의 양만 늘려도 매출을 올릴 수 있다. 고객과 전화도 상담도 많이 하는 것이다. 그러다보면 저절로 계약이 따라온다. 하지만 지나친 것은 부족한 것보다 못한 법이다. 투입된 일의 양 대비 매출 실적, 즉 일의 효율은 매우 떨어진다. 능률도 마찬가지다.

여러분이 〈행복을 찾아서〉의 윌 스미스처럼 근무 시간에 물 한 모금 마시지 않고, 화장실에도 가지 않고, 전화 수화기 내려놓는 시간이 아까워 종료 버튼을 누르며 통화를 한다면 고객과의 통화 횟수로는 최고 기록을 달성할 것이다. 하지만 여러분이 그 통화를 통해 무엇을 얻게 될지 확실한 것은 하나도 없다! 또 아무것도 마시지 않고 일하다 보면 오후쯤에는 탈진해서 집중력이 떨어진다. 고객과의 통화에만 모든 시간을 투자하고 잠시 서류에 눈길을 돌릴 틈조차 없다면 다음 고객을 위해 아무것도 준비할 수 없게 된다. 그만큼 다른 고객과 약속 일정을 잡고 계약을 체결하게 될 가능성은 줄어드는 셈이다.

여러분이 할 수 있는 일의 양에는 한계가 있다. 여러분이 한 단계 더 발전하려면 일의 질적 측면에 집중해야 한다. 즉 일의 효율성을 높여야 한다!

세일즈맨을 위한 물리학, 더 긴 지렛대

학창 시절 우리는 '작용점에 가해지는 힘 × 작용팔 = 힘점에 가해지는 힘 × 힘팔'이라는 지렛대의 공식을 배웠다. 지렛대가 길수록 더 적은 힘으로 물건을 들어 올릴 수 있다는 것이다. 다른 말로 표현하면 같은 힘을 투입해도 지렛대의 길이가 길수록 더 무거운 짐을 들어 올릴 수 있다는 뜻이다. '더 긴 지렛대의 법칙'은 세일즈에서도 통한다. 이 원리를 이용해 여러분은 최소한의 에너지를 투입해 최대 계약을 달성할 수 있다. 실전에 적용하기에 앞서 여러분은 정말로 긴 지렛대를 찾아야 한다. 여기서 긴 지렛대란 최고의 업무 능력을 발휘하고, 머리를 써서 일을 처리하는 것을 의미한다.

질적 수준이라는 긴 지렛대를 사용하면 실적 성공률을 급격히 증가시킬 수 있다. 딱 맞는 고객에게, 딱 맞는 타이밍에, 딱 맞는 제품을 공급한다면 틀림없이 제품을 판매할 수 있다. 그것도 어느 정도가 아니라 엄청난 규모로 매출을 끌어올릴 수 있다.

질적 수준이라는 지렛대는 고객, 정확한 타이밍, 제품 공급, 이 세 가지 요소로 구성되어 있다. 여러분은 이 세 요소를 계획성 있게 투입해야 한다.

첫 번째 지렛대: 고객 분류

1장의 마지막 부분을 읽을 무렵 여러분은 다음 사실을 확실히 깨달았을 것이다. 여러분의 시장 잠재력을 완전히 사용하려면 A유형 고객에게 집중하고, B유형 고객은 섬기는 마음으로 A유형 고객과 함께 관리하고, C유형 고객은 적당히 상황에 내맡겨야 한다.

지금 내가 여러분에게 강조하고 싶은 말은 머리를 잘 써서 노동력을 투입하는 것이 중요하다는 점이다.

세일즈맨의 출장 계획만 봐도 그가 능력 있는 세일즈맨인지 아닌지 알 수 있다. 예를 들어 90퍼센트의 시간을 C유형 고객에게만 투자한다면 능력 없는 세일즈맨이다. 그는 높은 매출 실적을 달성할 수 없다. 반면 A유형 고객과 B유형 고객이 많은 세일즈맨, 즉 A유형 고객과 B유형 고객의 비중이 80퍼센트 혹은 90퍼센트를 차지하는 세일즈맨은 더 높은 매출을 올릴 수 있다.

두 사람은 고객에게 같은 시간을 투자한다. 하지만 높은 잠재력을 가진 고객에게 더 많은 시간을 투자하는 세일즈맨이 더 많은 매출을 올린다. 판매 상담에서 계약이 성사될 것이라는 확신이 더 낮았고 실제 확률이 희박했을지라도 말이다. 이미 A유형 고객으로 성공한 경험이 있는 세일즈맨과 C유형 고객을 응대하느라 쩔쩔 매는 세일즈맨이 올릴 수 있는 매출은 규모 자체가 다르다. 시스템이 재능을 이기는 법이다.

1단계로 세일즈맨이 해야 할 일은 이러한 시스템을 구축하는 것이다. 즉 고객의 유형을 분류하는 기준을 세우는 것이다. 이와 관련해 나는 1장에서 잠시 훑고 지나갔다. 그만큼 원칙적으로 중요한 부분이기 때문이다. 이제 이 원칙을 바탕으로 요령 있게 행동하는 법을 다루려고 한다. 그중 하나가 여러분에게 강조했던 시스템, 즉 어떤 고객에게는 시간을 낭비하는 것이고 어떤 고객에게는 시간을 합리적으로 투자하는 것인지 분별할 수 있는 시스템이다.

대부분의 기업들은 고객을 다양한 등급으로 구분한다. 이를테면 연간 매출 5,000유로까지는 C유형 고객, 1만 유로까지는 B유형 고객, 매출이 계속 증가할 가능성이 있고 연간 매출이 1만 5,000유로 이상인 경우에는 A유형으로 분류한다.

이 분류 체계는 원칙적으로는 옳다. 하지만 지나치게 근시안적이다. 예를 들어 여러분이 고객 한 명을 통해 올릴 수 있는 매출이 1만

2,000유로다. 그런데 여러분이 주말마다 제품 구매를 권유하기 위해 외근직 직원과 함께 고객을 쫓아다니는 방문 비용으로만 1만 3,000 유로가 든다고 하자. 매출에서 비용을 차감한 공헌 이익(기업의 손익을 분석할 때, 단위당 판매 가격에서 단위당 가변 비용을 뺀 금액. 총 공헌 이익에서 고정 비용을 빼면 기업의 이익이 산출된다. −옮긴이)을 계산해보자!

또 하나 세일즈맨이 자주 저지르는 실수가 고객의 잠재력을 주의 깊게 살펴보지 않는다는 것이다. 예를 들어 현재 연매출은 4,000유로에 불과하지만 잠재력이 8만 유로인 고객이 있다. 이 고객을 C유형으로 분류하고 관리를 소홀히 하면 고객은 자신이 필요로 하는 제품이나 서비스를 당신이 제공할 수 있다는 사실도 알 길이 없다. 그러면 이 고객은 절대 A유형 고객이 될 수 없다. 고객이 없으면 소비도 없고 판매할 수도 없는 법이다. 여러분이 고객에게 제품을 판매하지 않으면 경쟁자가 고객을 낚아채간다. 따라서 고객을 정확하게 분석해야 한다!

고객 분류 기준

고객을 합리적으로 분류하려면 매출, 공헌 이익, 고객의 잠재력과 같은 요소들이 필요하다. 이 요소를 다 알면 여러분은 전문적으로 고객을 분류할 수 있다. 능력 있는 세일즈맨은 여기에서 한 단계 더 나아가, 다음과 같은 질문을 한다.

- 이 고객에 대해 내가 참고해야 할 잠재력은 무엇인가? 내가 이 고객을 통해 또 다른 고객을 확보할 가능성은 있는가? 이 고객이 지금까지 나에게 닫아 놓았던 문을 열어줄 가능성이 있는가? 이 고객이 업계의 흐름을 주도하고 있는가?

- 이 고객에게는 어느 정도의 비용이 필요한가? 이 고객은 관리하기 쉬운 유형인가 기타 비용이 많이 드는 유형인가? 고객은 매일 혹은 매주 배송을 원하는가? 한 달에 한 번 화물차로 제품을 납품해도 괜찮은가?
- 크로스셀링 잠재력은 있는가? 고객이 특정 품목 세 가지만 구매하는가? 내가 이 고객에게 다른 제품을 더 판매할 가능성이 있는가?
- 고객이 기성품을 구매하길 원하는가 아니면 개별 맞춤식 주문을 원하는가? 고객에게 개별 맞춤식 주문품을 제안하는 것과 기성품을 판매하는 것 중 어느 방법이 나에게 더 이득인가?
- 내가 근무하고 있는 회사가 이 고객에게 A, B, C 어느 유형에 속하는가? 우리가 C유형 업체라면 고객이 A유형 업체를 통해 구매할지 최종 결정을 내리기 전까지는 계약 여부에 대해 깊이 생각하지 말자!
- 거래 업체의 지급 능력은 어느 정도이고 대금 결제는 정확한가? 이 업체가 제품을 대량으로 구매하고 대금을 결제하지 않는다면 어떻게 할 것인가? 끝도 없이 결제를 독촉해야 한다면 어떻게 할 것인가?

물론 이것 말고도 고객을 분류하는 기준은 많다. 어떤 점이 중요하고 중요하지 않은지는 업계의 특성과 거래 업체의 상황에 따라 다르다. 이것은 여러분의 보스와 논의 후 스스로 결정해야 한다.

여러분은 유형별 고객 분류 작업을 마쳤다. 그렇다면 고객을 유형별로 어떻게 다르게 대해야 할까?

유형별 고객 대처는 어떻게?

몇 년 전 지인이 이탈리아의 가르다호에서 휴가를 보내려고 했다. 그는 인터넷에서 시르미오네에 있는 멋진 호텔을 찾았다. 그는 호텔 연락처 정보에 굵은 글씨로 독일, 오스트리아, 스위스 관광객은 사절하고, 예약금의 일부를 선금으로 지불한 영국과 이탈리아 관광객만 받는다는 문구가 쓰여 있는 것을 보았다. 지인은 이 문구를 보고 충격을 받았다. 그는 이 홈페이지를 스크린샷으로 찍어서 '정말 심하게 극단적이네!'라는 메시지와 함께 보냈다.

그렇다. 나도 이건 정말 지나친 조치라고 생각했다. 하지만 아침 일찍 일어나 조식을 먹겠다고 뷔페에 진을 치고 있는 독일인 관광객의 모습과 점심 혹은 저녁에 느지막이 식사를 하는 영국인의 모습을 생각해보니, 호텔 경영자 입장에서는 심한 결정이 아니었다.

세일즈의 관점에서 이 호텔 경영자의 판단은 옳다. 그는 C유형 고객을 단호하게 버렸다. 대신 그는 더 많은 매출을 올릴 수 있는 고객을 위한 자리를 더 많이 만들어 놓았다. 처음 이 문구를 보면 독일, 오스트리아, 스위스 관광객들은 심히 언짢을 것이다. 하지만 이들은 결국 자신들을 진심으로 환영해주는 다른 호텔을 택하고 더 편안함을 느낄 수 있다. 다른 호텔에서도 속으로는 이를 바득바득 갈면서 이들을 맞이해줄지 모르겠지만 말이다.

대부분의 기업들은 홈페이지에 'C유형 고객은 열외로 간주하라.' 혹은 '한 해에 5,000유로 미만을 지출하는 고객이라면 다른 업체를 찾아라.' 같은 문구를 올리지는 않는다.

그렇다면 다양한 카테고리의 이 고객들을 어떻게 다룰 것인가?

C유형 고객

C유형 고객은 나에게 이익을 가져다줄 가능성이 없는 고객이다. 이들이 올리는 매출은 거의 없고, 잠재력은 제로에 가까우며, 공헌 이익도 최악이다. 그렇다고 해도 이런 고객을 하루 이틀 사이에 모조리 잘라내지는 말고, 시간과 비용을 최소한으로 투입해 관리할 방법을 찾아라. 이를테면 이런 고객은 콜센터나 온라인 주문으로 넘기는 것이다. 아니면 그저 카탈로그 배포 대상에만 포함시켜라. C유형 고객을 방문하는 것은 1년에 1~2회로 줄여라. 이렇게 얻은 시간을 큰 물고기를 관리하는 데 사용하라. C유형 고객을 더 이상 고객으로 받아들일 의향이 있는지 없는지도 살펴보라. 가르다호의 호텔 사장처럼 말이다.

B유형 고객

B유형 고객은 한 그룹이 아니다. B1유형과 B2유형으로 나눌 수 있다.

B1유형 고객

매출만 보고 A유형 고객으로 분류하는 세일즈맨들이 많다. 이것은 잘못이다. 다른 관점으로 보면 이런 고객들은 더 이상 발전 가능성이 없다. 이들은 이미 여러분에게서 자신이 필요한 모든 것을 구매했기 때문이다. B1유형 고객은 매출이 꽤 높지만 더 이상 잠재력이 없는 고객을 말한다. 따라서 이런 고객은 확보해놓고 놓치지 않는 것이 중요하다. 특히 B1유형 고객은 여러분이 특별하게 관리할 것이 없다. 평범한 서비스만 제공해도 이들은 만족한다.

이렇게 말하면 반론을 제기하는 사람들이 많다. "관리를 하지 않다니요? 이 고객들의 매출이 상당한 비중을 차지합니다! 중요한 고객이라고요."

중요하지 않다는 의미가 아니다. 이런 고객들에게 너무 많은 시간을 투입한다면 여러분의 시간 관리에 어떠한 영향을 미칠지 생각하라는 것이다. 풀을 당긴다고 빨리 자라는 것이 아니다. 너무 매달려봤자 도움이 안 되는 상황이다. 그렇게 하면 오히려 역효과만 생긴다. B2유형 고객과는 정반대다.

B2유형 고객

B2유형 고객의 현재 매출은 낮다. 개중에는 아예 매출이 없는 고객도 있다. 여러분이 노력했으나 아직 매출이 없는 고객도 있다. 하지만 이 고객의 향후 잠재력은 크다. 이 고객은 업계의 흐름을 주도하고 있기 때문이다. 관련 업계와의 네트워크도 잘 구축되어 있고, 대규모 투자를 받을 계획이 있어서 좋은 제품이라면 큰 금액도 지출할 의향이 있다. 지금까지 누구도 이 업체에 제품을 판매할 생각을 하지 않았기 때문에 눈에 띄지 않은 것일 수도 있다.

신규 고객이 B2유형일 수도 있으므로 모든 고객을 자세히 살펴봐야 한다. 모든 고객의 수요를 정확하게 분석하고 개인에게 맞는 제품을 제안해야 한다. 정확하게 고객을 분류하고 특히 C유형 고객과 구분하는 것이 중요하다. 이런 고객에게는 추가 제안서를 제출하라. 충분히 효과가 있다. 여러분의 매출은 대폭 상승할 것이다. B2유형 고객은 빠른 시일 내에 A유형 고객이 되기도 한다.

A유형 고객

A유형 고객은 최고 매출이 아닐지는 몰라도 상당한 매출을 안겨주는 고객들이다. 이들에게는 성장 잠재력도 있다. 시간과 비용을 투자할 가치가 충분하다. A유형 고객은 주요 고객 관리 매니저가 관리하고 챙긴다. A유형 고객은 세일즈맨의 정기 방문 대상이다. 여러분은 고객의 문제에 대해 해결 방안을 제시해야 한다. 다른 업체에서는 줄 수 없는 제안서를 내밀어야 한다. 이렇게 하면 여러분은 A유형 고객을 계속 붙들어둘 수 있을 뿐만 아니라, 이들의 잠재력을 100퍼센트 활용할 수 있다.

여러분이 어떤 고객에게 더 많은 관심을 쏟아 부을 것인지 결정했다면 세부 계획을 세워야 한다. 주요 고객에게 확실한 서비스를 제공하려면 타이밍이 중요하다.

두 번째 지렛대: 적절한 타이밍

한 도매상인에게 제설용 염화칼슘이 몇 톤 있다. 지난해 겨울 날씨가 따뜻했기 때문에 염화칼슘이 많이 팔리지 않아 재고 창고에 한가득 쌓여있다. 창고가 부족해지자 도매상인은 판매 사원들에게 "제설용 염화칼슘 특별 할인 행사를 하려고 합니다. 어떤 일이 벌어질지 지켜봅시다."라고 말한다. 그것도 5월에 말이다!

타이밍을 잘못 선택하면 일을 크게 그르칠 수 있다. 모든 제품이 제설용 염화칼슘처럼 여름에는 수요가 전혀 없는 것은 아니지만, 판매 시즌이 정해져 있는 제품들이 많다. 잘라 놓은 빵처럼 판매 기한이 있는 제품도 있고, 모든 분야에서 꾸준히 팔리는 제품도 있다.

물론 여러분은 역시즌 판매 전략을 쓸 수도 있다. 비시즌에 특가 판매로 매출을 높일 수 있다. 하지만 이 전략이 예외적인 경우에만 통할 수 있다는 점을 알아두어야 한다.

업계의 시즌에 역행하는 판매 전략에는 세 가지 걸림돌이 있다. 첫째, 쓸데없이 에너지를 낭비할 수 있다. 비시즌에 4건의 계약을 성사시키는 데 필요한 에너지로, 피크 시즌에 40건의 계약을 성사시킬 수 있다. 둘째, 비시즌에 대폭 할인된 가격으로 판매할 경우 오히려 적자를 볼 수 있다는 것이다. 어쨌든 이윤은 적게 남는다. 셋째, 비시즌 할인 행사가 장기적으로는 가격 체계를 무너뜨릴 수 있다는 것이다. 5월에 저렴한 가격으로 제설용 염화칼슘을 구매한 고객은 9월에 이렇게 물을 수 있다. "지금은 왜 두 배나 비싼 가격으로 판매하려는 겁니까? 제가 그 정도로 멍청하지는 않습니다!"

예를 들어 내가 일하고 있는 업계의 주기는 대략 이렇다. 내 고객들은 9월과 10월에 다음해의 인적 자원 개발을 기획한다. 이 시기에 항상 코칭, 세미나, 교육 예약이 진행된다. 8월은 너무 이르므로 고객에게 전화를 하면 안 되고, 11월에 전화를 하면 너무 늦다. 그러면 모든 예산이 집행된 후다. 따라서 나는 항상 정확한 타임프레임 time frame(구체적인 상황이나 사건 하에서 사용할 수 있는 시간의 한계 - 옮긴이)을 포착한다.

피크 시즌에는 많은 업계에서 날짜까지 구체적으로 일정을 잡아놓는다. 업계의 주요 박람회가 개최될 때가 항상 최고 성수기다. 박람회 직전 혹은 박람회 기간 동안 구매 결정을 내린다. 이 기간에는 하루라도 늦으면 고객의 예산이 바닥나기 때문에 빈손으로 돌아오게 된다.

항공기 제조사의 경우 베를린 항공기 부속품 박람회ILA Berlin Air Show가 그렇다. 박람회 시즌이 지나면 보잉과 에어버스는 판매 실적을 공식 발표한다. 이 박람회에서 큰 거래가 이뤄지기 때문이다. 항공사가 이곳에서 여객기를 구매하므로 구매부서의 모든 업무는 이 박람회에 맞춰져 있다.

업계에만 피크 시즌과 비시즌이 있는 것이 아니다. 기업마다 시즌이 있다. 어떤 기업은 성탄절과 신년이 피크 시즌이고, 어떤 기업은 그렇지 않다. 이를테면 여러분의 고객 중에는 매달 첫째 수요일에 미팅을 갖고, 투자 여부를 결정하는 경우도 있을 것이다. 여러분의 거래처 담당자가 8월 초에 휴가를 떠나기 때문에 이 시기에는 일정을 잡는 것이 불가능할 수도 있다.

여러분은 이런 모든 것을 알고 있어야 한다!
여러분의 일정표에 이런 모든 사항을 기록해야 한다!

- 주요 박람회 일정(정확하게)
- 고객들의 구매 결정 일정
- 거래처 담당자의 재실 및 부재 시간

부를 부르는 극한의 영업 법칙

이러한 데이터에 맞춰 여러분은 고객과 일정을 맞춰야 한다. 불황기는 준비를 하는 데 사용하라. 고객에 대한 정보를 얻고, 제안서를 새로 작성하고, 보스에게 프레젠테이션을 하라. 그러면 시즌 초기에 출발선에 섰을 때 여러분은 이미 많은 준비가 되어 있을 것이다.

정확한 타이밍은 판매 상담뿐만 아니라 제안서 제출, 고객의 의사 확인, 계약서 송부 등 모든 업무에서 중요하다. 정확한 타이밍을 맞추기 위해 고객의 내부 결정 구조가 어떠한지도 알아야 한다. 이런 정보는 고객과 대화할 때 직접 물어볼 수도 있다.

서면 제안서 제출 시 정확한 타이밍을 확인하기 위한 세 가지 질문

제안서 제출 시에도 정확한 타이밍이 중요하다. 다음 세 가지 질문으로 계약 성사율을 확실하게 높일 수 있다.

- "적어도 언제까지 제안서가 필요하십니까?"
- "적어도 언제까지 제품이 필요하십니까? 적어도 언제 제품이 가동되어야 합니까?"
- "언제 구매가 결정됩니까?" 혹은 "구매가 결정되기까지는 시일이 어느 정도 걸릴까요?"

여기에서 마법의 단어는 '적어도'이다. 이 단어를 이용해 고객이 이 프로젝트를 어느 정도로 중요시하는지 확인할 수 있다. 고객이 "너무 서두를 것 없습니다." 혹은 "한번 검토해봐야 합니다."라고 답한다면 이 프로젝트가 고객의 우선순위 리스트 상단에 있지 않다는 뜻이다.

이 세 가지 질문은 고객에게 끈질기게 캐묻기에 가장 좋은 틀을 제공한다. 이것을 바탕으로 전형적인 경험 법칙 '제안서 제출+일주일=고객에게 구매 여부를 되묻는 타이밍'을 예측할 수 있다. 이 타이밍에 여러분은 고객의 구매 결정 일정을 다시 한 번 물으면 된다. 고객의 구매 결정 일정은 회사의 내부 결재 구조에 좌우된다. 따라서 이 구조도 파악해야 한다.

___

정확한 타이밍에 고객 앞에 나타나려면 준비가 잘 되어 있어야 한다. 간혹 여러분이 애써 준비한 것들을 써먹어보지 못하고 날려야 할 때도 있다.

준비된 자가 기회를 잡는다

한 영업사원과 이동 중이었다. 헤어 제품 시장에서 선도적인 업체의 영업 담당자였던 그는 정기적으로 헤어숍을 방문했다. 차를 타고 돌아오는 길에 나는 그에게 다음 방문을 위한 몇 가지 팁을 주었다. 그가 자동차에 시동을 걸었을 때 휴대폰 벨이 울렸다. 그는 핸즈프리를 켰다. 나는 옆에서 그의 통화 내용을 듣고 있었다.

영업사원: 안녕하세요, 마이어 씨. 어쩐 일로 저를 찾으셨습니까?

고객: 차고에 프리미엄 샴푸 재고가 있습니까?

"네, 있습니다. 필요 수량은 몇 개인지요?"

"일주일 분입니다."

"그 정도는 충분합니다. 언제까지 제품을 가져다드려야 할까요?"

"바로 가져다주실 수 있으면 가장 좋습니다. 안 되면 늦어도 오후까지는 제품을 가져다주셨으면 합니다."

"가능합니다. 이렇게 급하게 제품이 필요한 이유를 여쭤 봐도 될까요?"

"주요 거래처에서 품질 문제로 전체 생산 로트 가동을 중단했습니다. 저한테는 지금 제품이 없고 이번주 예약이 꽉 차 있습니다. 전부 제가 취소하기 어려운 일정들이고요."

"아, 그렇군요. 그럼 잠시 후 뵙겠습니다."

이 영업사원은 전화를 끊었다. 전화를 끊고 그는 본사에 전화를 하려고 했다. 누구나 그의 머릿속에서 어떤 생각이 굴러가고 있는지 알 수 있었다. 그는 다른 번호를 눌렀다.

영업사원: "안녕하십니까. 빙클러 씨. 평소 우리 경쟁사 제품을 사용하고 계신다는 것을 알고 있습니다. 제가 듣기로는 그 회사의 납품 일정에 문제가 있다고 하더군요. 솔직하게 여쭤보겠습니다. 보충할 제품이 필요하십니까?"

통화가 끝났을 때 그는 주문 받은 것을 메모했다. 이후 그는 일곱 곳에 전화를 더 했다. 이렇게 하여 그는 총 9곳의 새 거래처에, 평소 5곳의 거래처를 방문할 때보다 더 많은 수량의 샴푸를 판매했다. 그는 예정했던 방문 일정의 중단을 신속하게 결정했다. 대신 방금 전 주문 받은 샴푸를 새 고객에게 바로 배송했다.

때로는 이렇게 예정에 없던 기회가 찾아온다. 세일즈맨은 융통성을 발휘하여 이런 기회를 잘 붙잡아야 한다. 그런데 많은 세일즈맨들이 이렇게 행동하지 않는다. 고객과의 약속은 무슨 일이 있어도 지켜야 한다고 생각한다. 일반적으로 기존 단골 고객은 배송이 하루 정도

늦는 것은 기다려주지만 새로운 고객은 그렇지 않다. 그 순간 잡지 못하면 기회는 영영 사라지고 만다.

준비된 자만이 기회를 잡을 수 있는 법이다. 처음 이 말을 들으면 모순처럼 느낄 수 있다. 기회가 언제 올지도 모르고 아예 안 올 수도 있는데 어떻게 준비를 한단 말인가? 경쟁업체에서 언제 납품 문제가 발생할지 예상하는 것은 불가능한 일 아닌가! 내가 제조업체 관련자가 아닌 이상, 네덜란드 특정 업체의 동물 사료에서 살충제 잔여물이 발견되어 해외 동물 사료 수입 금지 조치가 내려질지 어떻게 예측할 수 있단 말인가? 8월에 때 아닌 추위로 전기담요 수요가 급증할지 어떻게 예측할 수 있단 말인가? 대체 어떻게 준비하라는 말인가?

아주 간단하다. 여러분의 경쟁업체와 고객들을 꾸준히 지켜보면 된다. 그리고 조금 전에 소개한 헤어 관리 제품 영업사원처럼 행동하면 된다. 그 다음에 리스트를 작성해라.

- 현재 여러분이 활동하고 있는 시장에서 경쟁사의 제품을 구매하고 있는 고객 중 잠재적 고객이 있는가?
- 이들은 어떤 제품을 구매하고 있으며 수량은 어느 정도인가? 경쟁사에서는 어느 정도의 수량을 구매했는가?
- 이들 중 누가 A유형 고객이 될 가능성이 있는가? 그 중 어느 고객을 내 고객으로 만들고 싶은가?
- 그곳의 담당자는 누구인가? 담당자와 연락처를 미리 파악해두자.
- 여러분이 제안서를 제출했는데 고객은 경쟁사의 제품을 선택했다. 이 고객은 어떤 제품을 사용하고 수량은 어느 정도인가? 또한 이 고객이 경쟁사의

가장 좋은 방법은 이러한 리스트를 표로 정리해 컴퓨터의 데이터로 저장해두는 것이다. 그러면 여러분은 다양한 기준에 따라 자료를 분류할 수 있다. 데이터는 항상 업데이트하라. 데이터를 모바일 기기에 저장해 놓거나, 고객으로 삼고 싶은 대상만 뽑아 정리한 리스트를 프린트하여 이동 중 언제든 볼 수 있도록 한다.

잘 정리해둔 고객 리스트 하나로 기업이 흥할 수도 있고 망할 수도 있다. 여러분이 고객의 수요와 잠재력, 가장 고객으로 삼고 싶은 대상 등을 상세하게 정리해 놓으면 뜻밖의 기회가 찾아왔을 때 바로 활용할 수 있다. 이렇게 하면 여러분의 수익과 매출이 증가하는 것은 물론이고, 장기적 관점으로 판단했을 때 새로운 고객을 확보해두는 셈이다. 예기치 않은 상황에 대한 대비는 충분히 쓸모 있는 일이다!

여러분이 정확한 타이밍에 제품이 필요한 고객에게 말을 건넬 때 한 가지 더 필요한 것이 있다. 이제부터 그것에 대해 알아보도록 하자.

세 번째 지렛대: 정확한 제품 공급

정확한 제품 공급에 대한 내용을 또 한 번 다룰 필요가 있을까? 3장에서 나는 고객의 수요를 정확하게 조사하고 고객이 필요로 하는 것을 정확하게 제공하는 것이 얼마나 중요한지 자세히 설명했다. 그런데 지금 또 "그 정도로는 아직 부족합니다!?"라고 말한다면 놀랄지도 모르겠다. 고객의 수요를 철저하게 조사했다면 여러분은 훌륭한 세일즈맨이다. 하지만 나는 '훌륭한' 정도로 만족할 수 없다. 나는 여러분이 뛰어난 세일즈맨이 되기를 바란다.

뛰어난 세일즈맨은 여기서 한 단계 더 나아간다. 그는 소원을 들어주는 요정처럼 고객의 소원을 들어줄 뿐만 아니라 고객의 소원을 사라지게 할 수도 있다. 고객이 만족스런 웃음을 지으며 편안히 앉아 있을 때, 뛰어난 세일즈맨은 또 다른 무언가를 시작한다. 그는 고객에게 더 많은 것을 제안한다. 이른바 추가 구매를 유도하는 것이다. 만족한 고객을 열성 고객으로 만드는 사탕처럼 달콤한 제안 말이다. 세일즈맨에게는 이러한 계약이 잘 성사되는 것이야말로 한해의 비즈니스가 달린 일이다.

세일즈맨이라면 추가 비즈니스에 발 빠르게 반응해야 한다. 기회가 있을 때마다 "당신을 위해 더 소개할 것이 있습니다."라고 말을 건네야 한다. 실제로 판매 상담 중 최대 10퍼센트가 추가 구매를 권유하는 내용이다. 나는 왜 독일의 미용실에서 여성 고객에게는 매번 샴푸 서비스를 제공하고 남성 고객에게는 제공하지 않는지 궁금하다. 여성 고객들은 항상 헤어트리트먼트 제품을 구매하겠느냐는 질문을 받는데 나는 한 번도 이런 질문을 받은 적이 없다. 왜 그럴까?

세일즈맨이 추가 판매를 하지 않는 이유는 세 가지다.

첫 번째 이유는 고객에게 추가 구매를 어떻게 권유해야 할지 아무런 아이디어가 없기 때문이다. 이들은 자신들의 팔레트에 '큰' 제품만 넣어놓고 그것만 판매하려고 한다. "내가 이 제품을 판매한 후 어떤 제품을 더 팔 수 있을까?", "내가 어떻게 하면 고객이 더 편리한 생활을 하도록 도와줄 수 있을까?" 이런 질문은 던져보지도 않는다.

부를 부르는 극한의 영업 법칙

두 번째 이유는, 고객에게 부담을 주길 원하지 않기 때문이다. 이런 세일즈맨들은 고객에게 더 관심 있는 것은 없는지 물어보면 고객이 자신을 돈에 눈이 먼 사람이라고 생각할까봐 겁낸다.

다른 관점에서 생각해보자. 어쩌면 이 고객은 여러분이 특정 제품을 소개해주는 것을 반길지도 모른다. 여러분이 "우리 매장에 이런 제품들이 입고되었습니다. 방금 전 손님이 구매하신 제품과 아주 잘 맞을 것입니다."라고 추천해준다면 고객은 많은 시간을 들여 제품을 찾을 필요가 없다. 여러분이 고객의 쇼핑 시간을 절약해주는 것이다.

세 번째 이유는 솔직히 터놓고 말하기에 민망할 정도다. 세일즈맨이라면 자신이 근무하고 있는 회사에서 판매하는 모든 제품을 알고 있어야 한다. 하지만 실제로 그런 경우는 드물다. 대부분의 세일즈맨은 가장 잘 팔리는 제품만 안다. 이들은 고객에게 자사의 어떤 제품과 서비스를 함께 권유해야 할지 잘 모른다.

지금 당장 여러분이 근무하고 있는 회사의 모든 제품을 확인하고 어떤 제품을 함께 판매하면 좋을지 궁리하자.

추가 판매 유도하기

여러분이 고객과 함께 있고 이 고객이 무언가를 사려고 한다면 고객에게 필요한 제품을 추가로 제안할 수 있다. 이렇게 고객의 구매를 유도하는 방식은 세 가지로 나뉜다. 업셀링Up-Selling(고객이 이전에 구매한 상품보다 더 비싼 상품을 사도록 유도하는 판매 – 옮긴이), 크로스셀링Cross-Selling(기존 고객에게 제품 혹은 서비스의 추가 구매를 권유하는 행위 – 옮긴이), 특가 행사다.

맥도날드를 보면 이 원칙이 얼마나 잘 통하는지 알 수 있다. 여러분이 계산대 앞에서 버거와 음료를 주문하면, 젊은 여성이 친절한 미소를 지으며 이렇게 묻는다.

"세트 메뉴 어떠세요? 감자튀김이 포함되어 있습니다. 버거와 음료를 주문하는 것보다 가격도 더 저렴합니다."

이것을 업셀링이라고 한다. 버거 하나만 먹어도 그럭저럭 배가 부른 여러분에게 판매 사원은 세트 메뉴 구매를 유도한다. 이렇게 하여 여러분은 푸짐하게 먹을 수 있다. 먹으려면 배가 터지도록 먹으라는 것이다.

업셀링은 두 가지로 나뉜다. 하나는 사이즈업 셀링이고, 다른 하나는 품질업 셀링이다.

사이즈업 셀링의 대표적인 예가 피트니스 센터다. 피트니스 센터에서는 고객이 6개월 대신 12개월 등록을 하도록 유도한다. 또 다른 예로 슈퍼마켓에서는 초콜릿을 5개 한 묶음으로 판매하여, 1개가 아니라 5개를 구매하도록 유도한다.

품질업 셀링의 판매 방식은 이렇다. 타이어 전문점에서는 일반 타이어 대신 더 고성능의 타이어를 구매하도록 유도한다. 슈퍼마켓에서는 고객이 2겹 화장지가 아니라 3겹 화장지를 사도록 유도한다. 보험사에서는 고객에게 M 보험 상품이 아니라 L 혹은 XL 보험 상품을 구매하도록 유도한다.

품질업 셀링에는 고객 상담이 가능한 세일즈맨이 필요하다. 고객은 일반 품질 제품을 원한다. 이때 세일즈맨이 권한다. "10유로만 더 지불하시면 프리미엄 제품으로 구매하실 수 있습니다. 손님은 추가 기능을 쓸 수 있고, 낱개 상품으로 구매할 때보다 경제적입니다." 추가 기능을 필요로 하지 않는 고객만 이 제안을 거절할 것이다. 어떤 상품이 고객에게 더 도움이 될지 찾는 것이 바로 여러분이 할 일이다.

두 번째로 크로스셀링을 설명하기 위해 맥도날드의 예로 다시 돌아가자. "애플파이는 필요 없으신가요?" 고객이 '좋아요.'라고 한다면 크로스셀링은 이미 성공한 것이다. 판매원은 고객이 구매한 제품에 어울리는 다른 제품을 추가로 권유한다. 이때 판매원은 고객에게 정말로 필요한 것이 무엇인지 잘 살펴보아야 한다. 수프용 고기와 수프용 뼈를 함께 구매하시면 어떨까요? 전자레인지와 뚜껑이 달린 방열 용기를 함께 구매하시면 어떨까요?

아마존, 잘란도Zalando(독일의 의류 및 패션 전문 온라인 쇼핑몰-옮긴이), 이베이는 이 전략을 완벽하게 활용하고 있다. '이 제품을 구매한 고객은 …도 구매했습니다.' 알림에 이어 연관 제품들이 화면에 뜨고, 고객은 이 제품들을 클릭하게 된다.

여러분은 얼마나 많은 고객이 크로스셀링의 혜택을 이용하고 있다고 생각하는가? 가정주부를 대상으로 한 테스트 결과, 제품에 따라 차이는 있지만 10명 중 7~9명이 원래보다 더 많이 구매하는 것으로 확인되었다. 쉽게 말해 여러분이 크로스셀링을 잘 활용하면 매출을 최대 90퍼센트 올릴 수 있다는 뜻이다. 크로스셀링으로만 먹고 사는 기업도 있다. 영화관이 대표적인 예다.

영화관은 영화를 관람하는 곳이다. 그런데 영화관에 가면 팝콘, 나초, 콜라, 아이스크림도 있고, 영화 관람 후 당구를 칠 수 있는 곳도 있다. 원래 여러분은 영화관에서 티켓을 구매하는 데 12유로만 쓰려고 했다. 하지만 여러 사람과 함께 갈 경우 60유로, 70유로, 80유로까지 쓰고 집에 돌아오게 된다.

오일 교체 비용이 9.90유로인 자동차 체인점이 있다. 이 체인점은 오일 교체에 만족하지 않고 고객이 정비소로 가도록 살살 유혹한다. 정비사가 고객의 차를 살펴본다. 브레이크나 클러치에 문제가 있으면 수리비만 350유로가 청구된다. 고객은 350유로를 쓰고도 차의 고장을 발견했다는 사실에 기뻐한다.

세 번째 추가 판매 전략은 특가 판매다.

특가 판매 전략은 '한정 기간' 혹은 '한정 수량' 원칙을 따른다. "오늘 하루만 석류 시럽 한 병과 칵테일 셰이커를 함께 구매할 수 있습니다!" 혹은 "이주의 특가 상품: 스니커즈 한 개 가격으로 두 개를 구입하세요!"

특가 판매는 대개 가격 혜택을 많이 제공하고, 고객의 반응이 크며 기간이 한정되어 있다. 이런 행사는 기간과 수량이 제한되어 있기 때문에 고객의 사냥 본능을 자극한다. 특가 제품이 있을 때 기회를 빨리 잡아야 한다고 말이다!

내 고객 중에 항상 4월 한 달 동안 특가 행사를 하는 업체가 있었다. 이 업체는 세척제 두 통을 구매하면 고가의 그릴 세트를 사은품으로 증정했다. 행사는 성공적이었다. 이 회사는 4월 매출이 가장 높았다. 많은 사람들이 세척제 두 통을 주문했다. 10통을 주문하는 경우도 있었다. 이 경우 고객들은 남은 그릴 세트 네 개를 지인들에게 선물하기도 했다,

나는 "특가 상품이 있는데 한번 보시겠어요?"라고 물어봐주는 것

부를 부르는 극한의 영업 법칙

을 좋아한다. 특가 상품만 보면 정신없이 사들이는 소비자이기 때문이 아니다. 판매원의 적극적인 태도가 보기 좋아서다. 그리고 항상 이런 질문을 한다. "이 질문을 몇 번 해야 고객이 당신의 제안을 받아들이나요?"

몇몇 판매원들은 10회에서 12회 사이라고 대답한다. 반면 몇몇 판매원들은 "두 명 중 한 명은 제안을 받아들입니다!"라고 대답한다. 이런 판매원들은 매출을 50퍼센트나 더 올린다. 질문 하나로 말이다.

크로스셀링, 업셀링, 특가 행사의 부수적 효과는 매출을 높일 수 있다는 것이다. 이보다 훨씬 더 좋은 효과는 여러분이 고객에게 '마음 편한 만능 패키지Rundum-sorglos-Paket'를 제공할 수 있다는 점이다. 그래서 이 패키지를 한 번 구매한 고객은 여러분을 또 다시 찾는다. 여러분이 상황에 맞는 전략으로 기지를 발휘해 고객을 응대한다면 말이다!

판매 상담의 순서

다음은 세일즈맨이 고객을 방문할 때 상세하게 검토해야 할 사항이다.

- 고정 구매 품목
- 업셀링 영역
- 크로스셀링 제품
- 특가 판매 기간 상품
- 고객이 아직 모르고 있거나 새로 공급 물품에 넣은 신제품

이 다섯 가지 사항을 순서대로 질문하는 데 성공한다면 매출을 올릴 수 있는 지렛대 하나를 더 얻을 수 있다. 그러려면 심리적으로 요령 있게 행동해야 한다.

나는 소프트드링크 제조업체의 여성 영업사원이 거래처 레스토랑에 방문할 때 동행한 적이 있다. 판매 상담은 이런 식으로 진행되었다.

"필요한 것 있으세요?"—"아니요."

"제품을 다 갖추고 계신가요?"—"네."

"재고가 충분한가요?"—"네."

이 대화를 들으면서 아찔했다. 이 영업사원이 고객을 모든 일을 척척 알아서 하는 사람으로 생각했다면 할 말은 없다. 하지만 그럴 거면 이 고객에게 영업사원도 필요 없다. 제조업체의 온라인 주문 서비스를 이용하면 그만이다.

나는 그녀에게 몇 가지 팁을 주었다. 그러자 다음번에 그녀의 판매 상담 스타일이 완전히 달라졌다. 그녀는 고객에게 다시 한번 고정 품목을 물어보았다. 이번에는 의도적으로 여러 질문을 했다. "제품이 얼마나 남아 있나요?", "지금 재고로 얼마나 더 버틸 수 있나요?" 이렇게 질문했더니 고객은 곰곰이 생각하고 난 뒤 열심히 주문을 했다. 그 결과 이 영업사원은 1,400유로 상당의 추가 주문을 받아낼 수 있었다.

그런 다음 그녀는 신제품들을 소개하기 시작했다. 레스토랑 사장은 이미 1,400유로를 지출했기 때문에 탄산 사과주스를 몇 개 더 구매해야 할지 고민했다. 그리고 "신제품은 다음 기회에 구매하겠습니다."라고 말했다.

많은 세일즈맨들이 단골 고객한테 고정 품목으로 세일즈를 하기 시작한다. 세일즈맨의 입장에서 '손 안에 있는 참새'는 안정적이지만 많은 기회를 망친다. 필요가 완전히 충족된 고객은 추가 구매 제안을 받아들일 가능성이 낮다. 물론 고정 품목은 안정적인 매출을 보장한다. 그것은 세일즈맨이 신제품을 소개한 후에도 마찬가지다.

나는 수년 동안 판매 상담을 요령 있게 진행하기 위해 여러 방법을 시도해보았다. 지금 여러분께 소개하는 방법은 경험의 산물이다. 이 순서로 대화를 진행했을 때 세일즈 실적이 가장 높았다.

항상 먼저 신제품을 소개한다. 다음에 고객은 대개 이렇게 물을 것이다. "오늘은 신제품이 없나요?" 고객에게 1~3개의 신제품을 소개하고 어떤 반응을 보이는지 살펴보라.

그 다음에 고정 품목에 대해 질문하고 업셀링 가능성을 활용하라. 고객이 평소 주문 수량인 8개에서 12개로 늘리면 한 박스를 덤으로 주는 것이다. 당연히 고객은 더 저렴한 가격으로 구매할 수 있다.

그리고 크로스셀링을 하라. 업장에서 물티슈를 사용한다면 쓰레기봉투도 필요할 것이다. 다시 한번 기회를 살피는 거다. 아주 빨리! 여러분은 이미 크로스셀링을 하고 있는 것이다.

마지막 단계에 특가 제품을 제안한다. 이 경우 고객이 거절할 가능성은 상당히 높다. 고객은 이미 다양한 제안을 받은 상태이기 때문이다. 그럼에도 특가 제품을 구매하는 고객은 있다!

고객과 판매 상담을 하기 전 항상 확실한 전략을 세워라! 최소 목표와 최대 목표. 어떤 신제품을 고객에게 보여줄 것인가? 그중 어떤 제품이 고객에게 합리적인가? 고객에게 어떤 방식으로 업셀링 혹은 크로스셀링을 할 수 있을까? 고객이 어떤 제안을 받아들일 것인가? 마지막이 가장 중요하다. 대화 중 어떤 타이밍에 고객에게 제품을 소개할 것인가?

고객에게 최적의 제안을 하라. 여러분은 고객에게 만족감뿐 아니라 행복을 선물해야 한다.

고객이 여러분의 제안을 거부할 수 없게 만들고 싶다면 '내 픽 효과'를 이용하라.

추가 전략: '내 픽 효과'를 이용하라

여러분은 맞춤복과 기성복 중 어느 것을 선호하는가? 물론 지불할 수 있는 한도 내에서 맞춤복을 더 선호할 것이다. 개별 맞춤 제품은 기성품보다 훨씬 좋다. 고객이 "이런 제품 제안서를 부탁합니다." 라고 말하자마자 추가 프로세스는 가동된다.

내 동료들은 고객이 서면 제안서를 원할 경우 여러 장의 제안서를 보고 비교 검토하려고 한다는 것을 안다. 우리는 그가 우리 제안서로 결정하도록 신경을 써야 한다. 물론 우리는 가격이 좋다는 내용을 강조할 수 있다. 하지만 이것은 스스로 가치를 깎아내리는 행위다. 미안하지만 사절이다!

내 동료는 고객이 언제까지 제안서를 필요로 하는지 체크한다. 제안서 제출 일정은 다음주 월요일이 될 수도 있다. 일정이 돌아오기 전 수요일에 그는 고객에게 전화를 한다.

"하네만 씨, 제가 당신의 요청을 살피면서 생각해보았습니다. 노란색이나 푸른색, 붉은색으로 하는 건 어떨까요?"

"붉은색이나 푸른색이 나을 것 같습니다."

그는 고객의 답변을 메모하고 몇 가지 질문을 더 한다.

"왼쪽이 좋습니까? 오른쪽이 좋습니까? 아래보다 위가 낫습니까?" 그는 이런 방식으로 몇 가지 대안이 있는지 묻는다. 고객에게 더 잘 맞는 제안서를 제출하기 위해서다.

제안서 제출 직전 그는 고객에게 또 한 번 전화를 한다.

"안녕하세요, 하네만 씨! 제가 지금 전문가와 함께 당신의 제안서와 관련해 논의 중입니다. 세 가지 정도 대안이 더 있습니다. 이에 대해 빨리 의견을 주실 수 있을까요? 그 다음에 제안서를 드리겠습니다."

물론 우리는 약속한 일정에 정확하게 제안서를 제출한다. 현재 고객은 서너 개의 제안서를 받은 상태다. 그가 어떤 제안서를 선택할까? 결정권자가 아니기 때문에 결재를 올려야 한다면, 상사에게 의견을 물어야 한다면 그는 어떻게 할 것인가?

고객은 여러 업체로부터 기성품 같은 네 개의 제안서를 받았다. 그리고 처음부터 영업 사원이 고객의 요구 사항을 묻고 작성한, 고객의 취향에 맞춘 맞춤복 같은 제안서를 두 개 받았다. 그리고 우리 제안서를 받았다. 맞춤형보다 한 차원 높은 제안서다. 고객은 우리의 제안서를 선택하기로 거의 결정한다. 이름 하여 '내 픽'이다. 고객은 어떻게 이런 결정을 하게 된 것일까?

틀림없이 고객은 자신만을 위해 작성된 제안서를 선택할 것이다.

반대 의견을 무릅쓰고 우리가 낸 제안서가 채택되도록 안간힘을 쓸 것이다. 타 업체보다 우리가 제시한 견적가가 더 높을지라도 말이다.

엔지니어 협회의 구매 담당자 500명을 대상으로 설문 조사를 실시했다. 질문 내용은 제안서의 모든 조건이 동일할 때, 즉 경쟁업체에서 동일한 가격과 서비스를 제시했을 때, 어떤 제안서를 선택하겠느냐는 것이었다. 답변은 명확했다. 구매 담당자들은 자신들이 '발주할 계획이 있는' 회사의 제안서를 선택하겠다고 했다. 다른 건 필요 없다. 발주 계획이 필요하다. 여러분이 원하는 것은 발주서라고 어필하라. 나는 당신과 꼭, 함께 일하고 싶다고 말이다.

실제로 고객에게 제안한 대로 모든 절차가 진행되는지, 8월 15일에 제출한 제안서를 살짝 수정하고 영업 능력을 발휘하여 계약을 따낸 것인지는 상관없다. 결정은 담당자의 몫이다. 여러분의 의지와 각오를 전하는 것이 중요할 뿐이다.

이제 여러분은 알 것이다. 여러분이 양적 질적 나사를 어떻게 돌리고, 어떤 타이밍에, 어떤 고객에게, 딱 맞는 제안서를 제출하는 것이 얼마나 중요한지 말이다.

앞 장을 읽으면서 이런 생각을 했을지 모른다. 나는 크로이터가 설명한 것처럼 못해. 나는 그렇게 하고 싶지 않아. 이건 내 스타일이 아니야. 다 맞는 말인데 나는 내 고객한테 그렇게 못해. 현실은 달라. 당신이 뭘 알아?

여러분 말이 맞다. 세일즈맨에도 두 가지 스타일이 있다. 사냥꾼 스타일과 농부 스타일이다. 내가 지금까지 다룬 세일즈 테크닉 중 일부는 사냥꾼 스타일 세일즈맨에게 더 잘 맞고, 일부는 농부 스타일 세일즈맨에게 더 잘 맞는다. 잘못된 스타일을 선택한다면….

잠깐. 잠시 생각을 멈추자. 잘못된 스타일이라는 말은 없다. 다양한 스타일이 있을 뿐이다. 누구에게나 자신에게 맞는 업무 영역이 있기 마련이다.

가장 잘 맞는
툴의 원칙

사냥꾼 혹은 농부

내가 영업사원이었을 때 내 친구는 정말 멋진 인생을 살고 있다며 나를 부러워했다. 그녀는 이렇게 말했다. "영업사원들은 고객을 방문해 대화를 나누고 커피도 한잔하고. 참 편한 인생이야. 회사에서 자동차도 주지. 곳곳을 돌아다닐 수 있고 시간도 마음대로 활용할 수 있잖아. 나는 맨날 사무실에 틀어박혀 있으니까 정말 따분하다고." 이름이 자비네인 이 친구는 영업직에 대한 환상을 갖고 있었다. 이 말을 하고 2주 뒤 자비네는 다니던 회사를 그만두고 제약회사의 영업사원으로 취직했다. 자비네의 업무는 비처방 비타민 제제를 약국에 판매하는 일이었다.

자비네는 첫날 기쁨에 넘쳐 자동차 키를 건네받았다. 그녀는 아직 새 차 냄새가 가시지 않은 폭스바겐 골프를 타고 영업 현장으로 떠났다. 조수석에는 깔끔하게 고객 리스트가 정리된 파일이 있고, 뒷좌석에는 샘플이 담긴 트렁크가 있었다.

하루 일과를 마치고 나서 그녀는 사무실로 들어가 테이블에 자동차 키를 탁 내려놓고 보스 면전에 대고 이렇게 말했다. "이런 일은 두 번 다시 못해요!" 약국은 시내에 있어도 주차할 곳을 찾기 어렵다. 그녀는 일단 주차 때문에 스트레스를 받았다. 불법 주차 구역에 주차를 하는 바람에 주차 딱지를 세 번이나 뗐다. 물론 과태료는 그녀가 부담해야 했다. 이런 경우 회사는 과태료를 한 푼도 대주지 않는다. 약사들은 그녀를 기다리고 있지 않았다. 그녀는 "우리 약국에는 더 좋은 제품이 있습니다.", "필요 없습니다.", "이런 약은 아무도 사지 않습니다.", "우리 약국과는 잘 안 맞습니다."라는 말만 들었다. 이런 상황에 어떻게 대처해야 하는지 모르는 상태로 거절만 경험했던 것이다. 이날 이후 그녀는 두 번 다시 세일즈업계에 발을 들이지 않았다.

사람마다 쓸 수 있는 도구가 다르다

사람마다 취향이 다르기 마련이다. 누군가에게는 천국이지만 누군가에게는 지옥처럼 여겨질 수 있다. 나는 세일즈라는 일을 즐겼다. 나에게 세일즈는 게임이나 다름없었다. 어떻게 하면 목표를 달성할 수 있을까? 어떻게 하면 더 발전할 수 있을까? 어떻게 하면 내 세일즈 전략과 작전을 극대화하여 내 제품을 고객들에게 판매할 수 있을까? 자비네는 이 게임을 즐기지 않았다. 자비네는 고객들이 자신을 좋아하지 않고, 자신에게 관심이 없다고만 생각했다.

우리는 주변에서 벌어지는 상황에 각기 다르게 반응한다. 저마다 머릿속에 자리 잡혀 있는 가치관이 다르기 때문이다.

여러분 앞에 정말 큰 나무 한 그루가 있다고 상상해보자. 이 나무 앞에 동물 몇 마리가 서있다. 원숭이 한 마리, 코끼리 한 마리, 말 한 마리, 유리잔 속의 금붕어 한 마리가 있다. 한 사람이 동물들에게 과제를 준다. 공정성을 위해 모두에게 동일한 과제를 준다. 나무를 타는 것이다.

하지만 이 과제는 공정하지 않다! 원숭이에게 나무 타기는 식은 죽 먹기다. 원숭이가 종일 하는 일이기 때문이다. 그런데 코끼리는 어떠한가? 코끼리는 나무를 아예 쓰러뜨려버릴 것이다. 말은 나무의 껍질을 긁어 흠집을 낼 것이다. 금붕어는 어떻게 할까? 유리잔 속에서 입만 뻐끔거릴 것이다.

지금 여러분은 웃고 있을지 모르겠다. 하지만 세일즈에서도 이런 일이 벌어진다. 누구에게나 동일한 과제가 주어진다. 성공! 고객 확보! 매출 달성! 꿈의 매출을 올리는 세일즈맨이 있는가 하면, 고객에게 제품 하나 팔지 못하는 세일즈맨도 있다. 공정한 과제를 받지 못했기 때문일 수 있다. 그 사람이 어떤 성향, 소질, 재능을 가지고 있는지 고려되지 않았기 때문일 수 있다. 이런 세일즈맨들은 어떻게 참패를 극복할까? 고객과 장기적으로 관계를 맺는 것이 좋은가? 아니면 단기적으로 관계를 맺는 것이 좋은가? 계약서에 서명한 고객을 기쁜 마음으로 관리하는가? 아니면 고객의 존재를 이미 잊었는가?

내가 잘하는 세일즈 유형을 찾아라

몇 년 전 한 고객이 곤란한 상황에 빠졌다. 편의상 마이어 씨라고 부르겠다. 마이어 씨는 은행의 영업부 책임자였다. 지금까지 그는 고정 고객과의 비즈니스만 담당해왔다. 신규 고객은 없는 것이나 다름없는 상황이었다. 영업부 전 직원들은 기존 고객의 잠재력을 캐내는 데 온 에너지를 쏟아 부었고 비즈니스 실적도 괜찮았다. 신설 은행이 시장 점유율을 장악해나가기 전까지는 말이다. 이 은행은 매력적인 제안으로 마이어 씨의 고정 고객들을 단숨에 빼앗아갔다. 난관에 봉착한 마이어 씨는 어떻게 하면 고객을 되찾아올 수 있을지 깊은 고민에 빠졌다.

근본적인 문제는 전혀 다른 곳에 있었다. 이 경우는 사냥꾼 조직과 농부 조직 간에 싸움이 붙은 격이다. 농부는 장기적인 고객 관리를 선호하는 유형의 세일즈맨을 말한다. 이들에게는 고객보다 인간이 우선이다. 마치 농부처럼 봄에 씨앗을 뿌리고 가을에 추수를 한다. 반면 사냥꾼은 공격적으로 영업을 하는 유형을 말한다. 이들은 고객을 한 명 확보하면, 또 다른 고객을 확보하기 위한 사냥에 들어간다.

나는 마이어 씨에게 이 상황을 상세히 설명했다. 그는 '그러면 농부 유형에서 탈피해 사냥꾼 유형이 되어야겠군.'이라고 생각했다. 하지만 이것은 그의 소망일뿐이다. 조직은 '농사'에 맞춰 구성되어 있었다. 영업부뿐만 아니라 다른 조직도 마찬가지였다. 노동조합에서 '영업부 직원은 주당 38.5시간 근무'를 요구했다면 '사냥'은 불가능하다. 이 시간에 출장과 모든 업무를 준비해야 하는데, 사냥을 하려면 시간이 더 필요하다. 고객을 많이 방문하고, 전화도 많이 받고, 고객의 확답을 받아낼 때까지 끈질기게 물고 늘어져야 한다. 영업 방식을 농부 유형에서 사냥꾼 유형으로 바꾸려면 조직의 구조를 통째로 갈아엎어야 한다. 영업사원들은 영업 스타일을 바꿔야 하고, 재교육을 받아야 한다. 이러한 전환은 총 5단계에 거쳐 일어난다.

1단계: 나는 어떤 유형의 세일즈맨인가

세일즈 트레이너로 일하면서 나는 정말 불행하게 살고 있는 세일즈맨들을 많이 만났다. 이들은 세일즈도 고객을 만나는 것도 좋아한다. 자신의 일을 위해 열정을 불태운다. 하지만 매일 반복되는 일상과 끝도 없는 출장에 점점 지쳐가고 있었다. 고객에게 내내 거절만 당한 나머지 더 이상 힘을 내 일할 동기도 없었다.

문제는 이들이 자신에 대해 모르고 있다는 것이다. 이들은 자신이 어떤 사람인지 진지하게 고민해본 적이 없었다. 이런 유형의 세일즈맨들은 자신이 사냥꾼의 위치에 있는 농부라는 사실을 모른 채 그저 자신이 원치 않는 일을 한다는 것만 안다.

세일즈맨 유형 테스트

그렇다면 정확하게 어떤 유형의 세일즈맨이 농부이고, 어떤 유형의 세일즈맨이 사냥꾼인가?

먼저 여러분이 어떤 유형에 속하는지 확인할 수 있도록 미니 테스트지를 만들었다. 해당하는 문항에 X표를 하라. 그러면 여러분이 어떤 유형인지 확인할 수 있을 것이다.

1. 어린 시절 풋사랑에게, 껌을 사면 함께 주는 장난감 반지를 끼워주며 청혼을 한 적이 있다.

2. 모든 여성은 영원히 아름답다. 그래서 당신은 모든 여자를 알고 지내기를 원한다. 시시덕거리기는 인생의 목표다.

3. 몇 년째 단골로 다니고 있는 이탈리아 레스토랑이 있다. 레스토랑 주인은 당신이 모퉁이를 돌고 있는 모습을 보자마자, 당신이 항상 주문하는 피자를 화덕에 넣는다. 그는 당신이 의자에 앉자마자 당신이 좋아하는 샐러드와 즐겨 마시는 맥주를 테이블로 가져다준다.

4. 누텔라를 넣은 스시, 패션 프루트를 넣은 이탈리아식 만두 칼초네, 캥거루 뒷다리 소시지, 와규 버거를 먹는 것은 모험이다. 당신에게는 매일 음식으로 극한 체험을 하는 것이 인생의 낙이다.

5. 당신은 늘 워킹화를 신고 귀에는 이어폰을 꽂는다. 그리고 매일 걷던 숲길을 걷는다. 당신은 돌멩이와 나무 하나하나까지도 다 안다. 당신이 지나가면 노루가 반갑게 인사한다. 당신은 감정이 격양될 이유가 없다고 생각한다.

6. 새로운 취미에 재미를 붙인 후 축구화에 거미줄이 생기기 시작한다. 체스 복싱. 4분 스피드 체스. 그리고 3분 복싱. 당신은 다음 훈련에는 참석할 수 없다. 친구가 당신을 이스라엘 전통 무예 크라브마가 초급 강좌에 억지로 데려갈 것이기 때문이다.

7. 당신은 동료들의 생일을 전부 메모해두었고 선물도 이미 준비해 놓았다. 동료는 파니니 출판사의 1983년 분데스리가 선수 사진 스티커 모음집을 완전히 채운 적이 없다. 당신은 몇 번 검색 후 모음집을 채울 수 있는 스티커를 찾아냈다.

8. 뭐라고? 페터 마이어가 그저께 생일이었다고? 모든 일이 잘 되길 바라! 생일 기념으로 내가 커리 쏠게!

9. 마감은 정말 중요하다. 정확한 일정에 맞춰 콘셉트를 짜고 전달한다. 당신이 서류를 수정하여 다시 제출하면 더 완벽해진다. 모든 팀원이 당신의 시계에 맞춰 일한다.

10. 원래 목요일에 고객에게 연락해야 한다. 유감스럽게도 지금은 다음 월요일은 되어야 고객에게 연락이 가능한 상황이다. 이런 경우 당신은 고객에게 특별 할인 혜택을 제공해, 고객이 거절할 수 없게 만든다.

11. 계획, 계획, 계획! 이번 기회는 날아갔지만 또 다른 기회가 올 것이라 믿는다.

12. 기회가 왔을 때 움켜쥐어야 한다. 일단 기회를 잡고 계획은 나중에 수정하면 된다.

13. 틀려놓고도 뻔뻔하군! 내가 열 번이나 수치를 맞춰봤다고. 내 수치가 맞아! 당신은 분을 못 참고 회의실에서 뛰쳐나간다. 지금 당신은 무능한 회계 담당자의 목을 비틀어버리고 싶은 심정이다.

14. 어휴! 하나라도 더 있거나 부족하면 뭔가 불편하다. 기본 성향이 중요하다. 다른 것에는 관심이 없다.

15. 월요일에는 행정적인 업무를 처리한다. 화요일은 판매 보고서를 작성한다. 수요일과 목요일에는 외근을 나간다. 금요일에는 시스템에 주문서를 입력한다.

16. 내일 다시 외근을 나갈 수 있으니 다행이다. 보고서 작성이나 주문서 전달 같은 틀에 박힌 업무는 정말 따분하다. 이 지긋지긋한 서류 업무!

17. 운 좋게 생일 파티에 아들을 데려다주게 되었다. 다른 부모들이 당신을 금세 알아본다. 당신은 잠시 가벼운 대화를 나눈다. 하지만 대화는 끝날 줄 모른다. 아내는 당신에게 깨알 같은 글씨가 빽빽한 장보기 리스트를 주었는데도 말이다.

18. "이 문제에 대한 해결책이 있어." 딸이 '손대지 않고 초콜릿 먹기' 시합에서 월등한 차이로 1등을 하든 말든 상관없이, 당신은 운동회에 참석한 부모들과 돈 버는 법에 대한 얘기만 하고 있다.

19. 좋은 동료들과 함께 일할 수 있다는 사실이 기쁘다. 지금 사무실 분위기는 정말 재미있다.

20. 또? 마이어 씨는 매번 썰렁한 아재개그를 하려고 한다니까. 다행히 내일 나는 외근이야.

다 체크했는가? 좋다. 홀수 번호와 짝수 번호에 X표시를 몇 개씩 했는지 세어보자.

홀수가 절반 이상이면 농부 유형!

사냥꾼과 달리 전형적인 농부는 매일 새로운 투쟁을 해야 하는 상황을 싫어한다. 농부는 불평하지 않고 책임감을 갖고 일상적인 업무를 처리한다. 농부 유형 세일즈맨은 체계를 매우 중시하기 때문에 업무에 체계가 잡혀 있다. 고객과 장기적인 관계를 맺는 것을 중요하게 여긴다. 이들에게 자신이 돌아다니며 방문해야 할 고객은 성공으로 가는 길의 방해물이 아니라 성공의 일부다. 그래서 농부 유형 세일즈맨은 고객과 매우 가깝고 고객이 무엇을 원하는지 잘 안다. 고객의 입장에서 생각하고 고객의 문제에 이상적인 해결 방안을 찾으며 고객과 가깝게 지낸다. 그래서 농부 유형 세일즈맨은 업셀링과 크로스셀링 가능성을 항상 염두에 두고 있다. 이들은 주요 고객과는 편하게 커피 한잔하듯 만난다. 모든 고객을 이런 식으로 챙기고 관리하며 자신이 몸담고 있는 회사와의 장기적이고 안정적인 비즈니스 관계를 유지한다.

짝수가 절반 이상이면 사냥꾼 유형!

전형적인 사냥꾼 유형은 괴로움 따위는 모른다. 그는 전진하다가 뒤로 날아갔다가 다시 전진한다. 공주를 차지하기 위해 수많은 개구리들에게 키스하고 더 많은 돌을 던지며 역습할 각오도 되어 있다. 어떤 상황에도 좌절하지 않는다. 오히려 그 반대로 분발할 힘을 얻는다. 하루 일과를 마쳤을 때 목표를 달성하지 못했을지라도 일이 잘 안 된 것에 대해 신세한탄을 하지 않는다. "내가 정신을 더 바짝 차려야 했어. 10명에게는 더 전화를 해야 했어." 이런 식으로 사냥꾼 유형의 세일즈맨은 평균 이상으로 의욕이 넘친다. 일단 목표를 정하면 예스인지 노인지 확답을 듣기 전까지는 멈추지 않는다. 이런 유형은 스트레스에 대한 저항력이 강하다. 자신과 업무 방식에 대한 직관이 뛰어나기 때문에 아무 계산 없이 무조건 더 달리지 않는다. 모든 것을 심각한 일이라기보다는 일종의 게임이라고 생각한다. 사냥꾼 유형은 신규 고객을 확보하는 업무에 적합하고 실적도 높다. 반면 장기 고객 관리는 이들이 할 일이 아니다.

이 자리에서 두 가지를 확실하게 짚고 넘어가려고 한다.

첫째, 순수한 사냥꾼 유형과 순수한 농부 유형은 없다. 모든 세일즈맨은 두 유형의 중간쯤에 있다. 따라서 자신이 어떤 상황에서 어떤 쪽으로 치우치는지 직접 확인해야 한다.

둘째: 이 두 유형 중 누가 더 낫고 말고는 없다. 유형별로 적합한 업무가 서로 다를 뿐이다. 사냥꾼 유형 세일즈맨이 신규 고객을 확보하고, 농부 유형 세일즈맨에게 장기적인 고객 관리 업무를 넘기면 된다. 일반적으로 회사에는 두 유형의 세일즈맨이 다 필요하다. 상황과 전략에 따라 농부 유형이 더 많이 필요할 때도 있고 사냥꾼 유형이 더 많이 필요할 때도 있을 뿐이다.

2단계: 적재적소에 인재 배치하기

　여러분이 영업부 책임자라면 회사를 위해 적재적소에 인재를 배치해야 한다. 처음에는 단순한 일인 것처럼 생각할 수 있다. 신규 고객 확보는 사냥꾼 유형에게, 고정 고객 관리는 농부 유형에게 맡기면 된다고 말이다. 하지만 인재 배치는 생각만큼 단순한 일이 아니다. 그 과정에서 걸려들 수 있는 두 가지 함정이 있기 때문이다.

　심리 치료에서는 치료사와 환자의 유대감이 빨리 형성되도록 의도적으로 거울을 사용한다. 심리 치료사는 자신의 행동을 환자의 행동에 맞춘다. 그는 환자의 말하는 속도, 몸짓, 표정을 따라한다. 이런 단순한 트릭은 환자가 치료사에게 더 쉽게 마음의 문을 열게 해주어, 치료 성공률을 현저히 높인다. 취업 면접에서도 이와 동일한 현상이 나타난다.

　사냥꾼 유형이 농부 유형의 인사 배치를 결정하고 있는 상황이라고 가정하자. 그가 서류를 정리하고 세 명의 지원자를 인터뷰하고 있다. 자연스레 그는 자신과 관심사, 성향, 싫어하는 것이 똑같은 지원자를 주목하게 될 것이다. 자신과 비슷한 몸짓과 표정, 말하는 속도가 비슷한 지원자 말이다. 쉽게 말해 그는 자신의 모습을 거울로 보고 있는 듯한 지원자에 관심을 갖게 될 것이다. 당연히 그는 사냥꾼 유형을 선호한다. 여기에서는 직감이 시스템을 이긴다. 문제는 사냥꾼 유형 세일즈맨을 더 뽑을 필요가 없는 상황이라는 것이다. 지금 회사에는 신규 고객 확보 담당 직원은 충분하고, 고객과 장기적인 비즈니스 관계를 형성할 수 있는 직원이 필요하다. 따라서 신입 직원

부를 부르는 극한의 영업 법칙

인사 배치 시 이러한 '유사성의 함정'에 빠질 가능성이 높다.

회사 설립자들도 이러한 함정에 빠질 위험이 있다. 이들은 이렇게 말한다. "내가 옛날에 이렇게 해서 성공했지. 나는 당시의 나와 똑같은 스타일로 일하는 세일즈맨을 원해."

고객 중 도매업을 하는 분이 있었다. 그는 한창 때 자신이 하루에 47명의 고객을 방문한 적이 있다는 사실을 1년에 한 번씩은 자랑삼아 말하곤 했다. 그런데 이것은 30년 전 일이다. 지금은 아무도 그렇게 일할 생각을 하지 않는다.

물론 그 사장님은 부지런한 사냥꾼 유형의 세일즈맨을 계속 찾고 있다. 종일 일하면서 고객을 샅샅이 찾아다니는 세일즈맨 말이다. 그런데 이런 세일즈 방식이 더 이상 통하지 않을 수도 있다. 그동안 시장 상황은 완전히 바뀌었기 때문이다. 그사이 시장 점유율은 다른 업체에서 전부 차지했다. 차라리 그는 기존 고객을 집중적으로 상담할 수 있는 직원을 고용하는 편이 나을 것이다.

세일즈 경험이 전무한 사장도 이런 함정에 빠질 수 있다. 회사 설립자의 전문 분야가 전혀 다른 경우, 회사 대표가 아버지 회사를 물려받은 경우, 다른 업계에서 세일즈업계로 이직한 경우. 이런 사람들은 영업직에 적합한 구인 조건 작성법을 모를 수 있다.

여러분은 구인 조건 작성에 심혈을 기울여야 한다. 그러지 않으면 맞지 않는 자리에 맞지 않는 사람이 배치될 수 있다. 원하는 직원을 뽑는 데 시간이 훨씬 더 걸릴 뿐만 아니라, 업무에 맞지 않는 사람을 뽑게 될 수 있다.

어떤 유형을 선택할 것인가?

지금 나에게 농부 유형이 필요한가? 사냥꾼 유형이 필요한가? 아니면 둘 다인가?

이것은 시장 상황에 좌우된다. 여러분이 경쟁업체와 시장을 나눠 갖고 있다면 농부 유형이 필요하다. 이 경우에는 시장 점유율을 안전하게 유지하고 고객의 잠재력을 최대한 활용해야 한다. 반면 여러분이 새로운 시장을 차지하기 위해 팔을 걷어붙여야 하는 상황인데 농부 유형 세일즈맨을 뽑으면 실패할 것이다. 성장을 원한다면 사냥꾼 유형이 필요하다.

물론 사업 모델에도 좌우된다. 초단기 세일즈 사이클 비즈니스 모델을 갖고 있다면 사냥꾼 유형이 필요하다. 매출을 올리기 위해 비즈니스 활동을 많이 해야 한다. 항상 동일한 고객들을 대상으로 거래하고 큰 변동 사항이 예상되지 않는 비즈니스 모델을 갖고 있다면 농부 유형 세일즈맨을 선택하는 것이 좋다.

세일즈맨 유형의 선택에는 시장의 속도도 영향을 준다. 금융 서비스 혹은 광고 판매처럼 급변하는 시장은 사냥꾼 유형이 적합하다. 그래야 매일 새롭게 밀려드는 도전 과제에 잘 대처할 수 있다. 반면 사냥꾼 유형의 세일즈맨들은 정부에서 완전 통제하고 있는 가스 시장처럼 느리고 안정인 흐름의 시장을 못 견뎌한다. 이런 시장에서는 신규 고객을 확보하기가 아주 어렵기 때문에 농부 유형의 세일즈맨을 선택하는 것이 최고다. 농부 유형은 기존 고객이 다른 시장에 눈을 돌리지 못하도록 관리를 잘 한다.

이러한 구인 조건은 시간이 흐르면 달라질 수 있다. 예를 들어 금

부를 부르는 극한의 영업 법칙

융 서비스 부문이라고 생각해보자. 신규 고객을 확보하려면 사냥꾼 유형이 역할을 해주어야 한다. 다른 방법이 없다. 하지만 그가 이직 하거나 퇴직한다면 사냥꾼 유형 세일즈맨을 새로 채용할 필요가 없 다. 고객층이 이미 형성되어 있기 때문에 더 이상 신규 고객을 확보 할 필요가 없다. 기존 고객을 유지하고 보호하고 관리하는 것이 중요 하다. 사냥꾼 유형을 이런 업무에 투입하는 것은 비생산적이다. 농부 유형을 투입하는 것이 훨씬 합리적이다.

단 사냥꾼 유형 세일즈맨의 일이 항상 단기적이고, 농부 유형 세 일즈맨의 일이 항상 장기적인 것은 아니다.

세일즈맨 유형에 따른 채용 공고

이와 관련해 나와 친하게 지내는 세일즈 인재 컨설턴트 크리스토 프 풍크Christoph Funk는 다음과 같이 지적한 바 있다. 당신의 회사에는 초장기 사냥꾼형 세일즈맨이 필요하다. 예를 들어 초음파기기 세일 즈를 하고 있다면 고객에게 월요일에 연락하여 프레젠테이션을 하 고 같은 주 금요일에 구매 승인을 받아내기는 어렵다. 대학병원 의사 들이 새로운 초음파 장비 마련에 동의하기까지, 즉 제품 문의에서 계 약 체결까지는 족히 2년이 걸린다. 그런데 당신은 고전적 방식의 헌 팅을 하고 있다. 당신에게는 그 자리에 머물면서 끝까지 좌절하지 않 고 계약을 따낼 수 있는 세일즈맨이 필요하다. 대부분의 농부형 세일 즈맨은 이런 특성이 부족하다.

하지만 다음과 같은 경우라면 단기 농부형 세일즈맨이 필요할 수 있다. 기업 컨설팅이 대표적인 예다. 기업 컨설팅 회사에는 항상 장기 프로젝트가 있기 때문에 이 기간 동안 세일즈맨들이 고객을 잘 관리해야 한다. 하지만 자문 서비스 계약이 종료되면 세일즈맨은 더 이상 그 고객을 관리할 필요가 없다. 물론 비즈니스는 계속 이어진다.

업계 내에서도 차이가 많다. 대도시에서는 주택 관리를 농부형 세일즈맨에게 맡길 수 있다. 뮌헨이나 함부르크 같은 큰 도시에서는 신규 고객, 즉 임차인을 자주 찾을 필요가 없다. 임차인은 한번 임대를 하면 한 곳에 오래 머무르기 때문이다.

한편 노인 거주 주택 관리자라면 다르다. 그는 항상 새로운 고객을 확보해야 하고, 미래의 거주자가 입주할 때까지 그와 관계를 구축하면서 관리를 해야 한다.

이런 상황에서는 블랙 앤 화이트로 대비되는 극단적인 그림을 그리지 말고, 그레이 톤으로 일해야 정확한 이미지를 담아낼 수 있다.

지금부터 고민해 볼 문제가 있다. 여러분은 중간 세일즈 사이클에 맞는 사냥꾼 유형 세일즈맨을 찾고 있다. 채용 공고를 어떤 식으로 올릴 것인가?

2021년 3월 10일, 베나토어 주식회사에서
신규 고객 관리 전문가를 모십니다

우리 베나토어 주식회사는 다음과 같은 조건을 갖춘 인재를 찾고 있습니다. 당신과 함께 새로운 시장을 개척하려고 합니다.

향후 시장을 선도하는 회사에서 능력을 발휘하며 회사의 성장에 동참

부를 부르는 극한의 영업 법칙

하길 원하는 사람. 넘치는 의욕으로 즐겁게 어려움을 극복하는 사람. 자기 주도적으로 업무를 기획하고 책임감이 강한 사람. 특히 자신의 수입을 스스로 결정하길 원하는 사람.

당사에서는 기본급 외에 급여를 높일 수 있는 변수를 잘 활용하여 자신의 수입을 주도적으로 관리할 수 있습니다. 매일 새로운 도전과 긴장감 넘치는 업무에 지루할 틈이 없는 매력적인 분야입니다. 당사에서는 파격적인 인센티브를 제공합니다. 미래지향적인 기업에서 의욕넘치는 동료들과 함께 업계 시장 재편에 동참하고 싶지 않으십니까? 위 업무에 관심 있는 분을 기다립니다. 베나토어 주식회사에 지원한 것을 환영합니다!

이력서는 아래 주소로 송부 바랍니다.

베나토어 주식회사 인사 관리팀

에밀리아 예거

라이히-라니키 슈트라세 26K

81329 뮌헨

위의 채용 공고는 '사냥꾼 유형 세일즈맨'의 특성만을 언급하고 있다. 이 양식에 맞춰 채용 공고를 내라. 단 농부 유형 세일즈맨을 원한다면 덜 공격적인 표현으로 바꿔라.

당신이 구인 공고를 제대로 냈다면 입사 지원서가 책상에 한가득 쌓일 것이다. 그렇다면 이제부터 해야 할 일은 무엇인가?

이력서로 유형 파악하기

이력서만으로 다양한 유형을 어떻게 파악할 수 있을까? 이력서를 보면 지원자의 관심사와 그가 거쳐 온 직업을 알 수 있다. 독서, 요리, 영화 관람을 좋아하는 사람은 대부분 내향적이고 농부 유형이다. 지원자의 이력서에서 팀 스포츠 유형 혹은 익스트림 스포츠 유형의 특성이 발견되었다면 외향적 성격, 즉 사냥꾼 유형일 가능성이 높다. 사냥꾼 유형임을 알 수 있는 또 다른 지표가 있다. 이력서에 그가 다녔던 회사 이름이 길게 적혀 있는 경우다. 대개 그가 잠시 거쳤던 회사들이다. 사냥꾼 유형은 새로운 도전 과제를 찾는 것을 즐긴다. 이런 유형은 새로운 도전거리를 찾지 못하면 다른 곳으로 옮긴다. 반면 농부 유형은 수년 혹은 수십 년 동안 한 회사에 꾸준히 다닌다.

이러한 사항들을 참고하면 지원자의 기본 성향을 확인할 수 있다. 물론 사냥꾼 유형인지 농부 유형인지는 면접을 통해 파악할 수 있다. 일단 전화를 하라.

전화 테스트로 공격적인 인터뷰를 하라

지금쯤이면 사냥꾼 유형 채용 공고 지원서가 산더미처럼 쌓였을 것이다. 지원서를 꼼꼼히 검토한 후에는 후보자들을 대상으로 면접을 실시해야 한다. 여러분이 사냥꾼 유형 세일즈맨을 원하고 있는 것인지, 능력 있는 세일즈맨을 원하고 있는 것인지 정확하게 분별해야 한다.

대화 중 지원자가 신규 고객을 어떻게 확보했는지 물어보라. 지원자의 답변은 대략 이럴 것이다. "네, 저는 기습 방문, 메일링, 인터넷 광고 등 아주 다양한 방식으로 고객을 확보했습니다. 물론 텔레마케팅도 했습니다."

텔레마케팅! 이것이 키워드다.

후보자들에게 전화번호 리스트를 주어라. "3~4년 전 우리 회사와 비즈니스를 했던 거래처 목록입니다. 비즈니스 실적이 나쁘지도 좋지도 않았습니다. 전화를 한번 해보십시오." 이렇게 말하며 면접 대상자에게 수화기를 건네라.

지금까지 나는 딱 두 가지 반응을 경험했다.

첫 번째 유형은 이렇게 말한다. "네, 좋습니다. 전화하기 전에 이력을 조사하고 준비를 해야 합니다. 일단 거래처의 인터넷 사이트를 살펴보겠습니다. 그리고 정보를 수집하려고 합니다. 화두로 제시할 만한 것을 말입니다. 그리고 나서 거래처에 전화해보겠습니다. 이틀 후 다시 면접을 하면 어떨까 싶습니다. 그렇게 하면 확실하게 고객과 약속 일정을 정할 수 있을 것입니다."

그렇다면 이 사람은 틀림없이 농부 유형 세일즈맨이다. 여러분이 사냥꾼 유형 세일즈맨을 찾고 있다면 여기에서 면접을 끝내야 한다. 그래야 채용자와 지원자 모두 시간을 절약할 수 있다. 이런 상황으로 이어지지 않았다면 여러분은 결정적인 두 가지 실수를 저질렀다고 볼 수 있다. 채용 공고에 사냥꾼 유형 세일즈맨을 찾고 있다는 것이 명확하게 표현되지 않은 것이다. 채용 공고를 읽는 순간 누구나 작성자의 의도를 바로 파악할 수 있어야 한다. 농부 유형에 적합한 지원자에게 면접 요청을 하는 실수는 하지 않도록 하자. 서로에게 시간 낭비일 뿐이다. 반면 사냥꾼 유형 세일즈맨의 반응은 다음과 같다.

부를 부르는 극한의 영업 법칙

"네, 좋습니다. 제가 지금 거래처에 전화하기를 원하십니까? 지금 저는 준비가 되어 있지 않고 거래처에서는 이상하다고 여길 가능성이 높습니다!" 그러면 여러분은 "네, 해보십시오."라고 답하면 된다. 후보자가 수화기를 귀에 갖다 대려고 하는 순간, 통화를 중단시켜라. 지금 여러분은 후보자가 정말 통화하기를 원하는 것이 아니다! 세일즈맨으로서 후보자의 기본자세, 정말로 그가 그렇게 행동할 수 있는지를 테스트하는 것이다. 여러분은 자신이 실패할 줄 알면서도 실패로 인한 아픔쯤은 쉽게 무시하고 일할 수 있는 사냥꾼 유형의 인재를 찾고 있다! 이것이 전형적인 사냥꾼 유형의 특성이다. 말하지 않고 행동한다! 하지만 이와 관련해 여러분에게 경고할 것이 있다.

사냥꾼 유형이 드문 이유

여러분이 채용 공고를 제대로 작성했다고 해도 사냥꾼 유형을 찾기 어려울 수 있다. 사냥꾼 유형은 대부분의 사람들과는 전혀 다른 사고방식을 갖고 있다. 이들은 거절에도 눈 하나 깜빡하지 않는다. 아무렇지 않게 넘겨졌다가 다시 일어나 또 한 번 시도한다. 그리고 처음부터 게임을 다시 시작한다. 시도하고 넘어지고 일어나고 다시 시도한다. 그러다가 언젠가는 성공한다.

이것이 바로 진정한 사냥꾼 유형 세일즈맨을 찾기 어려운 이유다. 이런 유형의 사람은 많지 않다. 우리는 사랑받기를 원하고, 조화와 인정을 원하고, 검증받았다는 느낌을 받길 원한다. 사냥꾼 유형이 일하는 방식으로는 이런 것을 얻을 수 없다. 사냥꾼 유형은 거절을 많이 당한다. 사냥꾼 유형 세일즈맨은 고객을 확보하면 농부 유형 세일즈맨에게 일을 넘겨야 한다. 그러고 나면 이들은 처음부터 다시 일을 시작해야 한다. 말 그대로 발품팔이 세일즈다.

통신 판매에 능숙한 세일즈맨을 찾는 것은 그보다 훨씬 어렵다.

통신 판매 세일즈맨 찾기

세일즈맨은 활동적인 성향의 사람들이다. 연구 결과에 의하면 메시지의 55퍼센트는 몸짓 언어를 통해 전달되고, 38퍼센트는 몸짓과 표정을 통해서 전달된다고 한다. 그러니까 메시지의 단 7퍼센트만 음성 언어를 통해 전달된다. 이 수치가 발표된 지 40년 정도 되었는데, 그사이 신체 언어와 표정이 메시지 수용에 끼치는 영향의 비중이 달라졌다는 주장도 나오고 있다. 하지만 경험에 비춰볼 때 이 수치는 유의미하다. 세일즈맨에게는 특히 그렇다. 회사 차, 정장, 의상, 최신 기술, 멋진 가방과 트렁크, 친절하지만 똑 부러지는 모습. 이런 것들이 그들의 인상을 만든다. 하지만 통신 판매에서는 이런 것들이 모두 눈 밖으로 사라진다.

여러분은 면접을 할 때 이런 상황을 확인해야 한다. 통신 판매원을 찾고 있다면 모든 것을 소리에 집중해야 한다. 통신 판매 적임자는 투박해 보이는 사람들이 많다. 내 경험에 의하면 실적이 아주 좋은 통신 판매원 중 평범한 가정주부도 많았다. 여러분이 사냥꾼형 통신 판매원을 찾고 있다면 먼저 전화 인터뷰를 해봐야 한다. 여러분의 귀에 '어떻게 들리는지'가 메시지 수용에서 88퍼센트를 결정한다. '무엇이 들리는지'는 고작 12퍼센트밖에 영향을 끼치지 않는다. 따라서 통신 판매원이 어떤 목소리로 고객을 응대하는지 먼저 확인해야

부를 부르는 극한의 영업 법칙

한다. 그가 빠르게 말하는가, 느리게 말하는가? 큰 소리로 말하는가, 조용하게 말하는가? 그의 목소리가 어떤 느낌을 주는가? 여러분에게 필요한 것은 이것이다. 워딩과 제품에 대한 지식도 중요하지만 그런 것은 나중에 가르치면 된다.

3단계: 선택이 잘못됐다면

영업부 책임자들이 만났다. 두 사람은 신과 세계에 관한 대화를 나누다가 직원에 관한 이야기로 넘어갔다. 한 사람이 먼저 말을 꺼낸다.

"당신 회사에 새로 들어 온 영업사원 꽤나 성실해 보이던데."

"그래, 그게 그의 장점이지!"

"그가 실제로 성실하다는 말이지?"

"아니. 성실해보일 뿐이란 거지."

세일즈맨은 물건을 잘 팔아야 한다. 여기에는 물건을 잘 파는 것뿐만 아니라 자기표현을 잘하는 것도 포함된다. 훌륭한 세일즈맨은 자신이 농부 유형일지라도 경험이 부족한 젊은 사장이 그가 사냥꾼 유형이고 적어도 사냥꾼 유형이 될 수 있다고 믿게 만들어야 한다. 물론 거꾸로도 가능해야 한다. 실제로 자신이 사냥꾼 유형이라면 상대방이 자신을 농부 유형으로 믿게 할 줄도 알아야 한다. 그런데 이렇게 하다 보면 지원자의 적성에 맞지 않는 인사 배치가 이루어질 수 있다.

누구에게 책임이 있는지 확인하라

그렇다면 즉시 조치를 취해야 한다. 먼저 여러분이 잘못 판단한 부분이 없는지 다시 확인해야 한다. 이 세일즈맨을 더 꼼꼼하게 분석해야 한다. 그가 정확하게 일하고 있는지 살펴보기 위해 보고서를 받아라. 경력이 많은 세일즈맨을 동행시켜 그를 관찰하게 하도록 하는 한편, 그가 특정 상황에서 왜 그렇게 처신했는지 물어보도록 한다. 이것은 그에게 책임을 전가하기 위해서가 아니라, 그와 함께 해결 방안을 찾고 그를 편치 않은 상황에서 벗어나게 해주기 위해서다. 그와 맞지 않고 그를 잘못 판단했다는 사실을 깨달았다면 4주 더 기다릴 것 없이 빨리 결정을 내려야 한다. 그저 신호일 뿐이라고 생각해서 머뭇거리다 보면 일이 더 꼬인다. 최대한 빨리 적합한 인재를 배치할 기회를 놓치고, 적성에 맞지 않는 사람을 붙들어 능력을 펼칠 기회를 막는 셈이 된다. 그 자리에서 그가 행복하지 않다면, 길게 보아 그는 성공할 수 없고 조만간 그만둘 것이기 때문이다.

레이저 포인터와 지렛대

10미터 떨어진 벽에 대고 레이저 포인터로 가리키듯 행동하지 마라. 여러분의 손을 왼쪽으로 2도 움직이면 벽에서 레인저 포인터의 붉은 점이 왼쪽으로 이동하는 것이 뚜렷하게 보인다. 여러분이 1미터 거리의 벽에서 이러한 차이를 측정하려고 한다면 10미터 거리에서 할 때보다 훨씬 파악하기 어려울 것이다.

여러분이 인사 배치를 잘못했을 때도 마찬가지다. 4주 후에 불편한 마음이 약간 들었다면, 6주 후에는 일이 완전히 잘못 돌아간다. 일상적인 일처럼 깨어진 조각을 주워 담으려고 해도 소용없다. 이미 때는 늦었다. 뭔가 잘못되었을 때 주저하느라 시간을 낭비하지 마라. 지렛대 효과가 나타날 수 있다. 대기업에서는 인사 배치가 잘못된 경우 수정할 기회가 있다. 사냥꾼 유형 세일즈맨을 프리랜서 사냥꾼 세일즈 업무에 배치하면 된다. 반면 소기업에서는 퇴사를 권유할 수밖에 없다. 양측 모두에게 감정적으로 불편한 상황이 된다. 여러분이 단호하게 결정을 내리지 못하면 상황은 더 악화되고 회사에 피해를 줄 수 있다. 세일즈맨 역시 발전 가능성이 없는 자리에서 일하느라 인생을 낭비하게 된다. 이런 상황이라면 서로 갈라서는 것이 낫다. 영업부는 회사에서 가장 민감한 부서이기 때문이다.

예를 들어 거리에서 휴대폰 판촉 행사를 하는 직원을 잘못 뽑으면 매출에 타격이 있지만 그것으로 끝이다. 하지만 많은 사람이 얽혀 있는 민감한 부서에 인사 배치를 잘못하면 연쇄적으로 피해가 일어난다. 벤츠 판매사원이 현장에서 영업을 하지 않는다면 자동차 업계의 생존이 위협을 받는다. 벤츠의 생산, 회계, 관리 등 회사 전체가 말이다. 그뿐만 아니다. 납품업체도 영향을 받는다. 이 업계 종사자 중 일부는 가족 부양을 책임지고 있다. 아내, 자녀, 심지어 돌봄이 필요한 가족까지 딸려 있는 경우도 있다. 벤츠에서 1만 개의 일자리가 위태롭다면 실제로 4만 명이 위협을 받고 있는 것이다. 이처럼 한 회사의 영업부는 일자리와 직결되어 있다. 관리부서나 회계부서의 실수는 비교적 어렵지 않게 만회할 수 있지만 영업부라면 신속한 조치가 필요하다. 목표 실적을 올리지 못하는 직원 한 사람이 팀 전체 실적을 떨어뜨리기 때문이다.

비윤리적인 업무 태도에 대한 해고안

몇 년 전 한 고객사에서 열렸던 세미나를 지금까지도 잊을 수 없다. 그날 참석자 중 한 명이 너무 늦게 자리에 나타났다. 그런데 그는 관심이 없다는 듯 구석 자리에 앉아 있다가 인사나 미안하다는 말 한마디 없이 일찍 자리를 떠났다. 나는 영업부 책임자에게 무슨 상황인지 물었다. 그는 이렇게 답했다. "회사 종업원 평의회 사람입니다. 업무와 직접적으로 관련이 없기 때문에 신경 쓰지 않았겠죠."

그에게 다시 물었다. "그가 영업부에서 무슨 일을 하고 있습니까?" 그는 이렇게 답했다. "관리해야 할 고객이 셋입니다. 우리가 어떻게 해야 할까요? 우리는 그 사람을 해고할 수 없는 상황입니다." 이 말을 듣고 나는 할 말을 잃었다.

나는 영업부 책임자에게 이렇게 말했다. "그가 스스로 무릎 꿇게 만들어야 합니다." "그가 전에 맡았던 업무는 다른 직원이 함께 처리해야 합니다. 그 사람은 이제 자신의 원래 업무도 제대로 하지 못하고 있습니다. 그는 당신의 회사에 아무 이익을 가져다주지 못합니다. 그는 동료들에게 실적을 세울 필요가 없다는 태도를 보여주며 악영향을 미치고 있습니다. 업무를 대충 모면만 하고 있습니다. 그래서야 새로운 고객을 유치할 수 없지요. 이런 상황이 계속되면 회사는 성장을 기대할 수 없습니다."

"맞습니다. 크로이터 씨." 그는 단호하게 말했다. "그런데 크로이터 씨, 그를 내보내려면 얼마를 지불해야 하는지 아십니까? 무려 10만 유로를 내놓아야 합니다."

"잠깐! 당신이 이 돈을 지불하지 않았을 때 장기적으로 얼마나 더 손해인지 계산해보셨습니까?" 내가 이렇게 물었다.

몇 주 후 영업부 책임자가 전화를 했다. 그는 종업원 평의회에 그 직원의 비윤리적 업무 행위 문제를 제기하고 해고를 요청했고 회사에서는 그만큼의 돈을 내놓았다고 한다. 그 직원은 돈을 받고 회사를 떠났고 내 고객은 그 대신 다른 인재를 영입했다. 업무 태도가 불량한 직원이 회사를 떠난 후 다른 직원들은 편안한 분위기 속에서 일할 수 있게 되었다고 한다.

여러분에게는 이런 일이 일어나지 않기를 바란다. 여러분이 채용 공고를 제대로 냈다면, 지원서를 제대로 검토하고 면접에서 지원자를 정확하게 평가했다면 여러분에게 정말로 필요한 인재를 발견했을 가능성이 높다. 하지만 조심하라. 이제 안심해도 된다는 뜻이 아니다. 본격적인 일은 지금부터 시작된다.

4단계: 장점 키우기

여러분의 직원으로 오래 두고 싶다면 직원을 잘 다룰 줄 알아야 한다. 그렇게 하지 않으면 직원도 성공할 수 없고 함께 오래 일할 수도 없다. 사직서를 제출하는 사람들의 80퍼센트가 첫날 퇴사를 결심한다고 한다. 이를 입증하는 통계도 있다. 미국의 기업 컨설팅 회사 하비 내시Harvey Nash의 설문 조사 결과에 의하면 경영자의 56퍼센트는 첫해에 사직했다. 자신의 옛 스타일만 고집하다가 홀로 내버려졌다.

옛 방식을 극복하라

신입 사원이 입사하면 처음에는 다른 세일즈맨들과 함께 영업 현장에 나간다. 처음 석 달 동안 이들은 회사의 제품과 조직에 익숙해지기 위해 모든 부서를 돌면서 업무를 배운다. 이때 회사는 개인차를 고려하지 않고 농부 유형이든 사냥꾼 유형이든 똑같은 교육 과정을 제시한다. 이는 직원의 유형에 부합하는 교육 방식이 아니다.

베나토어 주식회사 유형 세일즈맨에게 맞는 태도

사냥꾼 유형은 영업 현장에 나가기 전 처음 석 달 동안 회사의 모든 부서를 돌면서 업무를 익힐 필요가 없다. 그러려면 끝도 없이 긴 보고서를 쓰고 보고를 해야 하는데 사냥꾼 유형의 직원에게 이런 업무를 맡긴다면 그는 바로 회사를 떠날 것이다. '내가 여기서 뭘 하는 거지? 새 고객을 찾아 다녀야지 이런 글자 놀이나 할 때가 아닌데.'라고 생각할 것이기 때문이다.

일을 시키는 회사 대표의 의도는 좋다. 그는 '세일즈맨이 자기 회사 제품을 잘 모르면 잘 팔 수 없어. 회사 상황을 알아야 해.'라고 생각할 것이다. 맞는 말이지만 다른 전략을 쓰는 편이 낫다.

제품 매뉴얼, 영업 지침, 통계를 뒤져가며 일해야 한다고 하면 사냥꾼 유형은 위기의식을 느낀다. 물론 세일즈맨은 준비를 해야 한다. 사냥꾼 유형도 마찬가지다. 단 이런 유형은 전략적으로 최소한의 정보만 다루고 부족한 부분은 나중에 채우는 것이 좋다. 사냥꾼 유형 세일즈맨에게는 어디에서 정보를 찾을 수 있는지 알려주고, 질문이 있을 때 답해줄 수 있는 멘토를 붙인다. 그리고 고객을 맡긴다. 사냥

부를 부르는 극한의 영업 법칙

꾼 유형은 행동을 좋아한다. 회사에서 그를 잡고 싶어 한다는 사실을 알려주는 것이 좋다.

사냥꾼 유형에게는 일별, 월별, 주별 실적에 따라 인센티브가 제공된다는 사실을 강조해 그가 의욕을 유지할 수 있도록 해주어야 한다. 그날 하루 최고 방문 실적을 올린 사람은 누구인가? 올해 최고의 계약 실적을 올린 사람은 누구인가? 누가 최고 실적자를 바짝 뒤쫓고 있는가? 보험회사 조직처럼 영업사원들끼리 경쟁을 붙여라. 그러면 사냥꾼 유형은 경쟁심으로 이글이글 불타오를 것이다. 코앞에 있는 당근 뒤에도 더 크고 더 맛있는 음식을 달아두어야 한다.

아그리콜라 주식회사 유형 세일즈맨에게 맞는 태도

농부 유형 세일즈맨에게 출근 첫날부터 신규 고객을 확보해오라고 부담을 주면, 다음날 바로 사직서를 제출할 것이다. 농부 유형 세일즈맨은 사냥꾼 유형 세일즈맨과 함께 영업 현장에 내보내지 않는 것이 좋다. "이번 주에는 우리 팀 최고 실적을 올린 영업사원 뮐러 씨와 함께 고객 방문을 하십시오." 이런 식으로 말이다. 농부 유형 세일즈맨은 뮐러 씨와 생생한 현장 체험을 하면서 '정말 시간 아깝다. 나는 이런 일은 못할 것 같아.'라고 생각하다가 사직서를 제출할 것이다. 농부 유형 세일즈맨에게 사냥꾼 유형의 영업 방식을 강요하지 말아야 한다. 반대로 사냥꾼 유형의 온보딩(신입 사원 교육 – 편집자) 시기에는 농부 유형을 지원과 교육 담당으로 배치할 필요가 있다. 사냥꾼 유형은 계약서에 서명하고 수습 기간이 끝날 때까지 관리하는 사람이 있어야 한다. 기존의 농부 유형 직원과 함께 수습 기간의 교육 계획을 세워라. 다시 돌아와서 농부 유형에게는 온보딩 시기에 체계를 갖추고 회사와 관련해 중요한 지식을 습득할 수 있도록 하라. 농부 유형의 세일즈맨은 전문지식을 갖추면 자신감이 생긴다.

기본 교육이 끝났다면 그에게 '사냥 자격증'을 따게 하라.

5단계: 농부 유형을 위한 사냥 자격증

유형별 특성에 맞는 인사 배치는 중요한 문제다. 딱 맞는 위치에, 딱 맞는 재능과 딱 맞는 성향의 직원을 배치해야 한다. 이렇게만 된다면 완벽하다! 회사 입장에서는 직원이 자신의 능력에 맞는 성과, 매출, 이윤을 낼 테고, 직원 입장에서는 일이 잘 풀렸으니 말이다. 직원은 일을 통해 성취감을 느끼고 능력을 인정받았다고 생각해서 편안한 마음으로 회사를 다닐 것이다. 그런데 이것이 오히려 위험한 상황으로 이어질 수 있다.

이를테면 주로 농부 유형 세일즈를 하는 회사가 사냥꾼 유형 세일즈로 전환해야 하는 경우다.

여기 감자를 생산하는 업체가 있다고 생각해보자. 이 업체에서 맥도날드나 버거킹처럼 감자튀김 메뉴가 있는 대기업에 납품한다고 하자. 이 업체는 시장 상황을 다음과 같이 파악하고 있다. 우리는 이 분야에만 너무 집중하고 있다. 이제 대기업 의존도가 점점 높아져서 마진 압박을 받을 것이다. 따라서 우리는 이 상황에서 벗어나야 한다.

경영진은 이렇게 말한다. 우리는 판매 품목을 확대하고 고급 레스토랑 업계에 진출할 것이다. 감자뿐만 아니라 다른 식료품을 납품하면서 호텔과 레스토랑 등 고급 외식 분야 납품 업체로 거듭나려면 카탈로그 발송부터 시작해야 한다. 문제는 기업의 영업 전략상 지금까지 이러한 대기업 고객은 농부 유형 세일즈맨이 담당해왔다는 것이다. 이 업체는 100퍼센트 농부 스타일 세일즈에서 80퍼센트 농부 스타일, 20퍼센트 사냥꾼 스타일로 영업 전략을 전환할 필요가 있다. 이때 여러분은 당장 새로운 인재를 영입할 수도 있다. 하지만 신입 직원이 업무를 배우고 회사의 제품과 프로세스에 익숙해지려면 시간과 비용이 든다. 우수한 인재를 영입하려면 항상 돈이 들기 마련이다. 여러분이 직접 농부 유형 세일즈맨에게 사냥꾼의 세일즈 방식을 가르치는 방법도 있다. 그러려면 먼저 농부 유형 세일즈맨이 사냥꾼의 세일즈 방식에 관심을 갖도록 설득하는 과정이 필요하다.

첫째: 전투적 분위기를 조성하라

항상 경영진이 농부 유형 조직의 '헌팅'을 주도해야 한다. 농부 유형은 신규 고객을 확보할 아이디어를 갖고 있지 않기 때문이다. 따라서 여러분은 농부 유형 세일즈맨에게 헌팅을 맡기면 안 된다.

사장인 여러분이 기본적인 조건을 마련해야 한다. 농부 유형 세일즈맨에게 사냥꾼 유형의 세일즈를 시작하려는 이유를 설명해야 한다. 따라서 먼저 시장 상황을 투명하게 보여주어야 한다. 경영상 출발점을 제시하고, 기업의 현재 위치와 적자가 나는 부분, 그에 대한 조치를 명확히 밝혀야 한다. 이렇게 하지 않으면 2년, 4년, 6년 후에는 경쟁업체가 우리 시장을 잠식해, 이 시장에서 살아남지 못하리라는 사실을 농부 유형 세일즈맨에게 명확히 알려야 한다. 갑자기 사냥꾼의 세일즈 방식을 요구하면 농부 유형 세일즈맨은 마음이 편치 않을 것이다. 하지만 여러분은 동료들을 안전지대에서 밖으로 내보내야 한다. 그렇게 하지 않았을 때 무슨 일이 일어날지 명확히 알려야 한다.

둘째: 처방하라

2단계에서는 사냥꾼 스타일 세일즈를 조심스럽게 처방하라. 처음에는 가볍게 시작하면서 점점 용량을 늘려라. 그렇게 하지 않으면 농부 유형 세일즈맨은 폭주하는 전화, A유형 고객들의 항의에 시달리다가 떨어져나갈지도 모른다. 따라서 먼저 농부 유형 세일즈맨에게 사냥꾼 세일즈 방식의 즐거움을 일깨워주어야 한다.

셋째, 공격을 개시하라

전화 세일즈 전략

농부 유형을 포함한 3인 그룹을 만들고, 목표, 기간, 전화할 규모 등 세 가지 규정을 알려주어라. 인사말 정도는 누구나 준비할 수 있다. 직원 스스로 인사말을 작성하게 하라. 준비되었다면 시작한다. 통화가 끝날 때마다 전화하는 사람을 바꾼다. 아니면 세 번 통화 후에 바꾸는 것도 좋다. 아니면 고객에게 방문 일정을 따낸 뒤 바꾸는 것도 좋다.

이것이 고도의 기술이다. 동료들과 함께 웃게 하라. 함께 하는 누군가가 있으면 일이 더 재미있어지고 의욕이 커진다. 이러한 긍정적인 방법으로 영업사원에게 살살 압력을 가하라. 이렇게 하면 농부 유형은 "재미없어." 혹은 "오늘은 날이 아니야." 같은 변명을 할 수 없다. 동료가 함께 듣고 있기 때문에 더 끈기가 생길 것이다. 전화 세일즈 전략을 더 발전시키는 방법을 함께 토론하며 공동으로 협의하는 법을 배울 수 있다. 이 방법은 전혀 힘들지도 지루하지도 않다. 판매와 사냥은 정말 재미있어야 한다. 이후에 들려줄 멋진 이야깃거리들이 많기 때문이다. "밀러 씨가 사장님 비서를 잘 설득해서 지게차 10대를 직접 판매했다는 소식 들었어?"

제로 위크 전략

제로 위크는 한 가지 규칙만 세우는 주를 말한다. 이제 여러분의 팀은 고정 고객과 관련된 업무는 할 수 없다. 대신 잠재적인 신규 고객 방문만 할 수 있다. 여러분이 기습 방문 전략이 통하는 분야에서 일하고 있다면 말이다. 내근직 영업부 직원들도 마찬가지다. 이들은 매출이 제로인 고객들 혹은 지금까지 비즈니스 관계가 전혀 없던 고객에게 전화를 해야 한다.

박람회 고객 확보 전략

박람회에서 새로운 고객을 확보하는 것은 전형적인 사냥꾼 유형세일즈맨의 일이다. 이 전략은 전화를 하는 것과 비슷하다. 먼저 두명씩 짝을 지어 나간다. 쌍으로 다니면 일이 더 재미있고, 끈기와 용기가 더 생기며, 일하고 싶은 의욕이 훨씬 커진다. 박람회의 다른 업체 부스에 가서 직원들에게 말을 건네고 대화를 나눠본다. 이런 방법으로 고객의 수요와 잠재력을 분석하고 누가 무엇을 언제 결정할 것인지 결정권자에게 묻는다. 박람회가 끝나고 잔무를 처리하면서 판매 상담과 추후 일정을 합의한다.

한 가지 사실은 확실하다. 농부 유형 세일즈맨들은 정리하는 작업을 하면서 사냥꾼의 세일즈 방식에 대한 스트레스에서 잠시 벗어날 수 있다. 물론 사냥꾼 유형 세일즈맨을 지원하는 몇 가지 전략도 있다. 이 전략은 7장에서 살펴보기로 한다.

제 7 원 칙

고통에 초연하기 원칙

고객의 거절에 대비하라

"박사님은 지금 진료 중이십니다." 간호조무사가 말했다.

"괜찮습니다. 기다리면 됩니다." 나는 이렇게 답했다. 갑자기 날카로운 통화 대기음으로 바뀌었다.

젊고 자신감이 철철 넘치는 남자가 다가와 정적을 깨고 이렇게 말했다. "지금 상황으로는 환자 진료가 언제 끝날지 알 수 없습니다만…. 나중에 다시 전화주시겠습니까?"

나는 상대방이 내가 무슨 말을 하는지 들리지 않도록 무음 버튼을 눌렀다. 그리고 그 남자 쪽으로 고개를 돌려 조용히 말했다. "전하고 싶은 중요한 소식이 있습니다. 제가 못 기다릴 이유도 없지 않습니까?"

참석자들은 정말 믿을 수 없다는 눈빛을 하고 있었다. 나는 원래 계획대로 통화 대기음이 끝나기만 기다렸다. 30분도 채 되지 않아 수화기에서 낭랑한 남자의 목소리가 들려왔다. "바움가르트너 박사입니다. 무슨 용건으로 전화를 주셨습니까?"

나는 상대방에게 내 말이 들리도록 다시 버튼을 눌렀다. 그리고 자리에서 일어나서 본격적으로 대화를 시작했다. "안녕하십니까, 저는 로텐바흐사의 디어크 크로이터입니다…."

그러자 아이들의 생일 파티 같은 분위기가 펼쳐졌다. 내가 바움가르트너 박사에게 약속 일정을 받아내기까지 딱 3분 걸렸다. 내가 수화기를 내려놓자 청중석에서 기립박수가 터졌다.

무슨 상황인지 궁금하지 않은가? 사실 이것은 의료기기 전문 회사에서 나에게 의뢰했던 영업사원 전화 훈련이었다. 이 회사는 실험실과 병원 등 대형 고객 의존도에서 벗어나기 위해 새로운 시장을 개척할 계획을 세웠다. 편의상 회사 이름을 로텐바흐라고 부르겠다. 그래서 로텐바흐사의 영업사원들은 일반의와 전문의를 대상으로 영업을 강화해야 했다. 이들에게 가장 어려운 점은 결정권자인 의사들과 통화하기가 쉽지 않다는 것이었다.

영업사원들이 오전에 전화를 걸면 의사들은 진료 중이다. 12시부터는 점심시간이고, 자동응답기만 영업사원의 제안에 관심을 보인다. 오후가 되면 의사들은 방문 진료를 한다. 의사들이 다시 병원으로 들어온다고 해도 전화 연결은 쉽지 않다. 어찌됐건 간에 영업사원들에게 의사는 통화하기 어려운 상대다. 로텐바흐 영업사원들은 병원 세일즈에 대해 이런 생각을 갖고 있었다. 다행히 나는 영업사원들의 고정관념을 깨뜨리는 데 성공했다.

지금까지 나는 세일즈 훈련 대상자들이 의사 결정권자와 쉽게 통화 연결이 되었다고 말하는 것을 들어본 적이 없었다. 심지어 훈련 중 내가 의사들과 직접 통화를 연결하기도 했다. 의사가 환자와 상담 중이었는데도 말이다. 이 방법으로 나는 훈련 중 로텐바흐사의 고객 방문 일정을 여러 건 받아냈다.

물론 여러분께는 성공 비법을 기꺼이 알려드리겠다. 사실 내가 다른 세일즈맨들보다 더 많은 테크닉이나 스킬을 갖고 있던 것은 아니다. 내가 쥐고 있던 결정적인 패는 의사들과 통화하는 것이 얼마나 어려운 일인지 몰랐다는 것이다.

나도 세일즈를 하다가 의뢰인에게 경고를 받은 적이 있지만 이를 실패로 받아들이지 않았다. 그 정도 가지고 감정이 상하거나 스트레스를 받지 않았다. 이 일이 어렵다고 생각하지 않으려고 노력했다.

뒤영벌이 공중에 있을 때도 마찬가지다. 비행 면적이 0.7제곱센티미터이고 몸무게가 고작 1.2그램인 뒤영벌은 공기역학 원리에 의하면 하늘을 날 수 없다. 하지만 뒤영벌은 공기역학의 원리를 몰라도 이리저리 잘 날아다닌다.

세일즈를 하다 보면 실패할 때도 있는 법이다. 실패했다고 좌절하지 않는 것이야말로 세일즈맨이 반드시 갖춰야 할 자세다. 야망이 크고 경험이 많은 세일즈맨들은 어떻게 해야 성공하는지 잘 안다. 반대로 어떻게 하면 실패하는지도 잘 안다. 실패를 피하려면 '위험한' 행동을 하고 싶은 마음을 억눌러야 한다는 것도 잘 안다.

예를 들어 그는 니마이어라는 고객이 '오전에만 연락 가능하다'는 사실을 알고 있다. 그래서 그는 오후 2시 이후에는 니마이어 씨에게 전화를 해볼 생각도 하지 않는다. 그는 고객의 질문에 전부 답해줄 수 없다면 일이 잘 진행될 수 없다는 것도 잘 알고 있다. 그래서 새로운 고객을 확보할 기회를 나중으로 미루고 이런 상황에 점점 익숙해진다. 대신 고정 고객들과 판매 상담을 몇 번 더 한다.

그는 적어도 귀찮은 업무를 미루다 보면 성공과 멀어진다는 것은 안다. 하지만 그는 행동해야 할 타이밍에 이런저런 변명을 대며 빠져나간다. 세일즈맨들이 가장 많이 써먹는 핑계를 모아 소개하도록 하겠다.

실패해도 굴하지 않는 마인드

"제품의 모든 기능을 모르는 상태에서 어떻게 고객에게 제품을 판매할 수 있겠습니까? 아직 불안합니다. 저는 아직 준비가 덜 되어 있습니다."

이렇게 말하는 사람들에게 나는 "시작만 잘 할 수 있다면 제품에 대한 전문 지식이 부족해도 고객 유치 활동을 미룰 필요가 없다."고 반박한다.

내 유튜브 채널에는 1970년 서던캘리포니아 대학교 의학부 폭스 박사의 '의사를 위한 게임 이론' 강의 영상이 있다. 의학부 총장이 폭스 박사와 그의 논문을 소개한 후, 폭스 박사는 30분 동안 강의를 하고 30분 동안 학생들의 질문을 받았다. 반응은 하나같이 열광적이었다. 학생들은 폭스가 이 분야의 권위자이며, 게임 이론을 이해하는 눈을 열어주는 강의였다고 평가했다.

흥미로운 사실은 폭스 박사가 전문가이기는 하되 게임 이론 전문가가 아니라 연기 전문가였다는 것이다. 그의 풀네임은 마이클 폭스이고 직업은 연기자였다. 그는 이틀 동안 강의 주제를 공부하면서 강의 테크닉을 익혔다. 연기자인 그에게는 잘 모르는 주제를 청중 앞에서 자유롭게 이야기하는 것이 어려운 일이 아니었다. 그는 다음 두

부를 부르는 극한의 영업 법칙

사항을 요청받았다. 하나는 서로 연결되는 두 문장을 사용하지 않는 것이고, 다른 하나는 질의응답 시간에 내용에 관한 질문을 허용하지 않는 것이었다. 하지만 폭스 박사의 전달력이 워낙 뛰어나 학생들은 그의 강의가 내용 면에서도 뛰어나다고 생각했다.

이 강의는 청중들이 전문 강연의 내용을 이해하는 데 강연자가 영향을 끼치는지, 영향을 끼친다면 어느 정도인지 확인하기 위한 사회심리학자 도널드 H. 내프툴린Donald H. Naftulin, 존 E. 웨어John E. Ware, 프랭크 A. 도넬리Frank A. Donnelly의 실험이었다. 사실 폭스 박사의 강연은 아무 내용도 없는 말에 불과했지만 전문 지식을 갖고 있는 청중들을 사로잡는 데 성공했다. 문외한인 그의 강의가 어떻게 성공할 수 있었는지 영상을 보면 알 수 있다. 가장 좋은 방법은 볼륨을 끄고 영상만 보는 것이다. 여러분은 폭스가 얼마나 자신감 있게 몸짓 언어로 표현하는지 바로 알 수 있다. 그는 편안하게 재킷을 입고, 안경다리를 입에 물고, 질의응답 시간에는 수백 번도 더 받았던 질문에 대답해야 하는 것이 정말 지겹다는 표정을 짓고 있다. 그러면서 그는 자신도 이해하지 못하는 허튼소리를 내뱉고 있다….

하고 싶은 말은 바로 이것이다. 물론 세일즈맨이 제품에 대해 전문지식을 갖춰야 하는 것은 당연하다. 하지만 여러분이 제품의 세부적인 부분까지 모른다고 하여, 중요하지만 마음속으로 내키지 않는 일을 방치할 수는 없다. 그것은 이 일을 하지 않겠다는 핑계에 불과하다. 아래의 사례처럼 말이다.

"전화 세일즈요? 거래가 끊긴 고객을 방문하라고요? 저는 차라리 다른 잠재적 고객들을 직접 만나보겠습니다. 저는 전화보다는 현장 세일즈가 맞는 체질입니다. 현장에 직접 나가고, 현장에 있어야 실적을 더 많이 올릴 수 있습니다. 아무도 제 제안을 쉽게 거절할 수 없으니까요."

이런 말을 들을 때 떠오르는 생각은 하나뿐이다. 정말 맞는 말이기도 하고, 정말 틀린 말이기도 하다는 것이다.

사실이다. 현장을 직접 찾아가는 것은 가장 중요한 세일즈 전략 가운데 하나다. 이것은 '폭스 박사 연구'뿐만 아니라 '영향력의 법칙'을 통해 입증된 사실이다. 1967년 미국의 연구자이자 심리학자 앨버트 메러비안Albert Mehrabian과 수전 R. 페리스Susan R. Ferris는 인간의 커뮤니케이션에서 비언어적 요소가 끼치는 영향을 연구했다. 연구 결과에 의하면 대화를 할 때 상대는 소리 언어보다 몸짓 언어와 톤의 영향을 더 크게 받는다고 한다. 즉, 여러분이 실제로 그 공간에 있으면 그렇지 않을 때보다 고객에게 훨씬 더 많은 영향을 끼친다.

이것은 팩트다. 하지만 그렇다고 기습 방문이 좋은 세일즈 방법인 것은 아니다. 아마 여러분은 이렇게 변명할 것이다. 수화기를 들고 잠재적 고객과 방문 일정을 정하는 대신, 말끔하게 정장을 차려 입고 고객을 직접 찾아가야 한다. 맞는 말인 것처럼 보이지만 면전에서 거절당하는 것보다 전화로 거절당하는 것이 심리적 타격면에서 더 크다고 생각하는 것이기 때문에 이것도 회피 행동이다. 솔직히 거절당하는 것을 좋아하는 사람이 어디에 있겠는가? 자발적으로 전화 전투 현장에 뛰어들고 싶은 사람이 어디에 있겠는가?

그런데 여기서 세일즈맨들이 놓친 부분이 있다. 정말 큰 바퀴는 그렇게 돌아가지 않는다는 것이다, 25만 유로가 걸린 프로젝트는 판매대에서 바로 혹은 트랙터 타이어를 내던지듯 결정할 문제가 아니다. 중대한 결정을 내리려면 여러분의 대화 파트너도 시간과 준비가 필요하다. 여러분 역시 고객과의 약속을 위해 철저한 준비가 필요하다. 그래서 일단 고객에게 전화를 해야 하는 것이다!

"전화요? 지금 더 중요한 업무가 있습니다! 고정 고객 다섯 분이 급한 문의를 해왔는데 어떻게 해야 합니까? 다음 기회를 기약하며 경쟁업체에 양보해야 합니까? 이 고객들 덕분에 우리가 월급을 받고 사는 것 아닙니까…."

틀린 말은 아니다. 하지만 이것이야말로 부도덕한 관료주의적 행정의 함정이다. 주요 업무 대신 '중요하고 시급한 일'을 먼저 하겠다는 것도 함정이다. 일을 미루기 위한 구실일 뿐이다. 이러한 구실로는 구체적으로 다음과 같은 것이 있다.

영업 사원들의 변명	변명하는 이유/의도
인터넷 자료 조사를 많이 한다.	당연히 자료 준비를 완벽하게 하려는 의도일 것이다.
모든 메일에 신속하게 답변한다.	일을 잘 하려면 정리가 잘 되어 있어야 한다고 생각하기 때문일 것이다.
전문적인 내용을 언급하며 대화를 이끌어간다.	고객과 즉시 계약을 체결하고 싶기 때문일 것이다.
목록을 작성하고, 분석하고, 통계를 낸다면?	이 부분에 대해 우리는 아직 깊이 생각해본 적이 없다. 혹시 우리가 이를 통해 획기적인 통찰력을 얻게 될지 누가 알겠는가.

위의 예는 그 자체로는 모두 훌륭하고 합리적인 생각이다. 하지만 여러분이 이런 일에 쓸데없이 많은 시간을 낭비하고, 당장 처리해야 할 일을 미루고 우선순위 목록에서 중간 혹은 맨 아래의 일을 먼저 처리한다면 문제가 심각해진다.

당연히 목표를 정하는 것은 중요하다. 준비가 완벽하면 계약이 빨리 성사될 가능성도 훨씬 높아진다. 하지만 허구한 날 목표만 겨냥하고 총을 쏘지 않는다면 아무 소용없다. 세일즈는 '겨냥-발사'처럼 하는 것이다. 이런 마음가짐이 아니라면 현장으로 나가지 마라. 그런데 목표를 정하고 실천에 옮기기 어려운 이유는 무엇일까?

거절에 대한 두려움

세일즈맨들은 목표를 실행에 옮기지 못한 이유에 대해 갖가지 변명을 늘어놓는다. 나는 여기에서 공통점을 찾았다. 회사의 세일즈 전략이 '전화 세일즈'라면 일단 자신의 입장은 잠시 접어두자. 이미 떠난 고객에게 판매 상담을 시도할 각오를 하고, 정기적으로 단골 고객을 관리하는 것보다 텔레마케팅으로 신규 고객을 확보하는 데 우선순위를 두어야 한다. 나는 이것이 세일즈맨으로서 올바른 태도라고 확신한다. 세일즈맨들이 변명을 하는 것은 합당한 이유가 있어서가 아니라 두려움이 그들을 몰아가고 있기 때문이다. 세일즈맨들의 잠재의식 속에는 거절에 대한 두려움이 깊이 자리하고 있다.

유럽인의 99퍼센트는 먹고 마시고 자는 것과 같은 기본적인 욕구가 충족된 상태다. 하지만 우리 인간에게는 이러한 기본적인 욕구 외

부를 부르는 극한의 영업 법칙

에 보다 근원적인 욕구가 있다. 누군가에게 사랑을 받고 안락함을 추구하고 인정받고 싶은 욕구가 바로 그것이다. 바로 여기에서 문제가 발생한다. 여러분은 세일즈를 하면서 어떤 일을 주로 겪는가? 인정, 감사, 칭찬, 존중의 말을 듣고 있는가? 아니다! 우리는 대부분의 시간을 거절당하면서 보낸다. '오케이'라는 말을 듣는 경우는 흔치 않다. '노'가 대부분이고 '아마'라는 말도 간혹 듣는다. 하지만 '아마'라고 답할 때는 '노'라는 의미일 경우가 많다.

세일즈는 어쨌든 사랑과는 거리가 먼 일이다. 사랑받고 싶은 욕구가 너무 강하기 때문에 대부분의 세일즈맨들은 무의식적으로 최대한 인정받고 최소한 거절당하는 길을 선택한다. 미안하지만 이런 생각으로 일한다면 성공하기 힘들다.

전형적인 예가 거래가 끊긴 고객과의 대화다. 예를 들어 일을 망쳐놓은 사람은 따로 있는데 여러분이 뒤치다꺼리를 해야 한다고 하자. 이런 상황을 편하게 받아들일 수 있는 사람은 없다. 여러분은 고객이 잔뜩 짜증나 있다는 것도 안다. 물론 고객 입장에서는 당연한 일이다. 게다가 여러분이 불리한 상황이기 때문에 처음 30분은 고객의 불만을 들어주어야 한다는 것까지도 안다.

여러분에게는 두 가지 선택권이 있다. 첫 번째 방법은 고객에게 거절당할 것과 고객의 불만을 들어주어야 한다는 것을 예상하고 미리 도망가는 것이다. 이런 경우 여러분은 100퍼센트 질 수밖에 없다. 고객뿐만 아니라 여러분의 의욕과 자의식 때문이다. 장기적으로 여러분은 본인에게 맞는 회피 전략을 만들고, 수화기를 자주 들지 않게 되며, 새로운 고객은 점점 줄어들고, 기존의 고객은 여러분을 떠난다. 자신의 능력에 대한 의심이 점점 커지면서 같은 상황이 계속 반복된다.

따라서 두 번째 방법을 택해야 한다….

고통에 아랑곳하지 않는 자세

12명의 눈이 내 얼굴만 뚫어져라 보고 있었다. 나는 전화를 끊고 38번째 통화를 시도했다. 전화 트레이닝 참가자들은 청중 앞에서 통화를 할 때 불안해한다. 그런 일이 나에게도 벌어진 것이다. 그때까지 나는 결정권자와 한 번도 통화하지 못했다. 37번째에 이르기까지 나는 1시간 30분 동안 거절을 감수해야 했다. 하루 전만 해도 나는 전화 세일즈로 거의 신의 경지에 올랐다고 할 정도였는데 말이다.

어제 나는 수화기를 들고 전화번호를 누른 뒤, 전화를 연결해주는 비서를 내 편으로 만들었다. 그리고 드디어 그 회사의 사장과 연결이 되었다. 몇 분 후 나는 사장으로부터 약속 일정을 받아냈다. 이것은 업계와 타깃 그룹에서 기적 같은 사건이었다. 대형 병원 구매 책임자는 가장 통화 연결이 어려운 상대이기 때문이다. 나는 정말 어려울 것이라고 생각했다…. 어제 상황은 그랬다.

오늘 나는 38통이나 전화를 걸었다. 방 안의 분위기는 사뭇 진지했다. 참석자들은 나를 연민 어린 눈빛으로 바라보았다. 1시간 30분 동안 아무 성과도 없었지만 모두가 한 마음으로 한 장소에 모여 있었다.

첫 번째 통화 후 나는 생각했다. '그래, 그럴 수도 있지.' 5번째 통화 이후에도 별반 차이가 없었다. 같은 분위기가 계속되었다. 15번째

부를 부르는 극한의 영업 법칙

와 25번째 사이 잘나간다는 세일즈맨인 나에게도 슬슬 걱정이 몰려오기 시작했다. 뭔가 보여주지 못하고 계속 전화만 하다가 끝나면 어떻게 하지? 나는 트레이너이기 때문에 선택의 여지가 없다. 5시간 동안 통화 한 건 못한다고 해도 그냥 포기하는 건 말도 안 된다. 청중들의 눈빛이 나만 향하고 있다. 이제 진실의 시간이다. 내가 그토록 외치던 이론이 실제로도 통하는지 보여주어야 한다.

세미나의 성공 여부는 내 끈기에 달려 있다. 나는 물도 많이 마셨지만 화장실에 가지 않았다. 참석자들이 지친 듯한 기색을 보이고 있었지만 여기에서 세미나를 끝낼 수는 없었다. 35번째 통화 시도를 할 때 나는 "이제 시작이다!"라고 혼자 중얼거렸다.

39번째 통화에서 나는 결국 성공했다. 현장에서 내가 강연을 할 때보다 두 배는 더 크게 환호성이 터졌다.

이날의 훈련 주제는 원래 대화 기법이었다. 하지만 피드백 시간에 참석자들은 전혀 다른 것을 배웠다. 절대 잊을 수 없는 것이었다. 바로 실패를 감수하는 법을 배운 것이다.

내 훈련의 목표가 바로 이것이다. 훌륭한 세일즈맨이 톱 세일즈맨이 되기 위해 갖추고 있어야 할 자질은 '고통에 초연한 자세'다. 여러분이 세일즈로 성공하고 싶다면 일이 잘 풀리지 않을 가능성도 염두에 두어야 한다. 그렇다 해도 중요한 전화를 하고 대화에 집중하는 일을 절대 소홀히 해서는 안 된다. 여러분이 지금보다 훨씬 더 많은 매출을 올리고 싶다면 어떤 상황에도 수화기를 붙들고 있어야 한다. 상대방이 불같이 화를 내며 당장 싸울 태세라도 말이다. 실패할 위험이 있다고 해도 멈추지 말아야 한다.

여러분은 이런 상황에서 어떻게 행동해야 할까? 먼저 마음가짐을 바로잡아야 한다.

새로운 프레임 씌우기

처음 세일즈업계에 입문했을 때 일인데 지금도 어제 일처럼 생생하다. 그날 나는 고객과의 약속 때문에 공항 대기실에 있었다. 갑자기 안내 방송이 들려왔다. "죄송합니다만 취리히 행 789 여객기 비행이 1시간 지연될 예정입니다."

그때까지 무심하게 주변을 돌아다니던 사람들이 이 말 한 마디에 동요했다. 안내 방송 후 승객들의 행동은 좋은 관찰거리였다. 창구로 가서 소리를 치며 항의하는 승객도 있었고, 씩 웃으며 먹으러 갈 준비를 하는 승객도 있었다. 식사를 하겠다고 마음먹은 그 승객이 레스토랑에 간 때는 마침 식사 시간이었다. 어떤 승객은 커피 한 잔을 사오더니 자리에 앉아 주변 사람들의 모습을 관찰했다. 또 어떤 승객은 큰소리로 여기저기 전화하기 시작했다.

오늘 현장에 투입된 세일즈맨을 보자 그날 일이 떠오르면서 이런 생각이 스치고 지나갔다. 안내 방송을 들은 승객들이 불평을 한다고 하여 지연이라는 팩트 자체가 바뀌는 것은 아니다. 하지만 승객들은 불평했다. 고객에게 거절당했을 때 세일즈맨들의 모습이 딱 그랬다. 그런데 자신의 힘으로 바꿀 수 있는 것은 대부분의 사람들 눈에 보이

부를 부르는 극한의 영업 법칙

지 않는다.

객관적인 관점에서 외적 사건은 모든 사람에게 동일하다. 그날이 어머니 생신이든, 대화 중 휴대폰이 떨어졌든, 고객이 교묘하게 구매를 회피하든 상관없이 말이다. 모든 것은 뚜렷한 프레임이 있는 팩트이고, 우리는 이것을 몇 가지 단어를 사용하여 객관적으로 묘사할 수 있다. 하지만 우리가 팩트를 분류하는 방식이 다양할 수는 없다.

예를 들어 예쁜 여자가 있다고 하자. 여러분은 예쁜 여자를 보고 예쁜 여자라고 말할 것이다. 이것은 당연하다. 어쨌든 이것은 팩트다. 하지만 여러분이 각기 다른 안경을 쓰고 이 여자를 관찰한다면 어떻게 될까?

예를 들어, 플레이보이에게 예쁜 여자는 즐기는 대상이다. 승려에게 예쁜 여자는 번민에 빠지게 하는 대상이다. 그렇다면 늑대에게 예쁜 여자는? 맛있는 먹잇감이다.

내가 하고 싶은 말이 바로 이것이다. 우리는 외적인 사건에 영향을 줄 수 없다. 아이슬란드의 화산 폭발로 유럽의 항공 교통이 거의 마비 상태라면 우리가 이 상황을 바로 진정시킬 수는 없다. 하지만 이 소식을 어떻게 분류해야 할지는 결정할 수 있다. 비행이 중단된 상황이라면 우리는 대처 방안을 스스로 정할 수 있다는 말이다.

어떤 일에 대해 어렵고, 괴롭고, 의욕이 떨어진다고 생각하면, 정말로 어렵고, 괴롭고, 의욕이 떨어질 것이다! 고객의 거절을 어떻게 받아들일지도 이렇게 결정된다. 여러분에게 항의를 하는 고객을 만났을 때 그냥 좌절하고 말 것인지, 다른 마음가짐을 가질 것인지는 여러분 스스로 결정할 문제다.

고통에 초연하기 원칙   245

우리가 이렇게 괴로워하는 것은 잠재의식 속에 고객이 사적인 감정으로 이런 말을 한다는 생각이 자리 잡고 있기 때문이다.

하지만 이는 타당성 있는 근거가 없는 감정적인 해석이다. 예를 들어 고객이 여러분에게 버럭 화를 낼 수 있다. "당신을 포함해 오늘 나한테 물건을 팔러 온 사람이 다섯 명입니다. 저를 그냥 편히 있게 내버려두면 안 되겠습니까?" 표현 자체에 그가 어떤 생각을 하는지 드러나 있다. 고객은 자신이 이렇게 화가 났다는 표시를 할 수 있다. "당신이 또 전화를 하겠다면 무슨 일이 일어날지…."

그렇다. 어떤 고객은 욕설에 가까운 표현을 하기도 한다. 잠깐! 정신을 바짝 차리고 이 상황을 찬찬히 생각해보자. 이런 고객들은 여러분을 모른다! 여러분이 누구인지 전혀 모른다. 그러니까 여러분을 두고 한 말이 아니다. 아니다. 누군가 여러분이 실수라도 한 것처럼 말을 한다면, 그는 한 인간인 여러분이 아니라, 한 회사의 대리인인 여러분에게 항의를 하고 있는 것이다.

따라서 고객의 거절을 절대 사적인 감정으로 받아들이면 안 된다. 안 그러면 좌절감만 남고 매출 실적은 제로일 것이다. 고객은 "됐습니다.", "하지만", "무슨 말인지 이해할 수 없습니다."라고 말할 수 있다. 이것을 어떻게 받아들이는지에 따라 상대방의 기선을 제압하고 여러분의 페이스대로 상황을 끌고 갈 수도 있다. 여러분의 최종 목표는 고객과 비즈니스를 하는 것 아닌가.

요컨대 현실에 새로운 프레임을 씌우고 그중에서 특정 일면만 관찰하는 식이다. 여러분에게 가장 생산적인 부분만 관찰하는 것이

부를 부르는 극한의 영업 법칙

다. 그래서 나는 지금부터 소개할 전략에 '리프레이밍'Reframing(기존의 관점과는 다른 관점에서 바라보고 다른 의미를 부여함으로써 문제에서 벗어나도록 하는 언어적 기법, 재구성 - 옮긴이)이라는 이름을 붙였다.

리프레이밍

당신은 아직 완전히 거절당하지 않았다!

고객에게 더 편하게 살 수 있는 방법을 제시했지만 고객이 거부하고 반감을 보일 때가 있다. 이런 경우 그냥 포기하지 말고 리프레이밍 기법을 이용하자. 리프레이밍은 미국의 심리학자 버지니아 사티어Virginia Satir(가족상담운동의 선구자이자 가족치료교육의 1인자 - 옮긴이)가 도입한 체계적 가족치료에서 유래한 개념이다.

이 개념처럼 여러분도 특정 상황을 다른 맥락에 대입하여, 어떤 사건에 다른 의미를 부여할 수 있다. 여러분 앞에 똑같은 풍경이 펼쳐지고 있지만 다른 액자에 끼워 볼 수 있듯이 말이다.

이것을 세일즈에 구체적으로 적용하면 이런 것이다. 고객이 '노'라고 말했을 때 여러분은 모욕을 당했다고 생각하며 그 장소를 떠날 수 있다. 하지만 '노라고?' 혼자 중얼거리며 상황을 곰곰이 되짚어 볼 수 있다. 이 말은 아직 완전히 거절당하지 않았다는 뜻이다. 고객이 내가 제안한 제품을 구매하기 위해서는 더 타당한 이유가 필요하다. 그렇다. 일단 이 상태로 기다리자, 이렇게 받아들이는 것이다.

여러분은 고객이 '노'라고 했을 때 어떻게 대처하겠는가? 여러분은 업무의 일부라고 생각하고 저녁에 동료들과 술 한잔하러 갈 것인가? 아니면 이것을 사적인 거절이라고 생각하고 퇴근 후 샌드백을 때

리며 스트레스를 풀 것인가? 이것은 여러분이 혼자서 결정해야 할 일이다. 그리고 여러분은 이 프레임을 통해 사건을 관찰한다. 여러분은 그 일에 매여 있을 수도 있다. 이 경우 얼마 지나지 않아 의욕을 상실하고 자기 회의에 빠지거나 최악의 경우에는 번아웃에 빠질 가능성이 크다. 아니면 여러분은 고객의 거절을 현실로 받아들이고, 인격모독을 당한 것이 아니라 피드백이라고 여길 수도 있다. 이런 모토로 말이다.

"이 고객은 내가 더 좋은 세일즈맨이 되도록 도와주는 거야." 아니면 "이번 기회에 세일즈 테크닉을 더 갈고 닦아야겠어."

아니면 다음과 같은 유머로 되받아쳐라. "'노'라는 말을 듣는 것이 제 직업입니다. '네, 그렇게 하겠습니다.'라는 말을 더 많이 듣고 싶다면 동사무소로 자리를 옮겨야 하지 않겠습니까?" 아니면 "이 고객은 구매를 결정하기 위한 합당한 근거가 필요한 거야. 내가 그걸 찾았어!" 이렇게 말이다.

다른 상황이었기를 바라지 말고, 이 상황을 다른 방법으로 대처할 수 있는 힘을 얻길 바라야 한다. '노'는 많은 가능성을 열어준다. 여러분에게 풍성한 열매를 가져다줄 가능성을 활용하라. 이 말은 모든 상황을 억지로 긍정적으로 받아들이라는 뜻이 아니다. 그러면 오히려 병들고 불행해진다는 것이 과학적으로도 입증되었다. 자신을 기만하거나 상황을 왜곡시키는 것이 아니라, 정확하게 상황을 파악해야 한다. 그래야 여러분은 실패를 받아들이는 눈을 갖게 될 뿐만 아니라, 언제나 창의적인 태도를 유지하고 막다른 골목에서 또 다른 길을 찾을 수 있다.

그렇다고 해서 고객이 여러분의 제안을 거절할 가능성을 무조건 어떤 행동의 촉진제로 리프레이밍하면 부정적인 사고가 여러분 주변을 항상 맴돌게 된다.

리프레이밍 기법으로도 슬럼프에서 오랫동안 벗어나지 못한다면 어떻게 할 것인가? 여러분의 눈에 현실의 암울한 면만 보인다면 어떻게 할 것인가? 이런 경우 연필과 종이를 이용하면 슬럼프와 우울한 감정을 극복할 수 있다.

종이에 적어보자: 생각으로 일하기!

일을 하다 보면 마치 늪에 빠진 듯 감정이 땅으로 꺼지는 순간이 있다. 원하는 매출은 나오지 않고, 새로운 고객은 입질도 하지 않고, 기존 고객들도 점점 빠져 나가기만 한다. 이런 경우에 도움이 되는 방법은 한 가지다. 부정적인 감정을 멀리하고 어느 정도 거리를 둔 상태에서 상황을 관망하라. 가장 좋은 방법은 종이에 적어보는 것이다.

백지를 가져와 대처해야 할 상황을 적어보자.

- 어떤 문제들이 있는가?
- 문제를 해결하기 위한 대안에는 어떤 것들이 있는가?
- 최악의 경우 어떤 일이 발생할 수 있는가?
- 가장 최선의 방법은 무엇인가?

지금 당장 해결책을 찾아야 할 필요는 없다. 서랍에 종이를 넣어 두어도 여러분의 무의식 속에 이 질문들이 떠돌아다닌다. 다시 이 종이를 꺼내면 상황이 좀 정리되었다는 걸 느낄 수 있다. 여러분은 새로운 아이디어를 얻고, 일은 명확해지고, 상황은 이미 다르게 정리되어 있다. 이 방법으로 여러분은 슬럼프에서 빠져나올 수 있다.

여러분이 글보다는 말로 해결하는 스타일이라면, 대화를 하며 새로운 생각을 발전시키고 파트너와 함께 객관적인 상황을 정리해볼 것을 권한다.

감정의 늪에서 빠져나오기

여러분의 목표는 감정의 늪에서 빠져나오는 것이다. 이때 여러분과는 다른 관점으로 상황 판단을 할 수 있는 사람과 대화를 하면 도움이 될 수 있다. 여러분에게는 두 가지 대안이 있다. 하나는, 여러분의 마음을 무겁게 하는 이 일과 전혀 관련이 없는 사람을 찾는 것이다. 그는 여러분과 달리 이 일에 대해 적당한 거리를 둘 수 있다. 다른 하나는, 여러분의 상황을 정확하게 판단할 수 있는 사람과 대화해보는 것이다. 여러분에게 정확한 지적을 해줄 수 있는 전문 분야 사람, 여러분이 어떤 고민을 하고 있는지 알고 있는 사람 말이다. 두 관점 모두 여러분이 상황 혹은 문제를 분석하는 데 도움이 될 수 있다.

거절을 거절하는 기술

좋다. 여러분은 이제 준비가 되어 있다. 부지런히 고객과의 방문 일정을 잡고, 현명하게 대처하며, 바른 마음가짐으로 판매 상담을 진행한다. 축하한다! 이렇게 하여 여러분은 세일즈 분야의 엘리트가 되었다! 과연 그럴까? 아직 그렇게 생각하기에는 이르다.

여러분이 바른 마음가짐을 갖추고 있다고 하여 고객에게 '노'라는 말을 듣지 않게 되는 것은 아니다. 세일즈맨으로서 자부심과 확신이 있고 최상의 준비가 되어 있고 의욕이 충만하다고 해도 고객이 여러분을 피할 수 있다. 고객들은 주로 이런 핑계를 댄다.

"너무 비쌉니다."

"시간이 없습니다.

"그렇게 할 마음이 없습니다."

"돈이 없습니다."

"직원이 없습니다."

"지정 납품업체가 있습니다."

"관심이 없습니다."

고객들의 핑계는 끝이 없다. 한참 성장 중인 세일즈맨들에게는 이런 진부한 변명이 사형 선고처럼 느껴진다. 마치 한순간에 무너질 수 있는 볼링핀처럼 말이다. 경력이 많은 세일즈맨들은 이런 불쾌한 경험을 환영하지는 않지만 필요한 과정이자 게임의 일부라고 생각한다. 반면 톱 세일즈맨은 이런 상황을 그동안 자신이 얼마나 많은 준비와 훈련을 했는지, 내 능력이 얼마다 대단한지 제대로 보여줄 기회라고 생각한다. 톱 세일즈맨은 고객으로부터 거절의 말을 들어도 크게 동요하지 않는다. 원래 챔피언스 리그 선수들은 우측 코너킥 상황에서도 덜덜 떨지 않는다. 모든 선수들이 수백 번도 더 연습을 하기 때문이다.

이것은 세일즈맨이 고객의 피드백에서 얻을 수 있는 장점이다. 고객의 전형적인 변명을 알면 전문 운동선수처럼 미리 훈련하면 된다. 축구와 세일즈에는 공통점이 있다. "어떻게 하면 내가 '노'를 '예스'로 바꿀 수 있을까?"는 "어떻게 하면 골대에 맞은 공을 골로 만들 수 있을까?"와 결국 같은 질문이다.

여러분이 숙제를 마치면 이런 상황에서도 기지를 발휘해 매출을 1,000퍼센트 증가시킬 수 있다. 여러분은 크게 두 유형의 고객을 만날 수 있다.

재치 있는 농담으로 넘기는 유형

고객의 항의에 대응하는 방법 중 하나가 재치 있게 농담을 던지며 상황을 넘기는 것이다.

예를 들어 고객이 "할인Rabatt 해주실 수 있습니까?"라고 물어봤다고 하자. 이럴 때 여러분은 아주 심각한 표정으로 "손님, 라바트Rabat 는 모로코의 도시 이름 아닙니까? 무슨 말씀을 하시는 것인지요?"라고 답하면 된다. 혹은 고객이 "그런데 너무 비싸군요."라고 하면, 여러분은 재치 있게 "항공모함 한 대 가격을 생각해보십시오!"라고 되받아치면 된다.

몇 초 동안 상대방에게 웃음으로 마법을 거는 것이다. 고객이 유머러스한 타입이고 농담을 받아들일 만한 사람이라면 분위기를 띄울 수 있는 이런 전략이 좋다. 하지만 이 전략에도 한계가 있다. 상대가 더 이상 넘어오지 않을 수도 있다. 이 전략은 한 번만 효과가 있다. 그래서 여러분이 이 농담을 한 번 더 써먹으려는 순간 진부해지고 만다. 고객이 자신만 특별한 대우를 받는다고 느끼지 못하면 여러

부를 부르는 극한의 영업 법칙

분이 원했던 대로 상황이 돌아가지 않는다.

나처럼 1980년대에 세일즈업계에 입문한 사람들은 이런 농담들을 줄줄이 외웠고 세미나에서 따로 훈련도 받았다. 하지만 내가 진행하는 세일즈 세미나에서는 이런 훈련을 하지 않는다. 이런 농담은 상황에 맞춰 융통성 있게 적용하기 어렵기 때문이다. 내가 여러분에게 권하는 농담은 여러분의 주장에 경첩처럼 사용될 수 있는 것이다. 고객을 당황시키지 않고 계속 대화를 이끌어갈 수 있는 농담 말이다. 여러분이 이런 농담들을 상황에 맞게 잘 사용하면 고객은 이것이 준비된 농담인지 눈치 채지 못한다.

나는 수도 없이 전화 세일즈, 강연 혹은 세미나를 진행해왔지만 이런 질문을 하는 고객들이 있다. "자료를 보내주실 수 있습니까? 물론 선생님은 이미지 자료를 갖고 계시겠지요…."

그러면 나는 이렇게 답한다. "슈나이더 씨, 정보를 미리 얻고 싶으시군요. 크로이터 팀에서 보낸 자료를 한 번 보시지요. 신장 183센티미터, 짧은 머리, 푸른 눈을 갖고 있습니다. 강연 혹은 세미나에 관한 질문에는 개별적으로 답변을 해드립니다. 그럼 질문이 하나 더 남아 있겠군요. 언제 우리 팀 자료를 개인적으로 받고 싶으신지요?"

그 다음에 어떤 일이 벌어질까? 십중팔구 상대는 여러분과 약속을 잡으려고 할 것이다. 이런 농담을 하는 사람이 여성이라면 약속을 잡을 수 있는 확률이 더 높아진다. 남자 고객들은 상상의 나래를 펼치며 환상적인 몸매에 황홀한 미소를 짓는 매력적인 여성을 떠올릴 것이다.

고객들이 이미 좋은 해결책, 납품업체, 소프트웨어가 있다며 여러분의 말을 받아칠 수 있다. 이런 경우 내가 잘 써먹는 방법이 있다.

"손님도 아시겠지만, 좋은 제품의 적은 더 좋은 제품입니다." 이런 반응만이 고객의 반론을 비집고 들어갈 수 있는 유일한 연결고리다. 그리고 나는 내 주장을 펼쳐 나가면서 지금 소개하는 제품이 왜 더 좋은 제품인지 알릴 수 있다.

내가 실제 현장에서 써먹는 농담은 이 두 가지다. 레퍼토리는 이 것이 전부다. 세일즈는 진지해야 한다고 생각하기 때문이다. 특히 보수적인 성향의 고객들에게는 더 그렇다. 효과가 검증된 농담인지는 여러분과 고객의 성향에 달려 있다. 고객의 성향은 그야말로 천차만별이다. 따라서 고객의 개인별 성향에 맞춰 대화할 것을 권한다. 미리 준비해둔 문장이나 테크닉으로만 대화할 생각을 하지 마라.

참여를 유도하는 스위스 나이프 유형

고객의 반론을 다루는 데도 테크닉이 필요한 이유가 있다. 여러분은 각 상황에 맞게 테크닉을 사용하고, 표현, 상황, 목표, 고객의 스타일에도 맞춰야 한다. 테크닉의 강도는 수요에 따라 조절해야 한다. 세일즈에서 테크닉은 스위스 나이프와 같은 존재다. 상황 분석이 끝나면 바지 주머니에서 적절한 툴을 꺼내야 한다. 문제는 어떤 툴이 적합한지 찾아야 한다는 것이다.

여기에는 명확한 기준이 있다. 다음 질문은 테크닉을 선택하는 데 도움이 될 것이다.

- 고객과 전화할 때 어떤 테크닉을 사용할 것인가? 사적인 대화에서는 어떤

부를 부르는 극한의 영업 법칙

테크닉을 사용할 것인가? 현장에서 통하는 테크닉은 시간이 너무 오래 걸리기 때문에 전화 세일즈에는 잘 맞지 않는다.

■ 고객의 반박에 대해 테크닉의 강도를 어떻게 맞출 것인가?

어느 복싱 선수가 이런 말을 한 적이 있다. "복싱에서 이기는 것은 전혀 어렵지 않다. 상대보다 한 라운드만 더 버티면 된다."이 원칙을 고객이 변명 혹은 반론을 제기하는 상황에 적용해볼 수 있다. 나는 변명과 반박에 대처하는 테크닉의 강도를 복싱 글러브 개수로 분류했다. 예를 들어 복싱 글러브 1개는 100퍼센트 소프트셀 전략soft sell (제품의 기능이나 특징 등의 유용성을 강조하는 것이 아니라, 간접적 혹은 감성적인 이미지로 소비자에게 소구하는 전략-옮긴이)을 뜻한다. 복싱 글러브 4개는 극단적인 전략이므로 특수한 상황에만 적합하다.

고객의 변명과 반론에 대처하는 테크닉은 정말 다양하지만, 모든 상황에 보편적으로 적용할 수 있는 테크닉은 없다. 단 그중 가장 폭넓게 적용할 수 있고, 여러 상황에 편리하게 사용할 수 있는 네 가지 테크닉을 소개하려고 한다.

고무공 테크닉(강도: 복싱 글러브 2개)

이 테크닉은 고무공이 튀는 원리와 같다. 고객이 여러분에게 한 문장을 던지면, 여러분은 고무공이 혼자 튀도록 내버려두거나 받아 던진다. 만약 고객이 여러분의 면전에 대고 다음과 같이 말했다고 하자.

"우리 회사에는 이미 지정 납품업체가 있습니다."

"너무 비쌉니다."

"죄송합니다만, 시간이 없습니다."

이때 고무공을 받아 상대에게 던지면 된다. 답변은 3단계에 걸쳐 하도록 한다.

1단계: 칭찬

고객의 문제점이 무엇인지 확인하고, "손님, 무엇 때문에 고민하고 계신지 알겠습니다."라고 말한다. 구체적으로는 이런 표현을 사용하도록 하자.

"지정 납품업체가 있으리라는 건 이미 짐작하고 있었습니다."

"예산이 제한되어 있는 것은 당연한 일이지요."

"책상 위에 서류가 산더미처럼 쌓여 있군요. 당연히 시간이 없으실 것 같아요."

이렇게 말하면 고객은 상대가 자신의 상황을 알고 진지하게 받아들인다고 느낀다. 그리고 저절로 여러분에게 마음의 문을 열 것이다.

2단계: 고무공

고객은 여러분이 하는 말을 듣고 다시 공을 던진다. 여러분은 고객의 반론을 받아들이고, 제품 소개를 하면서 제품 구매를 통해 고객이 얻게 될 이득을 알려준다.

"그러니까 제가 손님께 소개하는 제품과 비교해보시라는 겁니다."

"예산이 한정되어 있으니까 이 제품을 검토해보시라는 겁니다. 손님께서 이 제품을 사용하실 경우 프로세스 비용을 10~15퍼센트 절감할 수 있습니다."

"일정이 꽉 차 있다고 하시니까 20분만 제품 콘셉트를 간략하게 설명해드리겠습니다."

이 테크닉에는 '그러니까' 혹은 '이런 이유로', '바로 이것 때문에'와 같은 표현을 사용하라. 여러분이 이런 방식으로 대화를 이끌어 가면 상대는 아무 이의도 제기할 수 없다. 대화가 자신의 상황에 맞춰 진행되고 있기 때문이다. 이렇게 고객 스스로 여러분이 제시한 방법을 선택하도록 대화를 진행하라. 이 테크닉은 고객이 반대 의견을 제시할 때만 통한다. 예외적인 경우로 "관심이 없습니다." 혹은 "필요 없습니다."가 있다.

3단계: 근거 제시

이제 문은 열렸다. 여러분이 기억해둘 것이 있다. 대화를 마무리할 즈음 여러분의 생각을 밝히고, 약속을 정하고 직접 만나서 대화를 나누자고 한다.

고객의 생각이 180도 바뀌지 않았다면 180도 전략을 쓸 수 있다.

180도 전략(강도: 복싱 글러브 1개)

이 테크닉의 하이라이트는 고객이 하려던 말의 방향을 바꾸어 반론을 상대화시키는 것이다.

1단계: 방향 전환

고객이 여러분에게 반론을 제기할 경우, 일단 고객의 마음을 가라앉힐 수 있는 표현으로 비집고 들어갈 틈을 만들어둔다. 그리고 이 틈새를 이용해 주장을 펼칠 수 있는 상황을 유도해야 한다.

고객이 반론을 펼칠 때 그 이면에는 항상 소망이 숨겨져 있다. 이때 여러분이 할 일은 창의력을 발휘해 고객의 소망을 알아내는 것이다. 수많은 세일즈맨들 중 차별화된 세일즈맨이 되고 싶다면, 고객의 입장이 되어 생각하면 된다. 구체적인 예를 들어보겠다.

〈예시1〉

고객: "가격이 너무 비싸군요."

여러분: "손님께서 가성비가 좋은 제품을 찾고 있다는 뜻으로 이해해도 될까요?"

〈예시2〉

고객: "우리 회사에는 지정 납품업체가 있습니다."

여러분: "제가 이렇게 이해해도 될까요? 손님은 그동안 지정 납품업체와 좋은 관계를 유지해왔기 때문에 지정 납품업체에 대한 신의를 지키고 싶지만, 우리 회사 제품에 관심은 있다는 말씀을 하고 계신 것으로요?"

〈예시3〉

고객: "지금 시간이 없군요."

여러분: "음, 제가 이렇게 이해해도 될까요? 손님은 지금 시간이 부족하지만 이 시간을 합리적으로 사용하길 원한다는 뜻으로 말입니다."

현재 여러분의 목표는 고객의 동의를 얻는 것이다. 여러분이 고객의 동의를 리프레이밍하면 자연스레 대화에 끼어들어 주장을 펼칠 수 있다. 이런 문장은 아주 천천히 말하는 것이 가장 좋다. 이렇게 하면 고객에게 그의 입장을 이해한다는 느낌을 줄 수 있다. 고객은 이해받았다고 느끼며 여러분의 말에 동의한다. 때로는 말로, 때로는 생각으로 하자. 고객에게 여러분의 말에 동의한다는 대답을 들으려면 드러내지 않고 의견을 물어야 한다.

2단계: 드러내지 않고 의견 묻기

"제가 이렇게 이해해도 될까요?" 이렇게 말하면 여러분이 고객의 의견에 관심이 있다는 것이 확실하게 드러난다. 여러분은 고객과 함께 문제를 해결할 방법을 찾고 싶을 것이다.

이런 방법으로 고객이 무엇을 원하고 있는지 확인하라.

고객이 '예스'라고 답하면 비즈니스가 시작된 것이다. 고객이 안 되는 이유를 말할 수도 있다. "죄송하지만, 납품업체를 바꾼 지 얼마 되지 않았습니다."

그렇다고 해도 평정심을 잃을 필요는 없다. 고객은 이미 '예스'라고 했다. 다른 것은 전부 무시하고 일단 여기에서 마무리해라.

3단계: 조건 묻기

고객과 일정을 조율하거나 계약 조건을 직접 물어보아야 할 경우는 이렇게 대처하라.

"손님, 30분 대화로 운송비를 최대 15퍼센트 절약할 수 있다면 관심을 보이시겠습니까?"

그러면 이렇게 답하는 고객들이 많다. "당신 제안은 너무 비현실적이군요. 어떻게 그게 가능하다는 겁니까?"

드디어 고객이 여러분의 작전에 말려든 것이다. "저와 대화를 하게 되신 것을 환영합니다!" 고객의 마지막 반론은 이 한 마디로 깔끔하게 정리할 수 있다.

"이 건은 전화로 말씀드리기에는 너무 복잡합니다. 저와 편하게 대화를 나눌 수 있는 시간이 언제입니까? 월요일 아홉 시가 더 낫지 않을까요? 아니면 수요일? 수요일에는 제가 오후 4시 반부터 시간을 낼 수 있습니다."

이렇게 되면 여러분은 거의 즉석에서 판매 상담 일정을 잡을 수 있다.

지금까지 여러분은 고무공 테크닉을 연습해 보았다. 180도 전략을 적용해도 고객이 꿈쩍 않고 있는가? 이런 고객에 대해서는 더 고상한 목표를 제시해야 한다.

더 고상한 목표(강도: 복싱 글러브 3개)

정치인은 전쟁의 정당성을 주장하고, 어떤 여자는 남자에게 이 구두나 비싼 옷이 왜 필요한지 이해시키려고 한다. '더 고상한 목표' 전략은 거의 모든 생활 영역에 적용할 수 있다. 때로는 더 의도적으로, 때로는 덜 의도적으로 말이다.

이 전략의 아이디어는 이런 것이다. 여러분은 고객의 반론에 일일이 대응하지 말고, 한 차원 더 높은 목표를 밀고 나가면 된다. 예를 들어 조지 부시 대통령은 이라크 전에서 미국의 패배를 자유, 안보, 미국 국민의 가치를 위한 것이었다며 정당화했다. 여러분의 아내는 여러분에게 이렇게 말한다. "이 검은색 옷은 머스트해브 아이템이야." 혹은 "이 신발은 모든 옷에 잘 어울린다고."

표현 하나로 전쟁과 신발의 의미를 한 차원 높인 것이다. 여기에서 내가 강조하고 싶은 것은 이 테크닉은 아주 조절하기 좋다는 것이다. 아주 보편적이기 때문에 모든 세일즈 영역에 적용할 수 있다.

당연히 고객은 "사륜구동 차량은 너무 비싸."라고 생각할 수 있다. 이때 여러분은 고객에게 "하지만 더 안전합니다."라고 대답하면 된다. 시골에 거주하는 고객이라면 사륜구동 차량이 필요할 때가 있다. 사륜구동 차량이 아닐 경우 바퀴가 진창에 빠졌을 때 다른 사람들의 도움으로 차를 움직여야 한다. 그러나 사륜구동 차량을 구입하면 시간도 절약되고 쓸데없는 에너지를 소모할 필요가 없다.

여러분은 이 테크닉을 다르게 적용할 수 있다. 상투적인 반론을 제기하는 고객이 있을 때, 여러분의 제품으로 프로세스를 극대화시킬 수 있고 여러 모로 절약할 수 있다는 점을 강조하면 된다. 이런 상황에서 내가 자주 사용하는 표현이 있다. "물론 업계에서 화제가 되고 있는 제품입니다." 그리고 나는 고객들에게 내가 이런 상황에 매우 익숙하다는 듯이 행동한다. 그리고 고객이 경쟁상 이점을 누릴 수 있고 나를 통해 더 안전하게 제품을 구매할 수 있다는 것을 강조한다.

이 말을 들은 고객들은 귀가 솔깃해진다. 무엇이 중요한지 확실하게 짚어주었기 때문이다. 여러분은 열 번째로 이 고객에게 제품을 비싸게 팔려는 사람이 아니고, 첫 번째로 해결책을 제시하는 사람이다.

지금까지 알려준 테크닉을 잘 활용한다면 여러분도 크게 성공할 수 있다. 간혹 고난이도라 뚫고 들어가기 어려운 함정을 만날 수도 있다. 이때 여러분에게 도움이 되는 방법은 한 가지밖에 없다. 솔직해져라! 고객이 말도 안 되는 소리를 할 때 이렇게 말하라. 1990년 가을에 나도 이렇게 대처했으면 좋았을 텐데 그렇게 하지 못했던 것이 아쉬울 뿐이다.

당시 나는 세일즈 에이전트로 일하고 있었다. 이 시기에 나는 3년 연속 철인 3종 경기를 완주했고 '아쿠아맨Aquaman'이라는 브랜드의 네오프렌 소재 옷을 입고 있었다. 이 옷은 내 판매 품목에 포함되어 있었다. 당시 이 옷은 흡수성, 유연성, 착용감 등 모든 면에서 최고의 품질을 자랑하는 제품이었다.

그래서 나는 뒤셀도르프의 스포츠용품점에 들어갔고 노년 여성 고객에게 제품을 권유하게 되었다. 그녀에게 소개한 제품은 누구라도 그 돈을 주고 살 만한 가치가 있는 최고의 상품이었다. 만약 세계적인 수영 선수가 이 제품을 착용하지 않았다면 경쟁사에서 자사 제품의 단점을 커버하기 위해 기꺼이 거액의 광고료를 내고 그 선수를 기용한 것일 정도로 좋은 제품이었다.

제품의 우수성을 목이 터져라 외쳤건만 이 고객은 내 말을 받아들일 마음이 없는 듯했다. 어떤 합리적인 근거를 제시해도 부족하다고 생각했고 나를 아무것도 모르는 장사꾼으로 취급했다. 정말 끔찍하게 힘든 고객이었다. 매장을 나서면서 그녀가 했던 말이 압권이었다. "내가 갖고 있는 제품이 훨씬 나쁘다는 말을 들으니 마음이 정말 불편하군요." 무슨 말을 해도 통하지 않는 그녀의 태도에 나는 할 말을

부를 부르는 극한의 영업 법칙

잃었고 완전히 좌절했다.

23년 전의 일인데도 그때의 기억이 생생하게 떠오른다. 그 일은 세일즈맨으로서 내 자존심에 큰 상처를 남겼다. 당시 나는 어떻게 대처해야 할지 몰랐다. 물론 지금은 안다. 이런 경우에 나는 허튼소리 전략을 쓰겠다.

허튼소리 전략(강도: 복싱 글러브 3.5개)
이런 경우에는 이렇게 대응하자.

"손님은 비슷한 제품을 가지고 계시니까 장단점을 잘 아실 겁니다. 손님께서 하신 말씀을 이렇게 받아들이거나, 그 말씀에 대해 이렇게 설명 드려도 되겠습니까?"

그 제품을 입고 경기에 출전하는 선수들은 (제품의 품질과 상관없이) 돈을 받았다는 뜻입니다.

이 브랜드 제품이 전부 팔렸다는 의미로 보셔도 됩니다. 어쨌든 철인 3종 경기 10위권 내 선수들이 이 제품을 착용하고 있으니까요.

네오프렌 제품은 세계적인 베스트셀러입니다. 그런데도 손님은 이 브랜드 제품을 구매하는 고객들이 스포츠를 전혀 모른다고 말씀하시는 건가요?

아무래도 손님은 제가 아무것도 모르고 제품을 판매하고 있다고 생각하시는 것 같군요. 제 생각에는 손님이 저를 테스트하려는 것처럼 보입니다만. 그렇지 않습니까?

나는 웬만해서는 허튼소리 전략을 쓰지 않는다, 아마 1년에 두세 번쯤 사용하는 것 같다. 이 전략은 두 가지 측면에서 위험하기 때문이다.

여러분은 고객을 코너로 몰면서 고객이 허튼소리를 하고 있다는 사실을 밝혀야 한다. 대화 중 이성을 잃어 갈등이 심해지는 상황까지 가지 않으려면 이런 말을 덧붙여야 한다. "제 생각에는 아무래도 손님께서 저를 테스트하고 계신 것 같습니다." 그리고 곧바로 "그렇지 않습니까?"라고 말하는 것이다. 여러분은 고객이 끼어들 수 있는 문을 열어주고, 자신이 한 말을 곰곰이 되짚어보면서 '이 세일즈맨이 머리끝까지 화가 났다.'는 사실을 인식하게끔 해야 한다.

그런데 이 전략은 수위를 조절하기 쉽지 않다. 너무 약하게 대응하면 고객은 여러분이 불쾌해하고 있다는 사실을 눈치 챌 수 없다. 너무 강도 높게 대응하면 고객은 모욕을 당했다고 생각하여 펄펄 뛸 것이다. 정말로 강도 높은 허튼소리 전략을 썼다면 상황을 진정시킬 수 있는 말을 덧붙이며 대화를 정리해야 한다. 그렇게 하지 않으면 여러분은 히트곡 한 곡으로 끝나는 가수 신세가 된다.

훌륭한 가수와 훌륭한 세일즈맨의 공통점

나는 변명과 반론에 대처하는 테크닉을 35가지 정도 알고 있고 매년 2~3개 정도 추가한다. 내 세일즈 훈련 참석자들은 열댓 개 정도의 테크닉을 배우고 돌아간다.

다양한 테크닉을 갖고 있는 것이 중요한 이유는 무엇일까? 첫 번

부를 부르는 극한의 영업 법칙

째 이유는, 모든 상황에 일괄적으로 적용할 수 있는 테크닉은 없기 때문이다. 게다가 상황에 따라 테크닉의 강도도 달라져야 한다. 이 사실만으로도 이미 테크닉의 적용 범위가 제한된다. 그리고 모든 세일즈맨에게 테크닉이 중요한 것은 아니다. 정공법이 본인의 스타일이기 때문에 정공법으로 대응하는 세일즈맨도 있다. 반면 조심스럽게 행동하는 세일즈맨도 있다. 탱크로 나무를 짓밟고 가면 아무도 다가오지 않을 것이기 때문이다. 다양한 테크닉을 진실성 있게 적용해야 한다.

두 번째 이유는 판매 테크닉의 레퍼토리가 중요하기 때문이다. 히트곡 하나만으로는 유명한 가수가 될 수 없다. 세일즈맨도 마찬가지다. 고객은 여러분이 매번 같은 전략을 이용하는지 체크했을까? 만일 여러분이 매번 같은 전략을 사용한다면 이 고객은 다음에 여러분을 찾지 않을 것이다. 그래서 만일에 대비해 다양한 레퍼토리를 준비해두어야 한다. 고객이 어떤 반론을 제기해도 여러분은 지지 않을 것이다. 고객에게 대응할 준비가 언제나 되어 있기 때문이다.

또한 테크닉을 통해 세일즈하는 재미를 느낄 수 있다. 이것이 가장 좋은 효과다. 이제 여러분은 이렇게 말할 수 있다. "누구랑 붙어도, 어떤 상황에서도 자신 있습니다. 매번 새로운 레퍼토리로 딴죽을 걸어도 좋습니다. 저는 준비가 되어 있으니까요."

여러분은 기분에 따라 자유롭게 테크닉을 선택할 수 있다. 오늘은 180도 전략, 내일은 고무공 전략. 여러분의 세일즈 스타일은 그야말로 심플하다. 그냥 일에 푹 빠지면 된다. 이렇게 하면 여러분은 불안감 없이 자신의 에너지를 합리적이고 계획적으로 사용할 수 있다.

나는 앞만 보고 달리는 것을 선호한다. 이 전략은 어떻게 통하고 언제 가지치기용 가위가 필요한지 다음 장에서 상세히 살펴보도록 하겠다.

무조건 앞만 보고
달리기 원칙

가지치기와 성장

나는 가장 중요한 고객의 제의를 거절하기로 결심했다. 트레이닝도 세미나도, 이제 아무것도 하지 않겠다고 못을 박았다. 이런 큰 회사에서 일하는 것 자체가 사실 나에게는 큰 행운이었다.

고객은 티모바일T-Mobile(이동통신 회사-옮긴이)이었다. 티모바일에서 제시한 조건은 최고였다. 매달 3회 세미나에 고정 수입도 보장해주었다. 세미나 장소가 멀지 않아 운전을 오래 할 필요가 없고, 항상 최고급 호텔에서 숙박을 했다. 세미나 참석자들은 모두 의욕으로 넘쳤다. 세미나 주제도 항상 똑같았다. 나는 준비를 할 것도 별로 없었다. 몇 년 동안 나는 이 혜택을 누렸다.

그런데 시간이 지나면서 짜증이 나기 시작했다. 나는 발전도 성장도 하지 못했다. 그래서 티모바일 측에 이렇게 말했다. "저는 티모바일에서 계속 강의를 하고 싶습니다. 그런데 이제 다른 주제도 다뤘으면 합니다. 그러려면 티모바일에서 저에게 더 많은 강의료를 지불해야 합니다."

강의를 하던 첫해에는 강의료 문제가 전혀 없었다. 티모바일은 내 강의에 만족했고 나도 그렇게 느끼고 있었다. 그 사이 내 강의는 더 좋아졌고 모든 면에서 강의료 인상을 요구하기에 이상적인 조건이 되었다. 세미나도 훌륭하게 진행했다. 참가자들의 평가도 최고였다. 하지만 티모바일 측은 단호했다.

"크로이터 씨, 당신의 세미나는 정말 최고예요. 원한다면 세미나 일수를 늘려도 좋습니다. 다른 주제를 함께 다루셔도 좋습니다. 하지만 지금보다 강의료를 더 높게 책정할 수는 없습니다. 회사에서 정해 놓은 요율이 있습니다. 정책이기 때문에 저희도 어쩔 수 없습니다."

나는 한참 고민하다가 결단을 내렸다. "지금까지 감사했습니다. 강의료 인상이 어렵다면 올해 말 계약 연장은 없던 일로 하겠습니다."

나는 전화를 끊고 다음해 달력을 봤다. 이 일이 있던 때는 10월이었다. 나는 다음해의 모든 일정을 지워버렸다. 36일 간의 알짜배기 트레이닝 일정을 그렇게 날려버렸다. 내 매출의 약 3분의 1이 그렇게 사라졌다.

며칠 후 나는 주변 사람들한테 이에 관해 이야기했다. 다들 나를 정신 나간 사람 보듯 했다. "디어크, 이건 아닌 것 같아! 자네 판단이 옳았다고 확신하는 거야?"

물론이다. 나는 자신 있었다. 그리고 새 고객을 확보하기 위해 전력 질주했다. 지금까지보다 더 많이 발전하기 위해서 말이다.

극단적인 결정은 겉으로 보기에는 매우 위험하고 경솔한 듯하다. 하지만 나는 이것이야말로 합리적이라고 생각한다.

솔직히 나는 매출이 어떻게 되든 말든 세일즈맨들이 너무 쉽게 만족하는 것이 문제라고 생각한다. 고객 수, 신규 고객 확보율, 고정 고객에 대한 납품 비율 등등. 많은 세일즈맨들이 개인의 발전 정도에 너무 빨리 만족한다. 이런 안일한 태도로는 고객을 잡을 수 없다. 어떤 세일즈맨들은 판매 상담을 하면서 고객의 불만사항을 처리하지 않는다. 이들은 고객이 가격에 대해, 또는 본사 구매 부서에서 처리할 일에 대해 불평하면 아무런 이의를 제기하지 않고 받아들인다. 반복적으로 발생하는 문제를 어떻게 해결해야 할지 전혀 고민하지 않는 세일즈맨도 많다. 그런데 이것은 만족과는 전혀 상관없는 일이다! 불만족스러운 상황을 그냥 받아들이는 것뿐이다.

지금 나는 '인간은 절대 만족할 수 없는 존재다.'라고 말하려는 것이 아니다. 나는 모든 사람에게 안정이 필요하다고 생각한다. 나에게는 가족, 휴가, 취미가 안정을 주는 것들이다. 비교는 행복을 좀먹는다.

하지만 일을 할 때는 정반대다. 나는 앞으로 계속 밀고 나아가려고 한다. 나를 발전시키려고 한다. 새로운 도전을 받아들이며, 스스로에게 그런 것들을 요구한다. 여러분도 자신에게 그렇게 하고 있지 않은가? 그렇지 않다면 지금 왜 이 책을 손에 들고 있겠는가?

여러분은 현재의 상태에 만족하는가? 좋다. 일이 진척되지 않을 때 모든 책임을 세일즈맨 탓으로 돌릴 수는 없다. 조직에 문제가 있을 수도 있다. 세일즈 조직도 현실에 너무 빨리 안주하는 경향이 있다. 그동안 달성한 시장 점유율, 성장률, 현재의 시장 상황에 쉽게 만족한다. 세일즈 조직은 세일즈맨들의 능력에도 쉽게 만족한다. 이 사람이 이 회사에서 10년 일한 것 말고 아무것도 내세울 것이 없는데도 말이다. 자신들이 지불하는 돈으로는 이보다 더 좋은 사람을 쓸 수 없다며 말이다.

이런 태도는 현상 유지를 하기에 적합하다. 하지만 이렇게 세일즈를 하다보면 유연성을 잃고 만다. 같은 고객, 같은 매출, 같은 제안서, 같은 전략으로 회사는 발전할지 몰라도 나는 더 이상 발전할 수 없다. 매년 최소한이라도 매출을 끌어올리지 못한다면 더 이상 투자할 필요가 없다. 시장은 계속 발전하고, 고객은 끊임없이 새로운 것을 원하고, 경쟁업체에서 혁신을 일으키는 동안 나만 그 상태에 머물러 있다. 아니 퇴보한다. 성장이 멈추면 언젠가는 죽는다. 사과가 익으면 나무에서 떨어져 썩어버린다. 성장을 위해 노력하지 않는다면 모든 것은 죽은 것이다. 봄에 푸르른 나뭇가지와 뾰족한 잎이 보이지 않으면 그 나무는 죽은 것이다.

기업에도 계절이 있다

자연은 매년 동일한 주기를 따른다. 봄에는 꽃이 피고, 여름에는 꽃, 식물, 나무가 성장한다. 늦여름 추수기가 될 때까지 열매가 무르익는다. 가을이 되면 단풍이 들고 낙엽이 땅에 떨어진다. 겨울에 나무는 다시 나뭇잎도 열매도 없는 벌거숭이가 된다. 기업도 마찬가지다. 처음에는 빠른 속도로 성장한다. 한창 때의 기업은, 즉 기업이 여름일 때는 성장이 점점 둔화된다. 이 시기에 열매가 달린다. 그러다가 기업은 침체기를 맞이하면서 위기를 겪고 주변을 정리한다. 가을이 온 것이다. 이 시기를 잘 넘기지 못한다면 기업은 죽는다. 겨울이 찾아오기 때문이다. 이 상황에서 기업이 제2의 봄을 맞이하는 일은 드물다.

부를 부르는 극한의 영업 법칙

실제로 제품군에 과감하게 혁신 조치를 취해서 성공한 기업들이 있다. IBM은 IT 및 IT 솔루션 영역으로 사업 방향을 전환하기 전까지 컴퓨터 하드웨어 제조업체였다. 나이키도 마찬가지다. 나이키는 원래 스포츠화로 유명했지만 현재 의류제품도 생산하고 있다. 애플은 원래 컴퓨터 전문 회사였지만 지금은 휴대폰으로 더 유명하다. 사업 방향의 전환은 반드시 한 영역 내에서만 이루어지는 것이 아니다. 오클리는 원래 BMX 자전거용 핸드 그립 전문 회사였지만 지금은 세계적인 선글라스 회사다. 내 고객사 중 400년 전통을 가진 기업이 있다. 성냥 제조업체였던 이 회사는 사업 수익을 내지 못하자 사업 방향을 전환했다. 지금은 샌드페이퍼 전문 업체로 시장에서 활약하고 있다.

창의력이 절정에 달했을 때 새로운 노선으로 갈아타야 한다. 제2의 성장 동력, 제2의 봄을 위해서 말이다. 하지만 이보다는 첫 번째 봄이 오래 지속될 수 있도록 관리하는 것이 더 쉬운 길이다.

라인홀트 뷔르트의 표현처럼 기업은 '봄의 시기'가 오래 지속될 수 있도록 관리하면서, 현실적이고 야심차며 새로운 목표를 통해 봄의 시기를 계속 연장시켜야 한다.

지금쯤 속으로 이런 생각을 하는 사람이 있을 것이다. '크로이터 저 사람은 구닥다리 같은 소리를 하고 있는 거야? 야심차고 현실적인 새 목표를 끊임없이 세워야 한다는 것은 모든 경제 경영서에서 하는 말이라고!'

맞다! 새로운 목표가 중요한 것은 아니다. 여러분이 어떻게 목표를 세우는지, 어떻게 나태함을 극복하는지, 어떻게 현실에 쉽게 안주하지 않는지, 그리고 성장을 위한 동력을 어떻게 마련하는지가 중요하다.

처음 비행기로 출장을 가던 날, 하필 기계 고장으로 공항에 발이 묶였다. 그래서 나는 경제전문지 《한델스블라트Handelsblatt》를 사려고 매점에 갔다. 그런데 내 눈에 들어온 것은 뇌 연구에 관한 기사가 실린 잡지였다. 나는 그 기사에 완전히 매료되었다.

기사의 저자는 괴팅겐 대학교의 심리학자였다. 우리 뇌의 학습 프로세스는 정원사가 과실수를 재배할 때와 유사하다고 한다. 가지를 친 후 나무가 더 잘 자라듯, 우리 뇌는 쓸데없는 지식을 골라내고 새로운 지식이 들어올 자리를 마련해 놓는다고 한다. 튼튼한 새 가지가 자랄 수 있도록, 정원사가 정기적으로 과실수의 수관을 잘라 다듬어 오래되고 부실한 가지들을 잘라내듯 말이다.

기사를 읽으면서 나는 갑자기 깨달음을 얻었다. 이 원리가 나무의 가지치기와 학습 메커니즘은 물론이고 세일즈에도 똑같이 적용할 수 있다는 사실을 말이다.

기업이 한참 성장 중일 때 가지치기를 해야 하는 상황이 있다. 더 큰 기업으로 키우려면 먼저 부실한 가지들을 쳐내야 한다. 가장 강한 나무가 버티고 있을 때 다른 나무들을 쳐내라. 회피하지 말라. 간혹 여러분이 앉아 있는 자리의 가지를 쳐내는 것이 합리적일 수도 있다.

가지치기를 통한 성장

갑자기 많은 고객 혹은 제품군을 쳐내야 한다는 압박감을 느낄 때

부를 부르는 극한의 영업 법칙

가 있다. 여러분은 이때 안전지대를 떠나야 한다. 물론 안전지대를 떠나고 싶은 사람은 없다. 하지만 편하고 단순한 길을 포기하고 험난하고 넓은 길을 택하는 자만이 성공을 손에 쥘 수 있다. 그 길을 가려면 먼저 지도가 필요하다. 여러분이 직접 그 지도에 행복을 그릴 수 있다.

1장에서 나는 로레알에서 설문 조사를 실시하고 헤어숍을 A, B, C유형으로 분류했던 방식을 설명했다. 그때 내가 다루지 않은 내용이 있다. 로레알의 세일즈 책임자는 정말 빈틈이 없었다. 그는 매출 잠재력을 평가하고 대상 고객, 즉 헤어숍의 현황을 확인하는 데만 이 결과를 이용한 것이 아니었다. 그는 헤어숍 오너 6천 명 중 4천 명에게 아래와 같은 의미심장한 서한을 보냈다.

친애하는 고객 여러분

지난 몇 년간 고객 여러분의 성원에 감사드립니다. 당사는 더 큰 성장을 목표로 하기 때문에 귀사와 협력 관계를 유지할 수 없게 되었습니다. 따라서 그동안의 사업 관계를 정리하려고 합니다. 귀 사업장에서 구매하신 제품의 반송을 부탁드립니다. 물론 반품 및 반송 비용은 당사에서 처리해드릴 예정입니다. 아울러 당사에서 귀 사업장에 제공한 모든 홍보물도 제거해주시길 부탁드립니다. 모쪼록 귀 사업장이 번창하시길 기원합니다.

로레알에서 과감하게 추진했던 고객 정리의 파급 효과는 대단했

다. 로레알의 고객은 3분의 1로 줄어들었다. 영업사원들은 일자리를 잃게 될 것을 우려했다. 영업사원에게 고객이 줄었다는 것은 고객을 관리할 사람이 줄어든다는 뜻이기 때문이었다. 하지만 잘못된 판단이었다.

경영진은 2천 명의 잠재 고객을 대상으로 본격적인 활동을 개시할 계획이었다. 고객을 정리한 덕분에 직원들은 남은 고객들을 더 집중적으로 관리할 수 있었다. 그 효과는 대단했다.

2001년 9월 11일 세계 경제는 완전 침체 상태였다. 로레알은 2001년 4/4분기와 2002년 1/4분기에 두 자리 수 성장률을 기록했다. 남은 3분의 1의 고객만으로 말이다.

독일의 기본법 3장 1절에는 모든 인간은 법 앞에서 평등하다고 명시되어 있다. 물론 이 조항은 민주주의의 근간을 이루는 사상이다. 하지만 고객에 대해서는 이 조항이 적용되지 않는다. 세상에는 다양한 고객이 존재하고, 고객마다 바라는 것이나 목표가 다르다. 그럼에도 여러분이 모든 고객을 동일하게 대한다면 반드시 실패한다.

이 모든 것이 여러분, 판매 가능한 제품의 수량, 달성 가능한 매출과 성장, 여러분의 생활 방식에 지대한 영향을 끼친다. 이런 것들은 여러분이 심은 나무에 비유할 수 있다. 여러분이 계속 성장하고 싶다면 가지를 쳐내야 한다. 상황에 따라 우선순위를 달리해야 한다. 이를 위한 두 가지 전제 조건이 있다.

전제조건1: 계획

중요하지 않은 가지를 어떻게 잘라낼 것인가? 무작정 톱을 들이

부를 부르는 극한의 영업 법칙

대면 안 된다. 먼저 아래 사항을 확실히 정리하고 시작해야 한다.

- 어디에 톱을 들이댈 것인가? 어느 영역을 잘라낼 것인가? 누구를 잘라낼 것인가? 가지치기의 대상은 고객이 될 수도 있지만, 판매하는 품목 혹은 직원이 될 수도 있다.
- 어느 정도의 속도로 톱질을 할 것인가? 신속하고 깔끔하게 잘라내길 원하는가? 즉, 고객과의 관계/제품/노동 계약을 즉각적으로 중단하길 원하는가?
- 가지가 잘려있는 상태일 때는 어떤 조치를 취할 것인가? 가지치기 전후 공백 상태가 발생하지 않도록 하기 위해 어떤 구체적인 조치를 내릴 것인가?

세심한 가지치기는 새로운 성장 동력이 된다. 결단을 내리기 위해서는 고객, 제품, 직원의 잠재력을 정확하게 파악하고 있어야 한다. 물론 여러분 자신에 대해서도 철저히 평가해야 한다. 무엇을 쳐낼 것인지, 극단적으로 아니면 조심스럽게 가지치기를 할 것인지, 깔끔하게 가지를 쳐낼 것인지 아니면 아예 일을 중단시킬 것인지, 여러분의 가치관과 기질도 결단을 내리는 데 영향을 끼친다. 이와 관련해 나는 여러분에게 어떤 방법이 최고인지 처방을 내리지 않으려고 한다. 나무에 가지치기를 할 때 불안하다면 여러 차례 톱을 갖다 대며 잘라내야 한다. 단 이렇게 생긴 나무 동강은 단번에 쳐냈을 때보다는 회복되기 어렵다.

개인적으로 나는 극단적인 가지치기를 선호한다. 다른 이유는 없고 내 성향에 잘 맞는 방식이라고 생각하기 때문이다. 여러분이 극단적인 가지치기를 선호하는 타입이 아니거나 주변 상황이 여의치 않을 수 있다. 그렇다면 서서히 톱을 대는 방법을 취할 것을 권한다. 먼저 여러분이 정확하게 파악하고 있는 영역을 찾아라. 가지치기를 했을 때 리스크는 있지만, 리스크를 한눈에 파악하고 다룰 수 있는 영역 말이다. 이런 방식으로 테스트를 하면서 여러분의 안전지대를 점점 넓혀가라.

그럼에도 가지치기에는 위험이 뒤따르기 마련이다.

전제조건2: 각오가 되어 있는가!

영화 〈카멜롯의 전설〉 중 명장면이 있다. 자유로운 검투사 란셀롯(리처드 기어 분)은 전국 각지를 떠돌아다닌다. 누구나 돈을 주고 그를 고용할 수 있다. 어느 날 그가 마을에 나타나고 거인이 그를 도발한다. 결국 둘 사이에 큰 싸움이 벌어진다. 두 사람의 몸이 이리저리 날쌔게 움직이며 검이 부딪히는 소리가 울려 퍼진다. 거인은 란셀롯을 궁지로 몰고 간다. 겉으로는 그렇게 보인다. 그런데 무기도 없는 란셀롯이 거인을 한 방 먹인다. 란셀롯은 단지 거인과 게임을 한 판 했을 뿐이다. 거인은 란셀롯에게 어떻게 하면 그처럼 싸울 수 있는지 묻는다. 란셀롯은 답한다. "당신은 당신 검으로 싸우지 않았소?" 거인은 고개를 끄덕이며 말한다, "그렇소. 나는 내 검으로 싸웠소." 란셀롯은 계속 묻는다. "당신은 매일 무술을 연마하지 않소?" 그러자 거인은 고개를 끄덕이며 말한다. "그렇소. 내 무술 실력은 나날이 좋아질 것이오." 이때 란셀롯은 결정적인 질문을 한다. "그렇다면 당신은 죽을 각오가 되어 있소?" 거인은 깜짝 놀라 이렇게 말한다. "뭐요? 그럴 마음은 전혀 없소. 나는 죽기 위해 싸우는 것이 아니라, 이기기

부를 부르는 극한의 영업 법칙

위해 싸우는 것이오!" 란셀롯은 말한다. "바로 그거요. 그래서 당신이 나처럼 싸울 수 없는 것이오."

안전을 추구하는 사람은 자신이 하는 일에 온힘을 쏟아 붓지 않는다. 그래서 과감하게 결단을 내릴 수 없다. 하지만 싸움에서 이기려면 때로 과감한 결단도 필요한 법이다. 세일즈맨이나 검투사나 마찬가지다. 제품이든, 기업이든, 일이든 당신은 항상 1등이 되어야 한다. 여러분이 하는 일과 판매하는 모든 것에서 항상 최고가 되어야한다. 매일 나아져야 한다. 교육을 받고, 세일즈 화법을 익히고, 전문지식을 쌓아야 한다. 그리고 여러분은 죽을 각오로, 계약을 날린다는각오로 일해야 한다. 고객에게 단호하게 거절 의사를 밝혀야 한다.경쟁자에게 고객을 넘기는 한이 있어도 말이다.

여러분이 위험을 감수할 준비가 되어 있다면 단호한 가지치기 전략은 성공할 수 있다. 물론 가지치기에도 요령이 있어야 한다. 엉뚱한 위치에 가위를 들이대면 연쇄적으로 손해가 발생한다. 그러다보면 매출도 계속 떨어진다. 가지치기를 하려면 철저한 계획이 필요하다. 필요한 정보를 수집하고 어디에 어느 정도로 가지를 쳐낼 것인지결정한 다음 행동을 개시해야 한다.

여러분이 가지치기를 할 수 있는 영역은 크게 셋으로 나뉜다. 가지치기를 한 후 세 영역 모두 고통이 뒤따르지만, 그 대가로 일의 효율은 높아진다. 더 많은 것을 얻을 수 있는 분야를 선택하라.

판매 품목을 가지치기하라
여러분의 판매 품목을 자세히 살펴보라. 보따리장수들까지 들고 다니는, 누구나 판매할 수 있는 제품은 의미가 없다. 여러분의 판매 품목에는 주력 상품과 크로스셀링과 업셀링이 가능한 제품만 있어야 한다. 먼저 주력 상품과 비주력 상품 리스트를 작성하라. 어떤 제품을 집중 판매하고, 어떤 제품을 창고에 둘 것인가? 어떤 제품은 잘 팔리고, 어떤 제품은 안 팔릴 것으로 예상되는지 동료들과 대화를 나눠보라. 이와 관련해 경영진과도 논의하라. 서로 머리를 맞대고 주력 상품과 비주력 상품을 분류하라. 그리고 주력 상품 판매에 집중하라. 그렇게 매출을 올려라. 여러분과 여러분의 회사는 한 단계 더 성장할 것이다.

이렇게 선별한 제품들을 바로 고객들에게 소개할 것인가? 아니다. 고객들에게 모든 제품을 보여주면 안 된다. 모든 샘플을 전부 짊어지고 다니면서 세일즈해서는 안 된다. 고객마다 취향이 있기 마련이다. 어떤 고객에게 어떤 제품이 적합할지 곰곰이 생각해보라. 샘플도 마찬가지다. 모든 고객들에게 샘플 가방을 열어 보여줄 필요는 없다. 고객이 마음에 두고 있는 제품은 이미 있다. 신제품 중 어떤 제품이 고객의 마음에 들지 생각해본 뒤, 그 제품들만 가지고 고객을 방문하라. 그리고 고객에게 이렇게 소개하라. "고객님을 위한 맞춤형 제품입니다.", "고객님이 무엇을 중요하게 여길지 생각해 고민해 봤습니다.", "이 제품을 사용해보고 구매해보세요. 고객님께 많은 가능성이 열릴 것입니다.", "잡동사니들을 마구잡이로 사다가 쟁여놓으면 장 속은 쓸모없는 것들로 가득 차게 됩니다."

판매 품목은 가장 단순하게 가지치기할 수 있는 영역이다. 다음 영역의 가지치기 때는 복잡한 감정에 빠지기 쉽다.

부를 부르는 극한의 영업 법칙

고객층에 톱을 들이대라

5장 '가장 긴 지렛대의 원칙'에서 나는 고객을 분류할 때 점검해야 할 사항을 이야기했다. 고객 분류를 마쳤다면 이제 어떻게 가지치기 할 것인지 결정해야 한다. 여기에는 두 가지 방법이 있다.

첫 번째 방법은 가차없이 잘라내는 것이다. 이른바 고객에게 마지막 인사를 하고 납품이 불가하다는 사실을 공식 통보하는 것이다. 이 방법은 회사가 매출 압박을 받고 있을 때 적용해야 한다.

두 번째 방법은 첫 번째 방법보다는 약하다. 소위 활동을 줄이는 방법이다. 이를테면 반년에 한 번 고객을 방문하는 것으로 방문 횟수를 조절하는 것이다. 대신 고객 관리는 내근직 담당자에게 맡긴다. 고객은 뉴스레터로 특별 행사 정보를 받고 인터넷으로 주문을 한다. 이러한 전략 전환을 잘 이용해 회사에 장점이 되도록 만들어야 한다. "죄송합니다만, 고객 관리 인력이 부족해 정기 방문 서비스를 중단하게 되었습니다. 필요한 경우 무료 전화 서비스를 이용해 주십시오. 내근직 담당자가 여러분께 도움을 줄 것입니다. 이 서비스가 고객님께는 훨씬 편할 것입니다."

이 조치를 취한 후 고객이 떠날 가능성도 있다. 여러분은 "고객이 나를 나쁜 인간이라고 생각할 거야."라고 생각할 수도 있다. 미안하지만, 이런 리스크는 여러분이 감수해야 할 몫이다. 그 고객이 C유형 고객이라면 그 정도의 손실은 감내해야 한다.

경제적 이유로 약간의 가지치기를 할 계획이거나 가지치기를 해야 할 상황이라면 조심스럽게 접근해야 한다. 하지만 때로는 가차 없이 가지를 잘라내야 할 때도 있는 법이다. 경영자라면 하고 싶지 않은 일이겠지만.

조직에 가지치기를 하라

고객이나 제품과 마찬가지로 직원도 충분한 잠재력을 발휘하지 못할 수 있다. 직원의 잠재력을 재점검하는 것처럼 마음이 불편한 일도 없다. 이런 직원들에게는 일단 교육을 실시하라. 그리고 업무를 재분배하라. 어쩌면 사냥꾼 유형 세일즈맨이 농부 유형 세일즈맨의 업무를 맡아서 발생한 문제일 수 있기 때문이다. 또한 이런 극단적인 조치는 직원의 잠재력을 일깨우는 계기가 될 수도 있다.

이렇게 한 후에도 아무 변화가 없다면? 방법은 하나뿐이다. 모두의 마음을 불편하게 하는 일이라는 걸 알지만, 여러분은 할 만큼 했다. 이미 그 직원에게 많은 돈을 투자했다. 이제 다른 직원을 찾아 업무의 공백을 메우는 데 투자해야 한다.

어쩌면 이것은 직원 한 사람의 문제가 아니라, 고객층, 사업 영역, 제품군에 단호하게 가지치기를 함으로써 인력을 감축해야 하는 문제일 수 있다. 좋은 사람들과 이별하는 것은 가슴 아픈 일이다.

조직의 성공을 위해, 혹은 더 크게 성공하기 위해 여러분 혹은 여러분의 조직에 가지치기가 필요할 때도 있다. 이것은 최후의 수단이라는 사실을 명심하자. 두려움 때문에 뒤로 물러서면 안 된다.

한 가지 확실히 해둘 것이 있다. 가지치기의 목적은 직원을 단두대에서 처형하기 위한 것이 아니라는 사실이다. 훌륭한 세일즈맨은 새로운 일자리를 얻을 수밖에 없다. 어쩌면 지금보다 더 나은 자리를 얻게 될지 모른다. 훌륭한 세일즈맨이 아니라면 어떻게 할 것인가?

이 경우에 해당하는 사람은 가지치기를 개인적으로 성장할 수 있는 계기로 삼아야 한다. 그는 끊임없이 교육을 받고 자기 계발을 해야 한다. 아니면 자신에게 더 잘 맞는 직업을 찾아야 한다.

경영자의 입장에서 가지치기는 마음이 편치 않은 일이다. 이것은 영업사원들을 안전지대에서 광야로 내모는 매정한 일이기 때문이다. 가지치기를 당한 영업사원들은 지금까지 잘 해왔던 모든 것들을 내려놓아야 한다. 정든 고객과 제품, 익숙한 일상 등을 말이다.

일상의 비즈니스를 하며 고객과 사적으로 잘 알고 지내는 영업사원들도 있다. 이런 사람들을 쳐낸다는 건 정말 쉽지 않은 일이다. 그동안 고객과 쌓은 정 때문에 더 결단을 내리기 어려울 수도 있다. 그리고 개인 고객만 상대하는 영업사원들은 전체 상황을 볼 수 있는 눈이 없어 가지치기의 필요성을 인식하지 못하고 있을 수 있다.

가지치기의 대상이 된 영업사원들이 이런 결정을 받아들이도록 하는 것도 경영자가 할 일이다! "회사가 성장하기 위해 필요한 조치입니다.", "회사가 계속 발전해야 합니다." 경영자는 가지치기를 할 수밖에 없는 객관적인 사유를 정리 해고 대상 직원에게 고지해야 한다.

이제 모든 것이 명확한가? 좋다. 마음의 준비가 되었다면 크게 심호흡을 하자. 그리고 가지치기를 하라. 앞으로 무슨 일이 벌어질까?

새로운 문을 향해

나는 여러분을 속이고 싶은 마음이 전혀 없다. 가지치기를 한 후 처음에는 매출이 감소할 것이다. 이것은 피할 수 없는 일이다. 아니라고 한다면 그것이야말로 거짓말이다. 고객, 판매 제품, 직원이 줄어들면 처음에는 당연히 매출이 감소한다.

그러다가 서서히 긍정적인 효과가 나타난다. 어느 순간 여러분의 매출은 원래 수준을 훨씬 웃돌 것이다.

어떻게 이런 일이 가능할까? 그 이유는 여러분이 더 이상 방어벽을 치지 않기 때문이다.

내가 티모바일의 세일즈 세미나를 그만둔 또 다른 이유를 말하려고 한다. 이것은 한순간 감정이 욱해서 내린 결정이 아니었다. 내가 티모바일의 제의를 거절하지 않았을 때 나에게 어떤 일이 닥칠지 잘 알고 있었기 때문이다.

티모바일 측에서 나한테 "트레이닝 일수는 늘릴 수 있지만 강의료는 인상할 수 없다."고 말했을 때, 나는 위험을 무릅쓰고 결단해야 했다. 내가 티모바일 측의 제안을 받아들이면 1년에 강의 횟수는 60회가 늘어난다. 다른 강의 일정까지 합치면 티모바일에서 해야 하는 강의 일수는 1년에 총 130일이었다. 이것은 번아웃되기 쉬운 업무량이었다. 게다가 개인적으로 자기 계발을 할 수 있는 시간은 전혀 없었다. 세미나 교수법을 극대화하거나 새로운 영역을 개척할 시간이 없었다. 가장 최악이라고 여겼던 부분은 티모바일 강의 일정이 잡힌 날에는 다른 외부 훈련 일정을 잡을 수 없다는 점이었다. 더 높은 강의료를 받거나 다른 주제로 세미나를 진행할 기회도 눈물을 머금고 거절할 수밖에 없는 상황이었다. 그래서 티모바일 세미나를 중단하면 많은 손실이 발생할 것을 알았지만 과감하게 그만두었다. 그것도 연말인 10월에 말이다.

나는 공백을 메우기 위해 3개월 동안 새로운 고객을 찾아야 했다. 세일즈 세미나는 적어도 3개월 혹은 6개월 전에 예약해야 한다. 그렇게 촉박한 일정 가운데 새 고객을 확보할 수 있다고 가정하고 과감한 결단을 해야 했다. 의자에 엉덩이를 붙일 틈도 없이 일했다. 그러면서 어떻게 하면 새로운 문이 열리는지 보는 것도 스릴 있다는 생각이 머릿속을 훅 치고 들어왔다. 티모바일과 전속 계약 상태가 아니었기 때문에 나는 예전 고객의 경쟁자들에게 관심을 갖게 되었다.

여러분이 하고 있는 일만 중요한 것이 아니다. 여러분이 모든 일을 할 수 없다는 것도 중요하다. 여러분은 C유형 고객 혹은 B유형 고객에게 A유형 고객을 대할 때만큼의 능력을 발휘하지 않는다. 어느 고객이든 독점 계약을 하면 여러분의 업무는 마비가 된다. 독점 계약을 파기하는 것은 여러분이 더 성장할 수 있는 기회가 된다. 이것은 여러분이 더 높이 날기 위해 힘차게 날갯짓을 해야 가능한 일이다.

A유형 고객을 제대로 관리하고, 새로운 고객을 확보하기 위해 여러분의 능력을 자유롭게 펼치려면 가지치기를 해야 한다.

이 장의 앞부분에서 구체적인 방법을 말했다. 먼저 계획을 세우고, 여러분이 취해야 할 구체적인 조치를 목록으로 작성해야 한다. 그 다음에 누구를 대상 고객으로 정하고, 목표를 어떻게 달성할 것인지 고민해야 한다. A유형 고객의 수요를 신중하고 꼼꼼하게 조사하고, 어떻게 이 고객에게 맞는 새로운 제안을 할 것인지 계획해야 한다.

숫자 뒤에 숨겨진 마법

여러분이 주의해야 할 것이 있다. 3명의 고객을 거절하면 8명의 고객이 새로 생긴다는 등의 마법은 없다. 여러분이 가지치기를 통해 얼마나 많은 것을 얻을 수 있는지는 남아 있는 고객, 제품, 직원의 잠재력을 최대한 끌어내고 새로운 고객을 확보하기 위해 얼마나 노력하고, 결단력 있게 행동하고, 어떻게 머리를 쓰는지에 달려 있다.

가지치기는 매출에만 영향을 주지 않는다. 여러분은 가지치기를 통해 더 크고 좋은 것을 얻게 된다.

매출보다 더 좋은 것? 세일즈 분야에 그런 것이 존재할까?

물론이다. 여러분은 엄청난 자신감을 얻을 수 있다. 여러분 자신과 팀을 위한 자신감 말이다. 더불어 여러분의 직원도 자신감을 얻게 된다. 이런 직원들은 깨지기 쉬운 계약을 하지 않는다. 이들은 회사에 불리하게 무리한 가격 조정을 하지 않는다. 무리한 요구를 하는 고객은 차라리 정리하는 편이 낫다. 이렇게 하여 영업 조직의 모든 영업사원이 자신감으로 넘친다. 그리고 여러분의 직원들은 자신이 가치 있는 일을 하고 있고, 서비스를 제공하는 만큼 원하는 가격을 고객에게 요구할 권한이 있다는 사실을 깨닫는다.

대화할 때도 마찬가지다. 항상 줏대 있는 태도를 보여라. 내 요청사항이 계약에 전부 반영되지 않아도 괜찮다. 나는 계약을 원하지만 고객은 원하지 않는 경우가 항상 있다. 내가 급한 상황에 있다는 것을 눈치 챈 고객은 가격이나 서비스로 나를 압박할 수 있다. 내가 너무 집착하면 계약을 딸 수 없다. 조건을 강요하지 마라. 하지만 고객

부를 부르는 극한의 영업 법칙

에게 일정한 선을 그어줘야 눈높이에서 협상할 수 있다. 여러분이 줏대 있는 사람이라는 사실을 드러내 스스로 자신감을 키워라. 구체적으로 어떤 방법이 있을까?

프랑크푸르트에서 가장 유명한 고층 빌딩에 있는 한 대형 은행이 서비스 입찰을 실시해 몇몇 업체들 간에 경쟁이 붙은 적이 있었다. 이런 경우 우리 회사는 마지막에 프레젠테이션 하는 것을 원칙으로 한다. 이번에도 우리는 나중에 프레젠테이션을 할 기회를 얻었다. 그런데 은행 측에서 이렇게 알려왔다.

"우리는 귀사의 서비스가 괜찮다고 생각합니다만, 다른 업체에서 벌써 프레젠테이션을 시작했습니다. 2주 후 우리 회사로 와서 귀사의 서비스 아이디어를 프레젠테이션 해줄 수 있다면 검토 후 귀사를 최종 업체로 선정하려고 합니다."

준비하기에는 시간이 촉박했지만 우리는 은행 측 요구를 받아들였다. 이후 전문가들과 몇 차례 메일을 주고받았다.

"정말 대단해. 이런 기회를 잡는 것이 흔치 않은데. 은행이 원하는 일정에 맞춰 프레젠테이션하려면 서둘러야지." 그렇게 생각하는 사람도 있었을 것이다. 그런데 우리는 2주 후에 도저히 시간을 낼 수 없었다. 프랑크푸르트에 갈 일정이 되지 않았다. 대신 우리는 은행 측에 우리의 아이디어를 간략하게 제출했다. 그때까지 은행 측에서 나나 우리 직원들을 만난 적이 없었다. 무려 15만 유로가 걸린 계약인데도 말이다.

다행히 우리 회사의 서비스 콘셉트는 은행으로부터 좋은 평가를 받았다. 우리는 우승 후보였다. 하지만 구매 팀의 결정이 남아 있었다. 가격 협상을 위해 우리는 프랑크푸르트에 가야 했다. 우리 회사의 제안서 담당자인 카르스텐 드뤼버가 은행 측 담당자에게 전화로 문의했다. "혹시 전화로 가격 협상을 진행할 수 있을까요? 제가 프랑크푸르트를 다녀오려면 2시간 반이 걸립니다."

그래서 가격 협상은 전화로 진행되었다. 이때 은행 측은 가격 인하 압력을 넣었다. 우리는 최소한으로 가격 조정을 했으나, 원래 우리가 원했던 조건을 관철시켰다. 우리가 제시했던 입찰가는 다른 경쟁업체에 비해 월등히 높았다. 그럼에도 우리는 입찰에 성공했다.

여러분이 자신감을 보여주려면 여러분이 제공하는 서비스의 가치가 얼마나 대단한지 알려야 한다. 여러분은 협상 파트너의 조건에 맞추는 것이 아니라, 여러분이 제공하는 서비스의 가치를 입증해야 한다. 가격과 서비스뿐만 아니라 모든 것이 중요하다. 어디에서, 어떤 조건으로, 누구와 협상을 할 것인가?

단 자신감 있게 행동하는 것은 좋지만 그렇다고 하여 원하는 조건만 일방적으로 주장하면 안 된다. 완고함은 자신감이 아니다. 협상의 여지를 보여주지 않는다면 목적을 달성할 수 없다. 협상 테이블의 반대편에 앉아 있는 구매자가 상사 앞에서 성과를 보여주어야 할 때도 있는 법이다. 여러분의 입장만 계속 고집하면 가격은 점점 내려간다.

협상은 게임이다. 손해가 가지 않도록 행동해야 한다. 그 경계선이 어디인지 곰곰이 생각해두자. 하지만 그런 것이 전혀 없는 척 행동하라.

세일즈맨이라면 상대가 '소시지 전략'으로 원하는 조건을 어떻게 관철시키는지 알아야 한다.

구매자는 어떻게 해서든 세일즈맨의 요구사항을 들어주지 않으려 한다. 어떻게 해서든 가격을 깎으려고 한다. 예를 들어 여러분이 교육 서비스를 하는 사람인데, 구매자가 여비 수당을 1유로에서 30센트로 인하했다면 여러분은 무료로 서비스를 하는 셈이 된다. 얇게 썰어 놓은 소시지를 한 조각씩 테이블 위에 올려놓는 격이다. 계약을 하고도 짜증나는 상황인 것이다. 처음에는 여러분 자신에게, 나중에는 고객에게 말이다.

고객의 치사한 소시지 전략에 대응하는 방법을 이야기하겠다. 가격은 그대로 두되 상황별로 세세하게 비용을 청구하라. 그리고 절대 할인해주지 말라. 거래 사항을 명확하게 밝히고 고객이 그만큼의 돈을 지불할 가치가 있다는 사실을 확실하게 알려라.

세미나 콘셉트를 제시하는 것은 기본적인 전제조건이다. 서비스 개요와 비용을 설명하라. 서비스를 위해 어떤 조치가 필요한지 생각하고, 제안서를 작성하라. 이렇게 해야 여러분은 큰 손해를 보지 않고 적정선에서 가격 협상을 할 수 있다. 여러분이 원하는 조건과 구매자가 원하는 조건을 서로 교환하라. 이것이야말로 윈윈 전략이다.

시작했다면 끝을 봐야 한다

여러분이 주의해야 할 사항이 또 한 가지 있다. 일단 가지치기를 하기로 결심했다면 끝까지 밀고 나가야 한다. 그래야 열매를 맺는다.

새로운 계획에 착수했다면 일관성 있게 추진해야 한다. 그렇지 않다면 이전의 FC 바이에른 꼴이 된다.

위르겐 클린스만Jürgen Klinsmann은 FC 바이에른의 수장이 되면서 새로운 트레이닝 전략을 도입했다. 이 전략을 2006년 독일 국내 리그에 도입하는 것은 실패했지만, 덕분에 바이에른은 장기 슬럼프에서 벗어날 수 있었다. 클린스만은 전 독일 축구 협회에 새로운 전략을 도입시키려고 했다. 그는 새로운 트레이닝 방식을 도입했다. 그 중 하나가 '옛날 방식을 버리는 것'이었는데, 옛날 방식에 문제가 있기 때문이 아니었다. 그가 끊임없이 새로운 훈련 방식을 도입해 변화를 시도했던 이유는, 그렇게 하지 않으면 몸이 옛 훈련 방식에 길들여져 더 이상 발전할 수 없기 때문이었다.

하지만 클린스만은 끝내 새로운 방식의 가능성을 입증하지 못했다. 축구 협회 관계자들은 클린스만의 개혁적 아이디어를 받아들이려 하지 않았다. 시즌이 끝나기도 전에 클린스만의 혁신적인 훈련 프로그램은 폐지되었다. 옛 방식은 엉망진창이 되고 새로운 방식은 제대로 정착되지 않은 상태로, 훈련 체계에 구멍만 뚫려있었다.

가지치기를 하는 이유는 성장하기 위해서다. 그래서 안전지대를 떠나는 것이다. 반쯤 하다가 중단해서는 안 된다. 4분의 3쯤 하다가 중단해서도 안 된다. 가지치기를 하기로 결심했다면 완벽하게 해내야 한다.

가지치기는 내 인생의 원칙이었다. 나는 새로운 성장 동력을 얻기 위해 일부러 안전지대를 떠났다. 나는 졸업 후 취직한 회사를 그만두고 세일즈맨으로 새로운 인생을 시작했다. 끊임없이 발전하길 원했

부를 부르는 극한의 영업 법칙

고 직업 훈련을 받았다. 실습생이 되자 내 소득은 2,000마르크에서 700마르크로 뚝 떨어졌다. 나는 전문 세일즈 에이전트로 일하면서 나만의 고객층을 만들었다. 나는 이것으로 만족하지 않았고, 세일즈 트레이너가 되기로 결심했다. 나는 그동안 잘 굴러가던 세일즈 에이전시를 과감하게 정리했다. 처음에 나는 1년에 겨우 60회쯤 세일즈 세미나를 했다. 그것으로 먹고 살았다. 하지만 지금은 원하는 만큼의 고객에게 세일즈 트레이닝을 하며 살고 있다. 나는 끊임없이 가지치기를 했다. 정기적으로 대형 고객과의 사업 관계를 정리했다. 새로운 영역, 새로운 분야, 새로운 고객을 개척하기 위해서였다. 이런 나를 보며 정신 나간 사람이라고 생각하는 사람들도 많았다. 하지만 끊임없이 노력한 결과 나는 성공할 수 있었다. 현재 우리 회사의 매출 규모는 수백만 달러에 달한다. "크로이터가 또 해냈네."라고 생각하지 마라. 이런 생각을 하는 분들에게 꼭 해주고 싶은 말이 있다.

더 성장하기 위해 과감하게 결단을 내리지 않았더라면, 나는 지금만큼 성공하지 못했을 것이다.

이 원칙은 나에게만 해당하는 일이 아니었다. 지금까지 주변 사람들을 보면서 확신을 얻었다. 과감한 가지치기로 성공한 사람은 나뿐만이 아니었다. 심지어 가지치기 자동화 시스템을 도입한 기업도 많다.

가지치기 자동화 시스템

똑똑한 세일즈맨과 기업은 가지치기와 성장을 기업 문화의 일부라고 생각한다. 가지치기는 더 이상 특이한 현상이 아니라 지극히 정상적인 현상이다. 이른바 가지치기 자동화 시스템도 구축되었다.

이 시스템에서는 정기적으로 고객을 분석한다. 그리고 고객의 잠재력에 대한 첫 분석 결과가 얼마나 정확했는지 확인한다. C유형 고객은 여전히 C유형 고객인가? 아니면 B1유형 고객으로 상향 조정해야 할 것인가? B2 유형 고객이 예상을 충족시켰는가? A유형 고객의 매출이 실제로 더 성장하고 있는가? 정기적으로 이러한 분석을 하면서 적절한 간격을 확인하라. 분석 주기는 일반적으로 반년 혹은 1년이 적합하다. 이에 대해 여러분은 아주 다양한 조치를 취할 수 있다. 여러분의 가능성, 시장, 기업의 상황에 맞추고, 회사의 프로세스에도 맞춰야 한다.

어떤 기업에서는 12월 31일에 영업 결과 평가를 하고 '단두대 처형식'을 한다. 사냥꾼 유형 세일즈맨은 농부 유형 세일즈맨에게 새로운 고객을 넘겨야 한다. 어떤 기업에서는 반년 주기로 매출이 저조한 20가지 제품에 대해 가지치기를 한다. 어떤 영업 조직에서는 영업사원이 매출의 하위 30퍼센트인 고객을 콜센터 직원에게 넘기고, 콜센터에서 잘 관리하다가 잠재력이 있는 고객은 다시 영업사원에게로 넘기는 시스템이 있다. 제너럴 일렉트릭의 CEO였던 잭 웰치는 매년 각 부서별로 업무 실적 하위 10퍼센트인 직원을 정리 해고하는 시스템을 도입했다. 물론 이런 방식의 정리 해고를 노동법으로 허용하는 미국에서만 가능했던 일이다.

성장을 위해 가지치기를 하려면 엄청난 용기가 필요하다. 그럼에도 나는 여러분에게 가지치기를 권한다! 경쟁이 오히려 안정을 가져다주기 때문이다.

부를 부르는 극한의 영업 법칙

마지막 문장 때문에 혹시 마음이 불편한 분이 있는가? 다음 장에서 그 이유를 설명하겠다. 그리고 나는 가지치기의 효과를 최대한 활용할 수 있는 방법을 소개하려고 한다.

제 9 원 칙

정신적 방화의
원칙

고객이 무엇을 두려워하는지 파악하라

그의 나이 17세였다. 그는 운전면허증도 없이 광기 어린 전사처럼 신호를 무시하고 2차선의 차 사이로 돌진했다. 그는 가장 친한 학교 친구와 함께 야구 글러브를 끼고 활활 타오르는 테니스공을 던졌다. 졸업하기 며칠 전 수업을 빼먹고 모스크바로 날아가 자전거 레이스에 참여했다. 이 일 때문에 그는 전학을 가야 했다.

그의 나이 20세였다. 이때 그는 자신의 재능을 발견했다. 그는 자전거를 통해 자신의 숨겨진 재능을 발휘했다. 도로 레이스 전문 선수였던 그는 공격적이고 강인했지만 경험이 부족했다. 그는 타협을 하지 않았고, 팀 전체의 통계를 염두에 두지 않았다. 기본적인 예의도 잘 지키지 않았다. 모든 경쟁자들에게 도전장을 던졌고 모든 에너지를 쏟아 부었다. 그는 몸을 사리지 않았다. 여러 날 동안 열리는 레이스에서 첫날에는 최고 기록을 경신하고, 남은 기간 동안은 완전히 탈진 상태이거나 레이스를 포기해야 했던 적이 한두 번이 아니었다. 서서히 그는 힘을 분배해 사용하는 법을 배워갔다. 하지만 여전히 그는 포르셰를 타고 굉음을 내며 아슬아슬하게 광란의 질주를 했다.

그의 나이 25세였다. 그는 고환암 진단을 받았다. 암 세포는 복부와 폐까지 전이되었고 뇌에서 두 개의 종양이 발견되었다. 의사는

"당신이 생존할 확률은 5퍼센트입니다."라고 말했다. 5퍼센트는 너무 낮은 확률이었다. 그는 오른쪽 고환을 절제하고 뇌종양을 제거하는 수술을 받았다. 그리고 4차례의 강한 화학 요법 치료를 받았다.

한창 때의 청년은 병상에 누워 꼼짝도 못하는 신세가 되었다. 아프지 않은 곳이 없었다. 그는 끊임없이 토할 듯 메스꺼운 느낌에 시달렸다. 몸도 거의 움직일 수 없었다. 그가 할 수 있는 것은 생각뿐이었다. "내가 지금 죽는다면 나한테 무엇이 남을까? 내 인생은 무슨 의미가 있었던 것일까?"

그가 지난날을 돌아보았더니 중요하지 않은 일들만 떠올랐다. 그에게 남아 있는 것이 있었다. "그래! 나한테는 자전거를 타는 재능이 있었지! 재능을 썩히고 싶지 않아. 내가 살 수만 있다면 모든 것을 다 바쳐 세계 최고의 사이클 선수가 되고 말거야!" 그리고 한 가지 더 있었다. "나는 다른 사람들에게 용기를 주고 싶어."

그는 걸을 수 있게 되자마자 자전거에 올랐다. 그리고 훈련을 시작했다. 하지만 포르셰는 주차장에 고이 모셔두었다. 이제 포르셰는 그의 인생 목표와는 방향이 달랐다. 이후 그는 투르 드 프랑스Tour de France에서 7회나 우승을 차지했다.

비록 도핑 스캔들로 그의 우승 타이틀은 전부 박탈되었고, 우승을 차지하기 위해 사용했던 방법은 옳지 못했지만, 목표를 향한 열정만큼은 존경받을 만하다. 꾸준한 훈련과 모든 것을 다 바치겠다는 각오가 없었다면 힘든 항암 치료도 극복하지 못했을 것이다.

그의 패기는 개인의 야망을 채우는 데 머무르지 않았다. 그는 운동선수로 명성을 얻자 암 재단을 설립해 암 연구를 장려하고 암 환자

부를 부르는 극한의 영업 법칙

에게 희망을 주기 위해 수백만 달러를 기부했다. 이 이야기의 주인공
은 바로 미국의 사이클 선수 랜스 암스트롱Lance Armstrong이다.

기쁨보다 고통이 더 오래가는 이유

자신의 삶에 근본적인 변화를 일으키는 사람은 즐겁고 기분이 좋
아서가 아니라 곤경에서 빠져나와야 하기 때문에 그렇게 하는 것이
다. 여러분은 담뱃값을 아껴서 영화를 보러 가기 위해 담배를 끊는
사람을 본 적이 있는가? 사람은 충격적인 경험을 해야 행동에 변화가
생긴다. 아내가 남편에게 저녁마다 텔레비전 앞에만 딱 붙어서 다른
것에는 아무 관심을 보이지 않는다고 잔소리를 500번 할 수는 있다.
하지만 남편의 행동에 변화가 생기는 때는 아내가 이미 떠난 후다.
과체중인 사람들은 운동이 건강에 좋다는 사실을 안다. 물론 이것은
평균 체중인 사람들에게도 마찬가지다. 하지만 사람들은 심근경색
에 걸리고 의사에게 "지금처럼 계속 운동을 안 하면 반년도 못 살 것
입니다."라고 경고를 받아야 피트니스 클럽에 등록한다. 경력이 많
은 직원은 자신이 일을 잘 한다고 믿는다. 갑자기 해고 통보를 받기
전까지 말이다. 해고 통보를 받은 후에야 그는 재교육 강좌를 듣고
업계의 최신 발전 동향에 관심을 갖기 시작한다.

고통은 기쁨보다 훨씬 더 강한 동기를 부여한다. 이것은 뇌 연구
결과 입증된 사실이다. 부정적인 경험은 긍정적인 경험보다 5배나 깊
이 각인된다. 그래서 사람들은 어떻게 해서든 고통스런 경험을 피하
려고 한다. 그럴 수 없는 상황에는 최대한 빨리 끝내려고 노력한다.

사람들은 고통에 대한 두려움 때문에 스트레스를 받는다. 스트레스가 너무 심하면 뇌줄기는 명령을 받는다. 뇌줄기는 대뇌를 패스해 부신과 갑상선으로 직접 명령을 보낸다. 갑상선은 각 기관에 전달된 메시지대로 스트레스 호르몬을 생산한다. 맥박이 높아지고, 기관지와 동공이 확장되고, 신진대사 속도가 빨라진다. 중요하지 않은 모든 신체 기능은 일시적으로 저하된다. 여기에는 사고 기능도 포함된다. 그 결과 두 가지 반응만 남는다. 공격과 도피가 바로 그것이다.

　이러한 본능 덕분에 인간은 공포의 상황에서 자신의 생명을 유지할 수 있었다. 석기시대 원시인이 송아지 고기를 저녁 식사의 메인 메뉴로 올리기 위해 창을 들면, 소나무 뒤에 있던 어미 소가 본능적으로 고개를 숙이고 원시인을 뿔로 들이받으려고 한다. 이것은 협상할 틈도 없이 순식간에 벌어지는 일이다. 머리에서 적절한 전략을 떠올리기 전에 두 다리가 이미 움직여 멀리 내빼고 있다. 머뭇거리다가는 소에게 짓밟히고 만다. 그래서 우리 머리는 대뇌에 물어보지도 않는 것이다.

　이것이 세일즈와 무슨 관련이 있을까? 아주 단순하다. 고객이 결정을 내리지 못하면 여러분이 고객의 도피 반사를 유발해 다음 단계로 빨리 넘어갈 수 있도록 도와주는 것이다. 여러분이 고객의 머릿속에 '정신적 방화'를 하는 것이다.

　정신적 방화? 야만적인 느낌이 드는 표현이다. 마치 여러분이 일부러 고객의 무엇인가를, 즉 정신적으로 평안한 상태를 파괴하려는 것처럼 고객의 마음에 불을 지르는 것이다. 여러분은 고객의 아무것도 파괴해서는 안 된다. 고객의 두려움을 가지고 게임을 하는 것이다. 이 점을 확실히 해두고 정신적 방화를 시작해야 한다. 그 이유는 다음 장에서 설명하도록 하겠다. 처음에는 이런 효과가 일어난다. 여러분은 고객의 결정 능력에 방해가 되는 '생각이라는 건물'에 방화범처럼 불을 붙인다. 그러면 고객이 119에 전화를 할 수밖에 없다. 여러분이 소방차와 호스를 미리 준비해두고 있다면 더 좋다.

나는 여러분이 고객에게 이런 방법을 사용하는 것에 대해 양심의 가책을 느낄 수 있다는 것을 안다. 지금 여러분은 고객에게 해를 끼치는 것이 아니라, 윈윈 상황을 만드는 것뿐이다. 정직하고 솔직한 태도는 쌍방에게 이득이 되는 거래의 기본이다.

하지만 나는 여러분에게 윤리적 기본 원칙을 일일이 설명하지 않을 것이다. 여러분은 프로 세일즈맨이고, 고객의 이익을 고려하지 않고 행동할 사람들이 아니라는 것을 잘 알기 때문이다. 여러분은 고객에게 어떤 방법이 잘 통할지 누구보다 잘 안다. '정신적 방화'가 통할 고객이 아니라면 그 방법을 사용할 필요가 없다. 어떤 결과가 나오든 상관없다. 나는 단지 여러분이 결과를 의식한 상태에서 결정을 내리도록 하려는 것이다. 물론 이 방법을 사용했을 때 고객의 기분이 상할 수도 있다. 이때 쌍방에게 이득이 될 수 있게 대처할 줄도 알아야 한다.

고객이 이런 대화를 불쾌해 한다면 당연히 말을 끊고, 화기애애한 분위기 가운데 판매 상담이 진행될 수 있도록 해야 한다. 대개 이런 흐름으로 진행된다. 여러분이 고객에게 제품의 장점에 대해 열변을 토하고 있다. 예를 들어 자동차라면, 넉넉한 트렁크 공간과 뛰어난 연비를 강조할 것이다. 이 경우 여러분은 고객이 절약할 수 있는 연료비를 미리 계산해두어야 한다. 고객은 여러분의 말을 경청하고 이해했다며 고개를 끄덕인다. 그리고 이렇게 말한다. "저는 다양한 제품과 비교해보고 싶습니다. 다시 연락드리겠습니다." 여러분이 고객에게 마지막으로 들은 말이다. 고객이 얻은 것은 무엇일까? 어쨌든 그는 차를 구입하지 않았다. 그렇다면 여러분이 얻은 것은 무엇일까? 아무것도 없다!

여러분이 부정적인 부분도 언급하면 더 큰 효과를 얻을 수 있다. 여러분만 이 방법을 사용하는 것이 아니다. '안전'이라는 구매 동기를 한 단계 높여 활용했을 뿐, 의사, 경찰, 정치인, 건축 엔지니어 등 모든 직업군에서 사용하는 방법이다. 고객에게 심리적 충격을 주는 방법이 여러분에게 해가 될까? 아니다.

고객의 화를 돋우는 것은 비열한 조작 행위처럼 느껴질 수 있다. 하지만 여러분은 허튼소리로 고객을 현혹해 물건을 팔기 위해, 신기루 같은 말로 고객의 두려움을 자극하는 것이 아니다. 허튼소리로 고객을 현혹하는 것이 훨씬 더 비열한 행동이다. 여러분은 정반대로 행동하고 있는 것이다. 고객에게 위험을 경고하는 것은 사실이기 때문이다. 여러분은 제품이 좋다는 사실을 알고 있다. 그렇지 않다면 고객에게 제품을 판매하려고 하지 않을 것이다. 고객이 여러분을 통해 이 제품을 사면 정말 도움이 된다는 사실을 알려야 한다. 그런데도 여러분은 가만히 있을 것인가?

또 한 가지 짚고 넘어가겠다. 여러분이 정신적 방화를 이용하지 않으면, 틀림없이 다른 세일즈맨이 이 방법을 써먹을 것이다. 여러분이 고객에게 아무것도 못 파는 동안, 누군가 다른 곳에서 그 물건을 팔고 있다는 사실을 명심하자.

고객의 구매 동기에 맞는 자극이 필요하다

세일즈 심리학에서는 인간의 구매 동기가 모험의 즐거움, 사회적 명성, 안전에 대한 욕구, 질병에 대한 두려움 등 60가지가 넘는다고 한다. 이러한 모든 구매 동기를 크게 두 그룹으로 분류할 수 있다. 그중 하나가 긍정적 구매 동기다. 고객은 즐거움과 기쁨으로 구매 행위를 한다는 것이다. 다른 하나는 부정적 구매동기로, 고객들은 두려움, 자신과 가족들에게 생길 부정적 결과를 막기 위해 구매를 하는 것이다. 그러니까 기쁨을 위한 구매가 있는가 하면, 회피를 위한 구매가 있다. 다가오는 고객이 있는가 하면, 달아나는 고객이 있다.

고전적 세일즈 기법은 기쁨을 위한 구매에 초점이 맞춰져 있다. 세일즈맨들은 제품의 장점을 가장 중시한다. 나도 그랬지만 여러분은 고객이 제품에 푹 빠지도록 만들어야 한다고 배웠다. 자동차의 경우, 연비 절감, 특별 우대 조건의 할부 혜택, 장기간의 품질 보증 등 합리적 장점으로 고객을 설득해야 한다는 것이다. 동력 성능이 뛰어난 자동차는 운전하는 즐거움을 주고, 정원용 가위는 화려한 꽃이 만발한 꽃밭을 꿈꾸게 하며, 초코 크림은 달콤한 맛의 세계로 인도한다. 멋지지 않은가?

이런 황홀함을 전할 수 있는 사람은 고객의 마음을 사로잡을 수 있다. 내가 보장한다. 간혹 계약을 체결하기도 한다. 가능하다면 고객의 기쁨을 자극해 판매하라. 이 방법이 더 편하고, 고객을 더 쉽게 설득할 수 있다. 제품의 장점을 마구 쏟아낼 수도 있다. 이렇게 하면 상대적으로 실수는 적게 한다. 하지만 고객이 세일즈맨에 대한 반감이 많거나 세일즈맨이 긍정적인 측면을 부각시키지 못한다면, 더 이상 고객으로부터 친절한 반응을 기대할 수 없다.

간혹 자신만의 구매 계획이 있는 고객들도 있다. 이런 고객들에게는 제품의 장점을 전부 설명해봤자 도움이 안 된다. 마음은 이미 정해져 있고, 단지 다른 곳에서 살 것이 있는지 살펴볼 뿐이다. 반년 후 다시 나타날 수도 있다. 이런 고객들의 경우 좋아하는 브랜드가 이미 정해져 있을 수 있다. 이들은 물건을 구매할 의사는 없지만 단지 호기심으로 여러분과 대화할 뿐이다. 마치 "저는 이미 결혼했습니다."라고 말하듯 말이다.

여러분은 이런 것들을 감수할 수 있는가? 물론 고객이 반박하면 긴장할 수밖에 없다. 여러분은 고객이 고개를 돌리고 매장 밖으로 나가는 순간까지 제품의 장점을 설명할 수 있어야 한다. 고객이 나에게 다가오게 하는 화법에서 고객이 나를 일시적으로 떠나게 하는 화법으로 전략을 수정해야 한다. 예를 들어 고객의 기쁨을 강조하는 화법을 사용할 수 없는 업계가 있다. 보험업계가 대표적이고, 장례업계, 제약업계도 비슷하다. 어떤 책임 보험 회사는 깨어진 유리창 조각 속 축구공 이미지를 보여주면서 "골인! 창문이 깨져도 즐겁다!"는 카피로 광고한다. 어떤 제약회사의 기침 시럽 광고 문구에는 "알코올 함량 60퍼센트, 연령 제한 없이 사용할 수 있습니다!"라고 쓰여 있다. 우리 문화권에서는 상상도 할 수 없는 일이다.

이런 업계에서는 다른 전략을 사용해야 한다. 고통이 진정된다는

부를 부르는 극한의 영업 법칙

확신을 주는 문구로 광고해야 한다. 그러려면 잠재적인 고객에게 이 제품을 사용하지 않을 경우 어떤 위험이 발생할 수 있는지 알려주어야 한다. 두려움을 느끼도록 살짝 자극하는 것이다.

치과, 보험, 제약업계는 정신적 방화 전략에 익숙하다. 하지만 자신의 제품이 좋지 않다고 말하는 사람이 어디에 있겠는가?

대화에 담긴 위험 신호

발은 침대·프레임 밖으로 삐죽 나와 있고, 머리를 손으로 받친 채, 만프레드 뮐러는 테스트용 매트리스 위에 누워서 좌우로 몸을 흔들어본다. 그리고 그는 오른쪽으로 몸을 돌린다. 아내 아니카는 자신이 가장 좋아하는 엎드린 자세로 누워 있다.

"침대가 어떤 것 같아?"

"가운데가 너무 말랑한 것 같아. 허리가 닿는 부분 말이야."

그러자 전문 판매원 베른트 레스너는 이렇게 말했다. "그렇다면 저 위에 있는 라텍스 매트리스를 한번 테스트해 보시지요. 다섯 개 영역으로 구분되어 있는 안전 매트리스입니다. 가운데 부분은 머리와 다리 부분보다 더 딱딱합니다." 만프레드와 아니카는 그가 소개한 침대에 바로 누웠다.

"음, 편하군요."

만프레드 뮐러는 침대에서 일어나 삐져나온 셔츠 매무새를 다듬었다.

"훌륭한 조언이군요. 감사합니다. 하지만 가격 비교를 위해 다른 제품도 더 살펴보고 싶군요. 어떤 제품들이 더 있습니까?"

베른트 레스너는 웃으며 말했다.

"물론 다른 제품도 있습니다. 하지만 이 제품으로 장만하는 것이 훨씬 합리적입니다. 손님은 매트리스를 처음 장만하는 것도 아니겠고요. 한번 생각해보십시오. 라텍스 종류는 매우 다양합니다. 모든 제품이 100퍼센트 천연 고무로 제조된 천연 라텍스는 아닙니다. 석유에서 추출한 화학 보조 물질이 포함된 라텍스도 있습니다. 이런 라텍스는 시간이 지날수록 고무 냄새가 나고요. 처음에는 아무것도 못 느낍니다. 시간이 갈수록 화학 보조 물질이 피부를 자극할 수 있고 호흡 곤란, 심한 경우 천식까지 유발할 수 있습니다."

"유해 물질이 적은 매트리스는 가격만 봐도 알 수 있다고 말씀하시는 것 같군요." 만프레드 뮐러가 비꼬듯 말했다.

"아! 물론 가격이 저렴하고 품질이 좋은 제품도 있습니다. 다만 이 마크는 유해 물질이 적은 천연 라텍스 매트리스에만 부착할 수 있는, 독립적인 품질 인증 마크라는 점을 기억해주십시오."

"감사합니다. 나중에 다시 연락드릴게요."라고 아니카 뮐러는 말하며 출구 쪽으로 갔다. 그때 레스너는 이 말을 덧붙였다 "아! 한 가지 더 있어요. 라텍스는 진드기에 취약합니다. 물론 특수 가공으로 진드기를 방지할 수 있습니다. 매트리스 중심부가 통풍이 잘 되고, 시트의 통기성이 좋고 시트를 일반 세탁기로 세탁이 가능하다면 진드기 따위는 문제되지 않을 것입니다. 다만 저는 손님이 직접 현명한 판단을 내리는 것이 좋겠다고 말씀드리고 싶습니다. 손님께서 처음 구매하는 매트리스는 아닐 테니까요. 그렇지 않습니까?"

부를 부르는 극한의 영업 법칙

레스너는 인사를 하며 뮐러 부부의 손에 명함을 쥐어주었다. 뮐러 부부는 10분쯤 차를 타고 가다가 매트리스 할인점에 도착했다. 쇼윈도에 아주 큰 글씨로 '라텍스 매트리스 199.99유로 특가 판매'라고 쓰여 있었다.

"다른 판매점의 3분의 1 가격이야!"라고 만프레드가 말하자, 아니카는 얼굴을 찌푸리며 "정말 화학 물질 덩어리일까? 내가 들어가서 한번 물어볼게."라고 말했다.

아니카는 싸울 기세로 판매원에게 갔다. 그는 다섯 명의 고객에게 둘러싸여 있었다. 특가 판매 상품의 장점을 찬양하고 있던 판매원의 말을 끊고 아니카가 물었다. "잠시 한 가지만 여쭐게요. 특가 상품에도 품질 인증 마크가 있나요?"

"그런 게 왜 중요합니까?" 판매원은 짜증난다는 듯 물었다. "독일의 품질 테스트 기관 슈티프통 바렌테스트Stiftung Warentest에서 별 두 개를 받았습니다. 이 가격에 이런 품질의 제품은 어디에도 없습니다!"

"진드기는요?"

"언론에서 너무 많은 걸 떠들어댄다는 걸 잘 알지 않으신가요? 과장이지요. 이 모델을 찾는 고객은 진드기 따위를 문제 삼지 않습니다. 지금까지 우리는 그런 일로 문제된 적이 없고요."

"감사합니다. 다시 연락드릴게요." 아니카 뮐러는 이렇게 말하며 남편에게로 돌아갔다. "당신, 아직도 좀 전 그 판매원 명함 가지고 있어?"

의심의 씨앗을 제거하는 대화법

정신적 방화는 잠재의식에서 활동한다. 고전 추리물 〈형사 콜롬보〉의 심문처럼 말이다. 콜롬보는 겉으로는 아주 단순해 보이는 질문들로 용의자가 마음을 놓게 만든다. 그리고 상대가 자신에게 털어놓는 모든 이야기를 의심 없이 받아들이는 것처럼 행동한다. 콜롬보는 밖으로 나가려고 이미 몸을 돌린 상태다. 그러다가 갑자기 그는 문 앞에서 몸을 돌리고 이렇게 묻는다. "한 가지 질문이 더 있습니다만!" 그러면서 그는 결정적인 질문을 살짝 흘린다. 심문을 받은 사람은 이미 경계 태세가 풀려 있기 때문에 곧 정체를 들키고 만다.

물론 여러분은 이런 식으로 고객의 자백을 받아내고 싶지는 않을 것이다. 하지만 알리바이에서 이미 모순을 보았다면? 이와 마찬가지로 여러분이 제안한 제품이 고객에게 필요 없을 것이라는 확고한 (그리고 잘못된) 믿음에서도 모순이 보인다면? 고객의 마음을 알기 위해서는 콜롬보처럼 먼저 상대방의 신뢰를 얻어야 한다.

그 다음에 4단계 판매 상담에 들어가자.

감정적 유대 관계의 형성

서로 신뢰하는 사이에서는 불안한 감정을 털어놓을 수 있다. 먼저 신뢰의 토대가 마련되어 있어야, 고객과도 감정적 유대 관계를 형성할 수 있다. 고객의 입에서 이런 말이 나오도록 말이다. "내 머릿속에 들어와 있는 거처럼 나를 잘 알고 있네요? 나를 존중해주고요. 물론 저도 말씀해 주신 걸 믿어요."

여러분은 지금까지 고객의 선택이 탁월했다고 칭찬하며 고객의 안목을 인정한다고 표현해주어야 한다. "그렇죠, 라텍스 매트릭스는 수면 시 최고의 편안함을 제공하지요.", "왜건을 타고 다니십니까? 왜건은 정말 실용적인 차죠." 근거 있는 칭찬을 거부하는 고객은 없다.

객관적인 사실 전달

여러분은 판매자이기 때문에 고객이 생각지 못하는 위험성에 대해 알릴 수 있다. 그런데 고객은 이런 태도를 건방지고 훈계를 하는 것으로 받아들일 수 있다. 따라서 여러분은 고객을 능력 있는 사람으로 평가하고 있다는 사실을 보여주어야 한다. 완전 자동으로 여닫을 수 있는 대형 책장을 판매하든, 동남아 여행 상품을 판매하든, 개인별 맞춤 데이터 관리 상품을 판매하든 상관없다. 여러분은 이미 전문가다. 하지만 여러분의 고객 역시 어제의 고객이 아니다. "고객님께서 지금까지 충분히 시험해 보셨을 테니까요." 아니면 "고객님께서는 10년째 이 관리시스템으로 작업하고 계시지요. 그러니 이 분야에 대해 정말 잘 알고 계시지 않으십니까!" 눈높이에 맞춰 고객을 응대해야 한다. 그래야 고객은 다음에 여러분이 하는 말도 받아들일 수 있다.

의심의 씨앗 뿌리기

다음 단계는 정신적 방화의 핵심이다. 고객은 지금까지 여러분이 제안한 제품이 자신에게는 필요 없다고 확신했다. 그는 자신이 오랫동안 사용해온 자동차, 운영 체계, 저축 계좌만으로도 충분하다고 생각한다. 그는 지금까지와 똑같은 여행지, 보험사, 모델을 원한다. 그는 처음으로 기존 업체와 다른 업체의 서비스와 가격을 철저하게 비교할 것이다. 아니면 그는 대부분의 고객들이 결정하는 쪽으로 기울지 모른다. '다수의 선택이 진리'라는 모토로 말이다.

그런데 여러분은 고객이 잘못 판단했다는 사실을 알고 있다고 하자. 이럴 때 냉정하게 잘못된 부분을 일일이 지적한다면 고객은 반발할 뿐이다. 여러분은 고객이 어떻게 방어 행위를 하는지 보게 될 것이다. 따라서 아주 세심하게 고객의 잘못된 부분을 알려줘야 한다. 고객의 머릿속에 조심스럽게 의심의 씨앗을 뿌리는 것이다.

"주행거리가 몇 킬로미터입니까? 9만 5,000킬로미터라고요? 첫 브레이크 디스크로요? 정말 존경합니다! 방어 운전에 탁월하시군요!"

"건강보험공단에서 해외 보장 혜택을 제공하는 것은 좋습니다. 그런데 질병 발생 시 건강보험공단에서 이송 혜택도 제공하고 있습니까? 말라리아에 걸려 호텔에 눕거나 지역 병원에 입원하는 것보다 더 좋은 서비스도 있습니다. 그나마 이것도 근처에 병원이 있어야 가능한 일입니다."

"내용관리시스템이 아무 문제없이 잘 돌아가고 있다니 다행입니다. 자주 사용하고 있는 기능만 필요하다면 아무 문제가 없겠군요. 다만, 새로운 기능이 개발되거나 거래처 연락처를 최신 시스템으로 옮겨야 할 경우, 기존의 내용관리시스템과 호환되지 않을 수 있습니다."

이렇게 고객의 관심을 끌어내라. 그리고 불을 지펴라. 고객의 마음이 쓰일 일을 세 가지만 꼽아라. 이보다 적으면 고객이 더 고민하기에 부족하고, 이보다 많으면 고객은 과부하에 걸릴 수 있다. 딱 세

가지다! 그래야 고객의 머릿속에 박힌다. 경쟁업체의 매뉴얼이 실제로 모범 사례일지라도, 한국의 소프트웨어 천재에 의해 일본어에서 영어로 번역된 것이라고, 검증되지도 않은 사실을 주장하면 안 된다. 충돌 테스트에 실패한 모델이지만 자동차 설계를 개선해 현재 주행 안정성이 뛰어나다면, 테스트 실패 내용을 언급하면 안 된다.

여러분은 경쟁업체 제품의 장점과 약점을 알고 있어야 하고, 실제로 단점을 잘 골라내야 한다. 어쨌든 경쟁업체의 제품이 여러분의 제품보다 더 좋다고 소개하면 안 된다.

여러분은 제품에 대해 많은 것을 알릴 수 있다. 하지만 실제 성능을 입증하는 것이 더 중요하다는 사실을 알아야 한다. 경쟁업체를 안 좋게 말하면 고객은 당신을 신뢰하지 않는다. "제가 지난주 자동차 대리점에서 테스트 주행을 했는데, 신호등 앞에서 브레이크가 제대로 걸릴지 겁이 덜컥 나더라고요." 이렇게 말하면 아무도 여러분을 믿지 못할 것이다. 고객은 여러분의 관심사가 제품 판매라는 사실을 이미 알고 있다. 따라서 개인적인 경험은 제품의 우수성을 입증하는 근거로 부족하다. 여러분보다는 다른 고객의 체험기가 더 효과가 있다. "모 저축은행 지점장 뮐러 씨가 최근 우리 대리점에서 테스트 주행을 해보고 이 모델을 구입하셨습니다. 타사 자동차의 감속 거리가 너무 길다고 말씀하시더라고요." 물론 뮐러 씨가 실제로 이렇게 말했을 때만 이 말을 써먹을 수 있다. 이런 '증언'일수록 널리 퍼지기 때문이다. 제품 만족도가 가장 높은 고객들의 후기를 모으라. 그리고 현재 여러분의 고객에게 가장 잘 먹힐 만한 '증인의 진술'을 살짝 끄집어내라.

제품의 성능을 입증할 수 있는 고객들의 후기를 대신해 전문지 혹은 독립적인 품질 보증 마크의 테스트가 있다. 이를테면 자동차 전문지 《아우토, 모토, 슈포르트*Auto, Motor und Sport*》의 테스트나 독일의 환경 인증 마크 '외코 지겔Öko-Siegel' 등이 있다. 공정한 테스트와 주변 사람들의 후기 중 무엇이 더 효과가 있을지는 고객과 상황에 따라 다르다. 플랜B는 고객 스스로 쉽게 확인할 수 있는 팩트를 알려주는 것이다. 경쟁업체의 홈페이지 혹은 고객의 집에 있는 계약서 등이 그것이다. 이렇게 하면 "나는 다른 부분에 대해서도 알고 싶다."는 고객의 욕구가 충족된다. 플랜B는 고객이 문을 나서려고 몸을 돌리는 순간 제시하라. 처음부터 플랜B를 제시하면 대화가 바로 중단될 가능성이 높다.

모든 결정권은 고객에게

마지막으로 매듭을 연결하고 처음 대화 내용으로 돌아가라. 이번에는 다른 부분에 초점을 맞춰야 한다. 고객의 능력을 칭찬할 뿐만 아니라 고객 스스로 결정하도록 유도한다. "이게 최고의 선택이라는 것을 잘 알고 계시네요." "이런 자료가 어디에 있는지 아시지요? 시간 될 때 천천히 확인해 보십시오.", "손님이 결정하셔야지요." 이렇게 말하면 세 가지를 동시에 처리할 수 있다. 첫째, 고객이 승리했다는 것을 알려라. 둘째, 의심의 씨앗을 남겨라. 셋째, 최종 결정은 구매자가 하는 것이고, 리스크에 대해서도 구매자가 책임지는 것이라는 사실을 넌지시 알려라.

정신적 방화의 효과

대화 기술을 적절하게 활용하거나 고객의 불안감을 정확하게 짚어내면 확실한 효과가 나타난다. 이럴 때 기본적으로 고객은 다음 세 가지 반응을 보인다.

'예스'라는 답이 돌아온다

고객이 이미 문 쪽으로 가고 있을지라도 말이다. 제품을 선택하지 않을 때의 위험성에 대해 언급하면 고객은 다시 돌아와 판매원이 무슨 의도로 한 얘기인지 물을 수 있다. 그러면 정확하게 설명할 기회를 얻게 될 수 있다. 이런 경우 많은 고객들이 바로 서명을 한다. 특히 연령대가 높은 고객들은 이 대화 직후 제품을 구매하기로 결심한다. 귀가 더 얇기 때문이 아니다. 더 이상 큰 위험을 감수하고 싶지 않은 것이다. 이미 그런 경험이 많기 때문이다.

돌아갔다가 다시 찾아온다

고객들은 원래 계획했던 대로 그곳을 떠난다. 그리고 이들은 경쟁 업체의 제품과 비교하고, 판매원이 추천한 홈페이지와 전문 잡지를 확인한다. 판매원이 정해놓은 기준에 따라 말이다. 이들은 품질인증 마크 혹은 차량 자세 제어 장치에 대해 문의한다. 고객은 이모저모 따져보고 비교한 결과, 실제로 여러분이 제안한 제품이 이러한 기준에 부합한다는 결론을 내린다. 그리고 다시 여러분을 찾아온다.

기억하고 신경 쓴다

판매원의 경고 사항을 경청하고 그냥 나가버린다. 그리고 절대 다시 돌아오지 않는다. 골치 아픈 유형의 고객이라고 생각할 수 있다. 하지만 오리 몸에 물방울이 튀어도 젖지 않듯 이 고객에게 의심 전략이 씨도 먹히지 않았다고 생각하지 마라. 오히려 정반대다.

그는 인터넷으로 주문한 세탁기를 직접 연결한다. 집을 떠나 있는 이틀 동안 계속해서 그의 머릿속에 물에 잠겨 있는 집의 모습이 그려진다. 그는 할인점에서 구매한 매트리스 위에서 숙면을 취하지 못한다. 진드기가 번식해 자신을 공격하는 장면이 계속 떠올라서다. 그런데 갑자기 몸이 심하게 가렵다. 온실 가스와 몸에 해로운 연화제를 생각하니, 매트리스에서 올라오는 약한 화학 물질 냄새가 점점 거슬린다. 다음에 매트리스를 구매할 때, 그는 여러분을 찾아올 것이다. 여러분이 경고사항을 설명하지 않았다면 그는 이 냄새를 못 맡았을 수도 있다.

매일 수천 가지 인상들이 끊임없이 우리에게 남는다. 대부분은 우리의 의식에 도달하지 않고, 처음부터 필터링이 된다. 주의를 기울이는 것만 인식된다.

여러분은 오늘 파란 차를 몇 대 보았는가? 장담하지만, 여러분은 이 질문에 답할 수 없다. 파란 차를 보는 것은 중요하지 않기 때문에 주의를 기울이지 않았을 것이다. 하지만 이 질문을 듣고 난 다음, 그날 오후 거리에 나가면 파란 차만 눈에 들어올 것이다. 갑자기 파란 차가 많아졌기 때문이 아니라, 여러분이 파란 차를 의식하게 되었기 때문이다.

부를 부르는 극한의 영업 법칙

정신적 방화를 통해 모든 징후, 위험과 사고 발생 가능성 등이 새롭게 인식될 수 있다. 이러한 효과는 수년 동안 유지된다. 몇 년 전 나는 약국에서 진드기에 관한 기사가 실린 신문을 가져온 적이 있었다. 즐거운 그릴 파티, 가족들과 함께 하는 숲 산책, 푸른 초원에 누워 있는 커플 사진 위에 "진드기도 있다고 생각해보셨나요?"라고 쓰여 있었다. 나는 "지금까지는 아니었지."라고 생각했다. 2007년도의 일이었다. 5년 후인 2012년 나는 짧은 바지를 입고 초원에 서있었다. 이때 무엇이 가장 먼저 떠올랐을까? 풀줄기에 달라붙어 있는 진드기가 클로즈업된 이미지였다. 나는 그 즉시 걸음을 재촉해 집으로 돌아왔다.

여러분이 제품과 관련된 위험성을 제대로 알리면 고객은 오래도록 기억한다. 고객에게 여러분의 제품이 필요한 상황이 생길 때마다 말이다. 다른 제품과 비교하며 구매 결정을 해야 할 상황이 되면, 아마 그는 여러분의 제품을 선택할 것이다. 여러분이 그 사이 다른 곳으로 자리를 옮겼다면 여러분의 후임자에게 찾아올 것이다.

의심의 씨앗을 뿌리고 수확물을 거두려면 어떻게 해야 할까? 여러분은 이 방법의 효과가 빨리 나타나 고객이 다시 돌아오길 기다릴 수도 있다. 아니면 판매 상담을 준비하고 미리 씨앗을 뿌려 놓을 수도 있다.

기준을 정리한 리스트 준비

정신적 방화는 일반 판매 상담보다 더 많은 준비가 필요하다. 고객이 경쟁사의 제품을 선택할 가능성이 크다면 그 이유를 입증해야 한다. 이것은 매우 중요한 일이다. 먼저 자료 조사에 시간을 투자하는 것이 바람직하다.

첫째: 10가지 근거를 찾아놓는다

다음 사항을 목록으로 정리하라. 여러분은 경쟁자보다 어떤 면이 더 우수한가? 제품 혹은 고객 서비스? 경쟁사가 중국산 수입 원료를 사용하기 때문에 여러분은 대체품을 더 빨리 공급할 수 있는가? 여러분은 특정 기관에서 인증을 받았는가? 소비재의 경우, 초도 물량 공급 비용과 후속 비용의 비율은 어느 정도인가?

이러한 질문에 답하려면 여러분은 주요 경쟁사에 대해 공부를 해야 한다. 경쟁업체의 웹 사이트, 회사 소개 책자, 고객 계약서를 자세히 읽어보아야 한다. 또한 지점이 어디에 있는지도 살펴보아야 한다. 경쟁업체 영업사원과 상담을 해보고, 그가 고객에게 얼마나 좋은 정보를 제공하는지 확인한다.

가장 신속하고 중요한 정보를 얻을 수 있는 루트는 바로 여러분의 고객이다.

여러분이 경쟁사에서 뺏어왔거나 자발적으로 여러분에게 온 고객이 있을 것이다. 이들에게 거래업체를 변경한 이유를 물어보아라! 예전 거래업체에서 어떤 부분에 문제가 있다고 생각했는지, 여러분 회사의 어느 부분을 장점으로 여기는지 물어라. 많은 사람들에게 물어볼 수 있다면, 10가지에서 20가지 정도의 이유를 모을 수 있을 것이다. 그 중 10가지만 목록으로 정리하라.

부를 부르는 극한의 영업 법칙

둘째: 커닝 페이퍼를 만든다

여러분은 이 리스트를 양복 주머니에 넣고 커닝페이퍼처럼 사용할 수 있다. 또한 고객에게 프레젠테이션을 할 때도 유용하다. 노골적으로 우리 제품이 더 좋다는 식의 홍보보다는, 진지하게 고민해 보았을 때 정말로 도움이 되는 제품이라는 이미지를 부각시켜야 한다. 이 리스트는 객관적인 판단을 위한 기준으로 삼아야 한다. 예를 들어 아래와 같이 제목을 먼저 적는다.

"초음파 기기 구매 시 유의해야 할 10가지 사항"

그리고 10가지 객관적인 사항들을 리스트로 정리한다.

- 이 기기가 법정 건강보험의 요구조건에 부합하는가? 초음파 검사 비용은 건강보험공단의 급여 대상인가?
- 조직 검사 시 기기 예열 시간은 얼마인가?
- 대체품은 얼마나 빨리 공급될 수 있는가?
- 소모품 가격이 너무 비싸지 않은가? 등등.

이러한 핵심 포인트를 적절한 표현으로 정리해 눈에 쏙 들어오도록 표로 만들어놓자. 이 리스트를 서랍에 넣어두었다가 고객과 대화를 할 때 꺼내어 사용할 수 있다. 핵심 포인트에는 업계의 전문가들과 일하고 있다는 등의 내부자 정보도 포함시킨다. 이 리스트로 고객과 대화를 하며 의도를 살짝 내비치면 된다. "고객님께서 제품에 관한 정보를 충분히 알아보고 고민한 후 구매를 결정하시면 좋겠습니다." 고객과 대화 중 고객이 중요시 여기는 부분을 확인하면 리스트에 체크를 해둔다. 그러면 개인별 맞춤 서비스가 된다.

셋째: 리스트를 고객에게 준다

체크 리스트를 고객의 손에 들려 보내라. 하지만 리스트에는 과장되게 부풀린 내용이 있으면 안 된다. 체크 리스트는 여러분이 가장 잘 관리해야 할 영업상 기밀이기 때문에 아무에게나 함부로 주면 안 된다. 체크 리스트를 허술하게 관리하면 경쟁업체에서 대응 방안을 미리 준비할 것이기 때문에, 여러분의 세일즈 전략이 아무 성과를 얻지 못하고 날아가 버릴 수 있다. 고객이 여러분과 경쟁사의 제품을 비교 중이라는 사실을 알고 있을 때만 체크 리스트를 고객에게 넘겨야 한다. 체크 리스트는 철저한 보안이 필요한 비밀 팁이기 때문이다. 고객 데이터를 체크 리스트에 미리 기록해두는 것이 가장 좋다. 고객이 '이 기준'에 따라 타사 제품 구매 여부를 검토하고 있다면, 그는 어느 제품을 선택하는 것이 좋을지 잘 알 것이기 때문이다.

놀라운 사실은 고객들이 이 리스트로 생각지도 못했던 일을 한다는 것이다. 의료기기 제조업체 관계자와 함께 박람회에 참석한 적이 있었다. 그때 사람들이 리스트를 들고 다른 부스로 가서 아무렇지 않게 그곳의 영업사원들에게 보여주는 것을 똑똑히 보았다. 정말 멋진 토론이 벌어지고 있었다! 너무도 당황스러웠다. 다음날 다른 고객이 이 의료기기 제조업체의 부스를 찾았는데 가방에 이미 이 회사의 체크 리스트가 있었다. 다른 고객이 그에게 이 리스트를 준 것이었다.

부를 부르는 극한의 영업 법칙

보너스: 기초를 다진다

여러분이 고객을 정확하게 파악하고 있을 때 10가지 체크 리스트는 특히 유용하다. 예를 들어 사전에 방문 신청을 해야 하는 전문 박람회라고 하자. 이 경우 여러분은 박람회가 시작되기 전에 박람회 방문객들에게 회람 메일을 보낼 수 있다. 먼저 리스트 중 두세 가지 사항을 티저로 공개하자. 그리고 관심을 표하는 고객에게 이 리스트를 무료로 제공하면 된다. 그러면 고객은 적극적으로 제품을 살펴보고, 여러분의 회사 이름을 알게 되고 친절한 서비스에 만족할 것이다.

공개 입찰을 할 때도 같은 원칙을 적용할 수 있다. 다리가 건설될 예정이거나 노인 시설에서 케이터링 업체를 찾고 있다고 하면, 입찰하기 전에 업계 전문가를 먼저 찾아라. 그러면 여러분이 맞출 수 있는 입찰 조건에 관한 정보를 미리 입수할 수 있다. 그것이 아니더라도 충분히 도움이 될 수 있다.

이러한 입찰 공고문은 해당 분야를 잘 모르는 사람들이 작성할 수 있다. 이 경우 여러분이 직접 공고문 작성자에게 전화를 해서 동료 대 동료로 몇 가지 팁을 주는 방법도 있다. "노인 시설 전문 케이터링 업체를 찾고 있다면, 독일영양협회의 프리미엄 인증서를 살펴보십시오, 건강하고 균형 잡힌 식단을 찾을 수 있을 것입니다. 운송 거리는 30킬로미터를 넘으면 안 됩니다. 노인 시설의 배식 시간은 30분이고 보온 시간이 1시간 이상일 겨우 비타민이 파괴되어 안전성에 문제가 생깁니다." 어쩌면 그는 더 상세한 정보를 물어볼 수도 있다. 이때 핵심 기준이 적혀 있는 여러분의 체크 리스트를 그에게 보내면 된다.

여러분이 공개 입찰 공고에서 이 기준을 본다면, 당연히 여러분이 입찰자가 될 것이다.

리스트의 효과

제품의 장점을 확실하고 객관적인 판단 기준으로 작성하면, 시장에 장기적인 영향을 끼칠 수 있다. 이 리스트는 어느 순간 새로운 고객, 전문 거래인, 인터넷 포럼의 잘난 척하기 좋아하는 사람들의 손에 들어간다. 심지어 경쟁자의 손에도 들어갈 수 있다. 이런 사람들은 여러분의 제품에서 발생 가능한 위험을 상세하게 살펴본다. 그리고 그 위험성을 걱정하며, 그 부분을 부각시킨다.

여러분이 리스트를 영업 기밀로 다뤄야 하는 것도 바로 이런 이유 때문이다. 그럼에도 경쟁자들이 언젠가 여러분을 이길 가능성도 염두에 두어야 한다. 자신들의 기준 리스트를 제시하고 그것이 해당 영역의 표준이 될 수 있도록 시도하면서 말이다. 그리고 고객들은 여러분의 경쟁자가 더 앞서 있는 부분부터 질문을 하기 시작할 것이다.

체크 리스트는 여러분이 편안히 쉬어가는 소파와 같은 것이 아니다. 여러분은 제안서나 제품처럼 끊임없이 리스트를 업데이트해야 한다.

경쟁업체가 여러분보다 월등하게 뛰어난 부분이 있다면 어떻게 대처할 것인가? 언제 고객들이 경쟁업체의 기준 리스트를 가지고 여러분에게 나타날지 누가 알겠는가?

부를 부르는 극한의 영업 법칙

경쟁업체의 장점을 약화시켜라

특히 고객은 가격 문제를 언급할 때 비장의 카드를 쥐고 있는 것처럼 보인다. 가격을 결정적인 무기로 삼는 고객들이 많기 때문이다. 고객들은 다양한 가격으로 다양한 서비스가 제공되고 있다는 것과 상관없이 가격을 비교한다.

하지만 문제가 항상 가격에 있는 것은 아니다. 보증 기간, 픽셀 수, 컬러 디자인이 문제가 될 수도 있다. 고객들이 제기하는 문제에는 공통점이 있다. 몇몇 세부 사항에만 집중하고 나머지는 완전히 무시한다는 것이다.

이렇게 고객들이 확고한 태도를 보일 때 여러분은 반박하기 어렵다. 고객들은 한 번도 여러분의 말을 귀 기울여 듣지 않았기 때문이다. 이때 여러분은 깔끔하게 한 마디를 툭 던지면 된다.

"이 업체는 이렇게 할 수밖에 없을 겁니다!"

이 문장이 호기심을 자극한다. 이 문장은 경쟁업체가 언뜻 보기에 끝내주는 제안으로 어떤 약점을 감추고 있는지, 여러분이 자세히 설명할 수 있는 문을 열어준다.

예를 들어 인터넷 채용 공고 서비스를 제공하며 매월 800유로의 수수료를 받는 업체 A가 있다고 하자. 반면 경쟁업체 B는 채용 공고 클릭 1회 당 50센트를 받고 있다. 고객들은 이렇게 생각할 것이다. "20회 클릭 정도면 되지 않을까? 그렇다면 B 업체 서비스가 더 가격이 싸잖아!"

채용 공고 포탈 A의 세일즈맨이 대기업 인사 담당자에게 이렇게 말한다. "B 업체는 그렇게 할 수밖에 없을 겁니다!"

잠시 침묵이 이어진다. 그리고 인사 담당자가 질문한다. "무슨 말씀이신지요?"

"가격이 저렴하다고 항상 효율적인 것은 아닙니다. 우수한 인재를 빨리 구하고 싶다면 메인 페이지에 더 많은 돈을 내고 채용 광고를 해야 하거든요!"

이 전략은 바로 먹힌다. 쉽게 검증 가능하기 때문이다. 경쟁업체에서 3배의 보증 기간을 제공하는 하이테크 기기 제조업체에도 똑같은 전략을 적용할 수 있다. "이 업체는 이렇게 할 수밖에 없을 겁니다. 장기 사용 테스트 결과가 좋지 않군요. 전문지 XY의 기사를 한번 읽어 보십시오." 등등.

그러면 고객은 경쟁업체에서 저렴한 가격을 제시한 이유가 슬슬 걸리기 시작한다. 여러분은 경쟁업체에서 저가 제안으로 어떤 단점을 감추려 했던 것인지 자세히 설명할 수 있어야 한다. 그러면 이번에도 여러분은 의심의 씨앗을 뿌리는 데 성공한 것이다.

이런 전략이 전혀 통하지 않는다면 어떻게 할 것인가?

고객이 서명하는 순간까지 분발하라

고객의 질문에 요령 있게 대응하고 제안을 거절했을 때 생길 수 있는 모든 일에 대해 상세하게 설명했다. 그럼에도 여러분의 제안을 받아들이지 않으려는 고객들이 종종 있다. 고객은 다양한 부가 사항이 아니라 원하는 제품의 핵심 제안서를 원할 수 있다. 안경을 구매할 경우 안경 보험이 아닌 안경에 대해서만, 자동차 구매 시 신용 보험이 아닌 자동차에 대해서만, 소프트웨어 구매 시 추가 보안 프로그램이 아닌 소프트웨어에 대해서만 제안서를 받고 싶어 할 수 있다. 이렇게 제품만 구매한 고객은 몇 년 동안 걱정을 달고 살 수도 있다. 물론 고객도 여러분도 걱정하며 살기를 원치 않을 것이다.

판매 상담이 끝날 무렵 여러분은 고객에게 다음과 같은 말을 덧붙인다.

"우리 회사에 데이터 관리를 맡겨주신 데 대해 기쁘게 생각합니다. 그런데 죄송합니다만, 고객님이 디지털 서명을 사용하고 계신지 확인할 수가 없군요. 디지털 서명은 거래 시 보안을 최대한 책임질 수 있습니다. 우리도 추가 비용을 절약하고 싶은 고객님의 마음을 이해합니다. 디지털 서명을 원치 않는다는 확인서만 보내주시면 될 것 같습니다. 작년에 디지털 서명 서비스에 동의하지 않은 고객이 있었는데, 반년 후 디지털 서명 서비스를 왜 설명해주지 않았는지 항의 전화를 하셨거든요. 그런 일이 발생하지 않기를 바랄 뿐입니다. 저한테도 이 비즈니스 관계는 정말 소중합니다."

서명을 원하지 않는 고객에게 서명을 받아내는 것은 정신적 방화에서 가장 난이도가 높은 전략이다. 반면 고객은 이때 다시 한번 자신의 반대 의사를 강조해야 한다. 고객에게 이미 경고 사항을 설명했고 고객은 알고 있는 상태에서 위험을 감수하겠다고 동의 서명을 하는 것이다. 여러분은 서명하기 전에 한 번 더 고민하는 고객이 얼마나 많다고 생각하는가?

유럽에서는 이런 세일즈 기법을 사용할 때 뜻밖의 지원군이 있다. 그것은 바로 유럽연합 중개인법Vermittlergesetz der EU이다. 유럽연합 중개인법은 은행과 보험사가 전화를 포함한 모든 상담에 대해 상담 기록을 작성하도록 규정하고 있다. 중요한 사실은 고객의 결정과 상담 받은 내용에 차이가 있을 경우, 고객의 결정을 인정한다는 것이다. 많은 세일즈맨들이 이 조항을 관료주의의 횡포라고 생각한다. 하지만 실제로 이것은 다시 한번 고객의 의사를 확인할 수 있는 기회다.

세일즈맨은 매일 결정의 기로에 선다. 고객의 입맛에 맞게 추가 제안서를 작성해야 할까? 물론 쉽게 결정할 수 있는 일이 아니다. 본사의 압력으로 작성하고 제대로 되었는지 본인이 제대로 확인도 못 하는 추가 제안서일 경우에는 특히 그렇다.

자신이 제대로 신경 쓰지 못하는 부분이 있다면 미리 조처해둘 수 있다. 아주 간단하다. 규격화된 세일즈 프로세스를 그대로 따르면 된다. 그래야 제안서를 정확하게 작성할 수 있다. 고객이 결정을 한 후 서명을 해야 하듯이 세일즈맨도 마찬가지다.

무언가를 하는 것보다 아무것도 하지 않는 것이 더 쉽다. 인간의 심리가 그렇게 생겨 먹었기 때문이다. 따라서 테이블에 놓인 제안서에 서명을 하는 것보다, 테이블에서 제안서를 치워버리는 것이 더 쉽다.

고객이 제안서를 거절하려면 적극적인 행동이 필요할지라도 실제 현장에서는 아무 일도 없는 것처럼 보인다. 특히 고객이 '아무것도 하지 않기로 결정했다'고 확답을 했다면 말이다. 이것이 나에게는 위협적인 요소다. 고객이 제안서를 받아들이지 않으면 모든 결과에 대해 나 혼자 책임을 져야 한다. 그러므로 고객에게 제안서로 인해

부를 부르는 극한의 영업 법칙

발생할 수 있는 모든 결과를 자세히 설명해야 한다. 그럴수록 효과는 더 강력하게 나타난다.

정신적 방화는 아주 효과적인 세일즈 기법이다. 그렇다면 이것은 성공이 보장되는 방법인가? 100퍼센트는 아니다. 각각의 절차를 달달 외워 공부하고 꼼꼼하게 실행에 옮겨야 하기 때문이다.

지나치면 오히려 독이 된다

정신적 방화를 하려면 상황과 고객에 대한 감이 필요하다. 이것은 세일즈맨으로 성공하는 데 중요한 점이다. 도심의 인구 밀집 지역에 사는 고객에게 야간 주행 시 국도에서 야생동물 사고 위험을 경고한다면 "나한테 해당되지 않는 일이야."라는 반응만 나올 것이다.

판매 상담을 할 때 노련한 세일즈맨은 고객이 어떤 조건에 흥미를 보이고 어떤 조건에 흥미를 보이지 않을지 파악해야 한다. 위험성을 어느 정도로 자세히 설명해야 하는지 정하려면 세일즈맨으로서 감이 뛰어나야 한다.

큰딸이 태어난 지 2주 되었을 때 보험설계사가 우리 집을 방문했다. 우리는 상해 보험, 가계 보험 등 일상적으로 필요한 보험에 가입하려고 했다. 자녀에게도 보험 혜택이 적용되는 상품으로 말이다. 이 사람은 원래 영업사원이 아니라 내근직 직원이었다. 우연히 그는 내 아내의 일을 돌봐주게 되었고 우리 결혼식에도 초대를 받았다.

그가 우리 집 거실에 왔을 때 아내와 나는 필요한 혜택을 말했다.

옆방의 갓난아기용 침대에서는 큰 딸이 자고 있었다. 갑자기 이 보험 설계사가 이렇게 말하는 것이었다. "장기간병보험 가입도 한번 생각해 보시지요."

아내와 나는 황당해서 서로의 얼굴을 쳐다보았다. 장기간병보험? 우리는 새 생명과 매일 일상에서 새로운 것을 발견하고 있었다. 우리 딸이 내 얼굴을 바라보는 것부터 빽빽 소리를 지르는 것까지, 나는 모든 것이 황홀하기만 했다. 아이가 아파서 간병을 받는 상황은 생각할 때가 아니었다.

그는 이렇게 말했다. "아이가 기저귀 교환대에서 떨어져 운이 나쁘게 두개골이 깨졌다고 해봅시다. 아이의 두개골은 정말 연합니다. 아이는 평생 불구로 지내야 할 수도 있고 아무도 행복하지 않을 것입니다."

이 말을 듣고 나는 그를 집에서 바로 쫓아내버렸다. 이후 그는 우리 집에 두 번 다시 발걸음을 하지 않았다.

세일즈맨이 최악의 상황을 예로 들며 과장하면 고객은 겁을 먹는다. 미래에 대한 불안을 파스텔 톤이 아니라 자극적인 네온 톤으로 설명할 때도 마찬가지다.

그만큼 정확한 용량을 지키는 것이 중요하다. 의사 파라켈수스는 이런 말을 했다. "용량을 정확하게 지키면 독이 되는 것은 없다." 정신적 방화도 마찬가지다. 너무 약하면 효과가 나타나지 않고, 너무 강하면 세일즈 프로세스에 독이 되어, 고객은 영영 사라진다.

정확한 용량을 알려면 고객의 머리에서 필름을 돌려야 한다. 세일즈맨이 아니라 고객의 머릿속에서 그의 필름이 돌아가게 해야 한다.

정신적 방화는 진정한 기술이다. 고객의 불안과 걱정을 진심으로 이해하고, 이런 것들로부터 고객을 보호하기 위한 방법을 고객에게 파는 것이기 때문이다.

이 방법을 포기할 것인지 말 것인지는 여러분의 결정에 달려있다. 하지만 여러분이 고객에게 도움이 되는 제품 혹은 서비스를 고객에게 판매하지 않았을 경우 그 결과에 대해 책임져야 한다. 고혈압에 과체중인 고객이 피트니스 클럽 등록에 관심을 보인다. 그런데 피트니스 클럽 트레이너가 이 고객에게 심혈관 질환 관리 1년 프로그램에 등록하도록 설득하지 못해서 10년 후 그가 심근경색에 걸린다면, 이 트레이너에게도 공동 책임이 있는 것이다. 마치 부모가 약을 먹어야 하는 아이를 설득하는 데 실패해 약을 먹이지 못하듯 말이다….

여러분은 이런 책임을 떠맡을 것인가?

정신적 방화는 고객을 설득하는 데 뛰어난 효과가 있다. 여러분은 훌륭한 세일즈맨이다. 하지만 좋은 것의 적은 더 나은 것이다. 여러분은 지금보다 훨씬 더 나아지고 싶을 것이다. 여러분이 정신적 방화에 성공할 확률을 높이는 방법은 두 가지다. 하나는 성실함이다. 여러분은 지금까지 성실함으로 성공했고 이제 더 많은 것을 가져가야 한다. 이 방법은 효과가 있지만 한계가 있다. 언젠가는 지쳐 나가떨어지게 된다.

따라서 일의 효율을 높여야 한다. 세일즈 방식을 바꿔가면서 말이다. 같은 방식만 계속 사용하면 같은 성공률 밖에 올리지 못한다.

한 가지 더 있다. 혼자서는 안 된다. 지금 이 순간 여러분의 경쟁자는 새롭고 더 효과적인 세일즈 기법을 개발하고 있다. 여러분도 항상 그렇게 행동하며 최전방에 있어야 한다. 오래되고 검증된 방식을 극대화하고 어떤 다른 방식이 있는지 살펴보아야 한다. 어떻게 할지는 여러분이 결정할 일이다.

지금 나는 새로운 사실을 알려주는 것이 아니다. 여러분은 수십 년 동안 세일즈업계에 몸담아왔기 때문에 업계가 돌아가는 사정을 누구보다 더 잘 알고 있지 않은가?

부를 부르는 극한의 영업 법칙

강력한 감정의
원칙

잠깐, 아직 끝이 아니다

인생을 다시 살 수 있다면 다음 생에는 더 많이 실수하며 살아 보련다.

나는 너무 완벽하기를 원치 않고, 마음의 여유를 더 많이 갖고 살아 보련다.

지금의 나와 달리 정신 나간 짓도 해보고, 매사에 너무 진지하게 살지 않으
련다. 지금처럼 건강에 집착하며 살지 않으련다.

나는 더 많은 위험을 감수하고, 더 많이 여행하고, 더 많이 석양을 감상하
고, 더 많이 등산을 하고, 더 많이 강에서 물놀이를 하며 살아 보련다.

나는 한순간도 허투루 보내지 않고 인생의 결실을 얻으려는 영리한 사람들
가운데 하나였다. 물론 나에게도 기쁨을 누린 순간들이 있었다. 인생을 새
로 시작할 수 있다면 행복한 순간들을 더 많이 갖기 위해 애쓸 것이다.

당신이 삶의 진리를 깨닫지 못했다면, 삶은 이런 순간들로 이루어져 있다는
것을 깨닫고 이 순간들만 기억해라!

내가 인생을 다시 살 수 있다면 이른 봄에서 늦가을까지 맨발로 다니고 싶
다. 나에게 더 많은 자녀들이 있다면 아이들과 더 많이 놀아주련다. 하지만
나는 벌써 85세이고, 머지않아 세상을 떠날 날이 오리라는 것도 안다.

— 나딘 스테어 *Nadine Stair*

이 글을 읽은 후 나는 바로 전화를 치워버렸다. 고객들에게 전화를 걸지도 않고, 고객들을 만나지도 않았다. 그리고 지난 몇 달 동안 연락을 못하고 지냈던 친한 친구에게 전화를 걸었다. 10분 후 그 친구와 나는 함부르크에서 '남자들만의 주말'을 보내기로 했다. 우리는 수백 킬로미터 먼 곳에 살고 있기 때문에 한번 만나려면 비용도 시간도 많이 깨졌다. 그래서 우리는 얼굴을 보기 쉽지 않았다. 하지만 우리는 잘 알고 있었다. 일부러 연락하지 않으면 언젠가 친구 관계가 단절되리라는 것을 말이다.

감정이 지식을 이긴다

수화기를 내려놓는 순간, 갑자기 한 가지 깨달음을 얻었다. 감정은 가장 강력한 행동 유발자라는 것이다. 누군가 나한테 "네 친구들도 생각하면서 살아."라고 충고했다면, 나는 "충고해주셔서 감사합니다."라고 말할 뿐 예전과 똑같이 행동했을 것이다. 나딘 스테어의 고백은 '무언가를 놓치고 있다'는 내 안의 감정을 자극했다. 당시 나는 밖에 나가면 할 수 있는 일이 많았다. 나는 일을 즐겼다. 그런데 이 글의 풍경이 눈앞에 펼쳐졌다. 삶은 얼마나 풍요로운가! 그리고 아직 나에게는 삶의 풍요로움을 더 누릴 기회가 있지 않은가! 나딘의 글을 읽으면 많은 이미지들이 떠오른다. 누군가가 맨발로 걷고 있다. 누군가가 강과 석양에 대해 이야기한다. 이 글을 읽으면서 나는 마치 맨발로 촉촉한 풀밭 위를 걷고 있는 듯했다. 어린 시절 내가 친구들과 강가에서 어떻게 담력 테스트를 했는지, 옛 기억이 스치고 지나갔

부를 부르는 극한의 영업 법칙

다. 마지막에 우리는 망치로 얼음을 깼다. 뭐야. 이 글의 저자가 85세였어? 곧 죽는다고? 물론 나도 언젠가는 죽겠지. 내게 주어진 시간도 한정되어 있다. 세상을 떠나기 직전에, 삶의 다양한 순간들을 즐기면서 살아보지 못했다고 뒤늦은 후회를 하고 싶지 않다.

게다가 사람들은 인생에 대한 이야기를 참 많이 한다. 나는 세일즈맨이기 때문에 누구보다 잘 안다. 85세라면 인생 경험을 할 만큼 했기 때문에 무엇이 중요하고 중요하지 않은지 아는 나이다. "소소한 것들에 인생의 참된 의미가 있다." 나는 나딘의 말이 옳다는 걸 안다.

이 글을 다 읽기 전에 이미 소소한 순간들이 가장 아름답다는 것을 확실하게 깨달았다. 내 친구, 내 아내, 내 아이들과 함께 충분히 경험했다. 소소한 순간들이 소중하다는 사실을 알고 있었지만, 딱 거기까지였다. 그로 인해 내 행동에 별다른 변화는 없었다. 그런데 외부로부터 세게 한 방 맞아 충격을 받은 후에야 진정으로 깨달았다. 언젠가 이런 순간들을 경험할 수 없는 날이 오리라는 것을 말이다. 외침이 들려왔다. 바로 지금 변해야 한다!

나딘 스테어는 조리 있게 자신의 주장을 펼치고 있다. "곁에 있을 때 친구들을 더 많이 챙기지 않으면 외톨이가 되고, 행복해질 수 없다." 이 글을 읽지 않았더라면 나는 전화기를 손에서 내려놓지 못하고, 주말에 가장 친한 친구와 시간을 보낼 생각을 하지 못했을 것이다. 이런 소중한 경험들로부터 점점 멀어졌을 것이다. 실제로 많은 세일즈맨들이 이런 실수를 한다. "이런 것을 느껴보세요." 혹은 "이렇게 하면 당신의 삶이 풍성해질 거예요."라고 말하지 않는다. 대신 이들은 "당신이 이러이러한 일을 하면 이러이러한 결과를 얻을 수 있어요."라고 나름 완벽한 주장을 펼친다.

세일즈맨들은 고객에게 제품이 좋은 이유를 설명한다. 자신의 주장을 펼치고, 제품의 효율성, 절감 효과, 매출 증대 가능성을 입증할 근거를 제시한다. 이들은 자사 제품과 경쟁사 제품을 비교한다. 그리고 고객에게 이렇게 말한다. "현명하게 판단하세요. 수치가 말해주고 있지 않습니까." 그리고 세일즈맨들은 각종 수치 자료와 정보를 테이블 위에 올려놓는다. 이 자료에는 제품의 세부적인 사항까지 상세하게 설명되어 있다. 그리고 세일즈맨들은 제품의 모든 장점을 정리한 리스트도 갖고 있다. 리스트를 보충하는 자료와 소책자까지 있다. 한마디로 세일즈맨들은 고객의 이성에 호소하려는 것이다.

물론 어느 정도는 통한다. 여러분의 제품이 경쟁사 제품보다 더 좋은 이유를 확실하게 설명할 수 있다면 여러분은 제품을 팔 수 있다. 하지만 여러분은 구매자의 잠재력을 100퍼센트 활용하지 않은지 오래다. 여러분이 합리적인 근거를 제시해도 꿈쩍 않는 고객이 있다. 고객의 마음이 다른 브랜드 제품에 완전히 기울어 있기 때문일 수 있고, 여러분의 제품에 대한 안 좋은 이야기들이 떠돌고 있기 때문일 수도 있다. 가장 강한 동기와 행동의 자극제가 되는 것은 논리가 아닌 감정이다. 우리는 이러한 논리를 일정한 거리를 두고 지켜볼 수 있다. 우리는 이러한 논리를 보완할 수 있다. 하지만 우리는 감정에 대해서는 아무런 대응을 할 수 없다. 감정은 우리의 내면에 존재하는 것이기 때문이다. 감정은 우리의 모든 행위를 유발하기 때문이다.

이것은 전혀 새로운 사실이 아니다. 주변을 한번 둘러보기 바란다. 광고업계에서는 이 메커니즘을 이미 파악해 매일 이용하고 있다. 더 성공할 때도 있고, 덜 성공할 때도 있다. 다음 페이지에서 감정을 성공적으로 활용하는 방법을 알아보도록 하겠다.

프레지던트 천일염 버터

나는 가염 버터를 좋아한다. 버터를 살짝 바른 빵에 우유 한 잔! 정말 맛있다. 이것이 나한테는 최고의 아침 식사다. 그중에서도 나는 프레지던트 버터를 좋아한다. 첫째, 프레지던트 버터는 맛있게 짜다. 둘째, 프레지던트 버터에는 아름다운 역사가 있다. 이른 아침에 출근해야 하는 날에는 혼자 아침 식사를 할 때가 많다. 그러면 나는 버터 포장지에 적혀 있는 정보를 열심히 읽는다. 프레지던트 버터에 쓰여 있는 글은 특히 재미있다.

"프레지던트 천일염 버터 – 진짜 천일염. 프레지던트 천일염 버터는 미식가를 위한 고급 프랑스 버터입니다. 프레지던트 천일염 버터는 노르망디의 작은 마을에서 제조되었습니다. 일일이 손으로 골라낸 진짜 천일염과 최고급 품질의 크림으로 만든 프레지던트 천일염 버터는 부드러운 질감과 독특한 향이 특징입니다. 독특한 모양은 프랑스의 전통적 버터 제조 방식으로 인한 것입니다. 버터의 풍미를 더욱 즐기게 해주는 신선한 종."

와우! 그러니까 평범한 버터가 아니라, 진짜 천일염으로 만든 특별한 버터라는 것이다. '진짜'라는 표현을 왜 강조할까? '진짜'라고 하면 더 고급스러운 느낌이 들기 때문이다. 슈퍼마켓에서 떨이 상품으로 판매하는 버터와 다르다는 것이다. 슈퍼마켓 냉동식품 코너의 맨 아래 칸을 차지하는 제품이 아니다. 이 버터는 미식가를 위한 것이다. 그렇다. 나도 입맛이 까다로운 미식가다. 노르망디의 작은 마을이라는 단어를 들으면 아스테릭스와 오벨릭스가 바로 떠오른다. 모든 난관을 극복하고 불가능한 일을 해내는 만화 캐릭터 말이다. 프레지던트 천일염 버터는 먹으면 먹을수록 내 입맛에 더 잘 맞는다. 손으로 직접 골라낸 천일염. 게다가 사람이 직접 만든 제품이다. 이 버터는 기계로 대량 생산하지 않고 수작업으로 생산했다. 노르망디의 행복한 소들의 우유로만 만든 최고급 크림. 전통 방식의 수작업? 프랑스에서 제조한 버터? 신선한 종? 이런 조합에서 어떤 제품이 나오는지 알아야 한다는 뉘앙스를 풍긴다. 이것은 어제 오늘 일이 아니다. 물론 음식 문화로 유명한 프랑스인들에게는 이미 알려져 있는 사실이다.

이성적으로 판단하면 이 광고 문안은 알맹이 없는 쓸데없는 이야기에 불과하다. 그렇다면 가짜 천일염이 있다는 뜻인가? 버터의 전 제조 과정이 정말로 수작업으로 이뤄져 있다면 슈퍼마켓 체인점의 냉동 코너 공급량을 어떻게 충당할 수 있을까? 정확하게 읽어보면 어디에도 그런 내용은 언급되어 있지 않다. 포장 형태만 옛날의 수작업 버터와 같다. 그런데 머릿속에는 손으로 버터를 젓는 낙농장의 이미지가 떠오르면서 순식간에 그런 분위기가 느껴진다. 이성이 작용하지 않는 것이다. 여기에서 구매자의 연상 작용이 돌아가는 방식은 마치 한 편의 연극 같다.

카피라이터는 프리미엄 제품이라는 이미지를 주는 단어를 선택

부를 부르는 극한의 영업 법칙

했다. 그는 이 문구로 마법을 걸어 내 머릿속에 많은 긍정적인 이미지를 생성시켰다. 내 앞에 있는 것은 그냥 버터가 아니다. 이것은 내 감정이 녹아 있는 버터다. 이 감정이 나에게 마법을 건 것이다. 그런데 많은 세일즈맨들이 감정의 효과를 우습게 생각한다. 이들은 휴대폰, 컴퓨터, 생수 등 물건을 팔고 있다. 세일즈맨이라면 고객의 잠재의식에 깔려 있는 욕구를 충족시켜주어야 한다. 고객의 배고픔을 포착하고, 고객의 목마름을 포착하라! 아무도 채워주지 않던 것을 말이다. 훌륭한 세일즈맨은 고객의 머릿속 이미지를 결정한다. 그는 무엇이 고객과 제품을 연결해주는 끈이 될 수 있을지 안다. 어떤 이야기로 연상 작용을 일으켜야 할지 안다. 구매자는 휴대폰으로 가족과 연락을 할 수 있다. 컴퓨터는 창의력을 발산시키는 스튜디오다. 생수는 피트니스 클럽에서 스피닝을 하고 땀을 뺀 후의 갈증을 해소시켜준다.

신발을, 컵을, 버터를 파는 것이 아니라, 즐거움, 향유, 사랑의 감정을 일깨우는 것이 중요하다. 사람들은 자신에게 자극을 줄 수 있는 제품을 원한다. 자신의 욕망을 채울 수 있는 제품, 마음을 사로잡는 제품 말이다. 이것이 제품의 가격과 마진을 높여줄 수 있다.

누구나 자신이 판매하는 제품에 열광한다는 점에 유의하자! 환경제품 인증을 받았고, 공간도 절약할 수 있기 때문에 모든 면에서 최고라고 생각한다. 이것은 마케팅과 세일즈를 아는 사람들이 쓰는 무기다. 하지만 다른 사람들에게는 목표이고, 여러분에게는 베이스캠프다. 기쁨과 즐거움 외에 더 강한 효과를 낼 수 있는 감정들이 있다.

메디아 마르크트에서 있었던 일

세일즈맨으로 일한 지 얼마 안 되었을 때 한 업체를 분석한 적이 있다. 세탁기와 가전제품 제조업체에서 판매 실적을 검토했는데 한 메디아 마르크트Media Markt(독일의 가전제품 체인점-옮긴이)에서 이 업체의 제품이 한 대도 팔리지 않고 있었기 때문이었다.

나는 고객사를 방문해 분석 결과를 설명했다. 이 제품은 홍보 책자에도 광고가 많이 실렸고, 판매점에서도 잘 보이는 곳에 진열되어 있었다. 가격도 경쟁사와 동일했고 모든 모델 라인의 제품이 공급되고 있었다. 그래서 나는 이 문제와 관련해 메디아 마르크트의 세일즈 책임자와 대화를 나눴다. 그는 아무런 설명도 하지 못했다. 제품 고장으로 수리 서비스를 해야 할 경우 대체품도 신속하게 공급됐다. 납품 일정에도 전혀 문제가 없었다. 제조사와의 관계도 좋았다. 세일즈맨도 열정적이었고 제품을 더 비싸게 판매하지도 않았다. 나는 해결방안을 찾고자 본격적인 대화를 시작했다. 이상한 점은 유독 한 지점에서만 제품이 잘 안 팔리고 있다는 것이었다. 나는 너무 황당해 할 말을 잃었다. 그 지점의 세탁기 담당 판매 직원과 대화를 해볼 때까지는 그랬다.

나는 그와 대화를 하다가 무엇이 문제였는지 알게 되었다. 그 직원이 이렇게 말하는 것이었다. "저는 이 브랜드 제품을 판매하고 싶은 마음이 없습니다."

나는 너무 황당해서 그에게 물었다. "이유가 뭡니까?"

그는 잠시 머뭇거리더니 속내를 털어놓았다. "담당 영업사원이

부를 부르는 극한의 영업 법칙

방문을 해도 저에게는 인사를 한 번도 안 하더군요. 정말 거만한 사람입니다. 홍보용 제품도 팀장님께만 주더라고요."

그는 얼마나 화가 났는지 그동안 쌓인 불만을 다 털어놓기 시작했다. "그 사람은 박람회에서 커피 잔 여섯 개를 사겠다고 약속했는데, 지금까지 감감 무소식입니다. 그래서 저는 작심하고 이 브랜드 제품을 구매하려는 고객들에게 타사 제품을 구매하라고 설득했어요."

복수, 불안, 혐오, 분노, 질투, 슬픔, 고독, 공포, 스트레스, 절망, 탐욕. 전부 아름답지 않은 감정들이다. 하지만 이런 감정들에도 큰 장점이 있다. 여러분이 즐거움과 기쁨을 이용할 때보다 수백 배 더 강력한 판매 효과를 일으킬 수 있다는 것이다. 왜 그럴까?

그 이유는 인간의 생물학적 특성에서 찾을 수 있다. 나는 정신적 방화에서 이미 이것을 설명했다. 부정적인 감정이 공격과 도피라는 두 가지 본능을 자극한다는 것이다. 공격과 도피는 인간에게서 나타나는 가장 강력한 반사 작용이다.

여러분이 이 영역에서 작전을 수행하려면 세일즈에 있는 가장 큰 지렛대를 사용해야 한다. 정확한 논리가 세일즈맨이 아닌 고객 스스로의 판단에서 나오기 때문에 고객은 구매하기로 결정을 내린다. 고객은 이 제품을 반드시 사야 한다고 인식하기 때문에 그렇게 할 수 없을 때 크게 실망한다.

여기에서 키워드는 정신적 방화와 가장 강한 감정의 원칙에 겹치는 부분이 있다는 것이다. 두 경우 모두 고객 스스로 결정한다는 것이다. 여러분이 끈질기게 물고 늘어지며 고객을 설득했기 때문이 아니라, 고객 스스로 자신에게 맞는 제품이라는 사실을 깨달았기 때문이다.

둘의 차이는 작전을 실행하는 기술에 있다. 정신적 방화는 세일즈 테크닉을 통해 아주 강력하게 작동한다. 물론 여러분은 고객의 감정을 이용하지만, 고객의 감정은 합리적인 근거로 일어난다. 대화는 객관적이다. 반면 가장 강한 감정의 원칙에 적용되는 전략은 전혀 다르다. 여러분은 어떤가. 적대적 이미지를 만들어내는가. 의도적으로 특정 감정을 불러일으키는가. 아니면 제품을 판매하기 위해 스토리나 적절한 어휘를 사용하는가.

이제 이 질문만 남았다. 어떻게 이 방법을 적용할 것인가?

거물들의 싸움

독일의 온라인 취업 포털 분야에서는 오랫동안 두 업체가 시장을 선도해왔다. 한 업체에서 경쟁업체보다 압도적인 우위를 차지해야 한다는 경영 전략을 내세우기 전까지는 그랬다. 이 업체는 영업사원들에게 경쟁업체를 적대시하며 이런 마인드를 심어주었다. "우리는 반드시 경쟁업체를 물리친다. 이들은 우리의 적이다. 우리의 능력을 반드시 보여주고야 말겠다."

이 작전에 본격적으로 착수한 영업사원들에게 강한 공격 반사작용이 일어났다. 판매부서 전체가 이 일에 매달렸다. 모두가 이 작전이 어떻게 흘러가고 있는지 알고 있었다. 그 결과 이 업체가 시장을 선도하게 되었고, 경쟁업체는 완전히 뒤처졌다. 경쟁 구도는 아예 사라졌다.

나는 7년째 이 기업에 자문을 하고 있다. 그런데 경쟁업체를 적대시하는 경향이 사라진 후 영업사원들의 의욕이 저하되는 현상이 나타나기 시작했다. 이는 좋지 않은 징후였고 새로운 자극이 필요했다.

세일즈 책임자로서, 또 경영자로서, 여러분은 팀을 위해 경쟁업체에 대해 적대적 이미지를 만들어내야 한다. 의도적으로 '우리는 다른 업체와는 다르다.'는 분위기를 조성해야 한다. 이를테면 '우리가 다른 업체보다 낫다.' 혹은 '우리가 어떻게 하는지 보여주겠다.'는 마인드를 직원들에게 심어주는 것이다. 여러분의 팀이 경쟁업체에 대해 적대적인 이미지를 갖도록 부추겨라. 그러면 여러분은 계획적으로 직원들의 힘을 하나로 끌어 모아 밖으로 표출할 수 있다. 여러분은 직원들의 공격 반사작용을 일깨워야 한다. 그러면 모든 팀원이 무엇이 중요하고, 무엇이 목표이고, 누구를 상대로 싸우는지 알게 된다. 팀원들이 능력을 발휘할 수 있도록 방향을 제시하면 갑자기 모든 것이 가능해진다. 여러분은 아마 깜짝 놀랄 것이다.

내 말을 오해하지 않길 바란다. 경쟁업체를 때려눕히라는 것이 아니다. 다른 업체들과 경쟁을 하라는 것이다. 경쟁 지향적 특성은 독일 사회에서 사라졌다. 세일즈업계도 마찬가지다. 그런데 경쟁 지향적 특성은 세일즈맨이라는 직업군에게 중요한 요소다. 세일즈맨이라면 고객의 반대에도 자신의 뜻을 관철시키고, 목표를 추구하고, 경쟁자를 물리쳐야 한다. 세일즈맨으로 일하려면 기본적으로 공격적인 성향이 있어야 한다. '경쟁자의 몫을 차지하겠다.'가 아니라, '내가 앞지를 것이다.', '내가 더 많이 차지할 것이다.', '내가 시장을 선도할 것이다.', '다른 업체와 우열을 다투겠다.'는 마음가짐으로 일해야 하는 것이다.

세일즈 강연에서 비교를 위해 자주 언급하는 인물이 있다. 독일의 카레이서 제바스티안 페텔Sebastian Vettel은 시즌 말까지 계속 2위였지만, 결국에는 세계 챔피언 자리를 차지했다. 세일즈에는 은메달도 동메달도 없다. 1위를 차지한 사람만 계약을 따고, 나머지 사람들에게는 아무것도 떨어지지 않는다. 2위는 패자일 뿐이다. 따라서 여러분은 항상 1인자가 되어야 한다!

회사 경영자라면 생생한 이미지로 영업사원들의 승부욕을 일깨울 수 있어야 한다. 경쟁업체의 이미지를 벽에 그리듯이 말이다. 그렇다면 여러분의 고객에 대해서는 어떻게 해야 할까? 어떻게 하면 고객을 설득해 제품을 구매하게 만들어 승자가 될 수 있을까?

공격 모드를 켜라

2009년 우리는 한 이동통신업계 고객으로부터 서비스 의뢰를 받았다. 당시 이 업체는 더 높은 매출을 원했으나, 자툰Saturn(독일의 전자제품 판매 체인-옮긴이) 매장에서 충분한 공간을 내주지 않고 있었다. 이 통신업체는 원하는 매장 면적도 위치도 배정받지 못했다. 경쟁업체와 공간을 나눠 써야 했기 때문이다.

이 업체는 자툰 매니저에게 입구 쪽에 별도의 공간을 배정받을 수 있는지 문의했다. 매주 5,000유로나 되는 광고료를 지불하는 것 자체는 문제가 아니었다. 이 비용이 예산에 책정되어 있지 않은 것이 걸

부를 부르는 극한의 영업 법칙

림돌이었다. 그래서 우리는 그 큰돈을 지불하지 않고 입구 공간을 배정받을 방안을 고민해야 했다.

자툰 직원들은 광고처럼 시끄럽고, 직설적이고, 경쟁 지향적이었다. 그래서 우리는 이 문제로 다시 미팅을 했고 매니저에게 분석 리스트를 보여주었다. 이 리스트에는 매장별 계약 현황이 정리되어 있었다. 이 업체는 이 지역의 30개 통신 업체 중 끝에서 세 번째였다. 우리는 놓치지 않고 이 업체가 이 분야 하위권에 속한다는 사실을 매니저에게 알렸다. 그러자 반사 작용이 일어났다. 그는 바로 미끼를 물었다. "어떤 대책을 마련해야 합니까?" 우리는 이렇게 답했다. "똑같은 공간을 할당받으면 됩니다." 우리는 의뢰인이 5,000유로를 추가로 지불하지 않고 자툰에서 판매 공간을 할당받는 데 성공했다.

여러분이 고객의 승부욕을 일깨우고 싶다면 이렇게 말하면 된다. "경쟁업체의 제품은 여러분의 제품보다 훨씬 잘 나가고 있습니다." 확실한 증거를 제시하면 효과는 더 크다.

우리가 사용하는 기술을 '증인에게 떠넘기기'라고 부르겠다. 앞 장에서 이미 다룬 내용이기 때문에 간략하게 설명하고 넘어가겠다. 쉽게 말해 제품에 대한 판단을 증인에게 맡기는 것이다. 세일즈맨은 더 이상 제품이 얼마나 좋은지 설명할 필요가 없다. 고객에게 제품에 대해 직접 설명하기보다는 경쟁사의 제품을 이용하면 판매에 성공할 확률이 높아진다. 대신 이 역할은 독립적인 증인이 맡아야 한다. 언론 보도, 통계, 연구, 여러분의 제품을 좋아하는 고객 등을 예로 들 수 있다. 아니면 작전 리스트를 작성하는 것이다. 고객이 증인을 불신하면 다른 영역에서 다른 대상을 찾아 호소하라. 판매 통계가 아니라, 최종 소비자를 대상으로 설문 조사를 실시하는 것이다. 아니면 동료들의 진술을 듣는 것이다. 이 방법으로 여러분은 진짜 경쟁 상황이 존재한다는 것을 보여줄 수 있다. 고객이 여러분의 제품으로만 승리할 수 있다는 것을 말이다.

하지만 여러분은 승부욕 외에도 고객의 다른 감정을 자극할 수 있다. 예전에 내 고객 중 한 명은 이 메커니즘을 이용해 자동차 딜러가 거래 은행에 대해 반감을 갖게 한 적이 있다.

고객의 자부심을 자극하라

어느 정도 규모가 되는 자동차 회사는 자체적으로 전문 대출 은행을 운영하고 있다. 딜러들은 이 은행에서 판매 대리점을 비롯한 모든 사업 운용 자금을 조달한다. 이 시스템의 절정은 대개 독점적 비즈니스라는 것이다. 딜러들은 자체 자동차 전문 대출 은행에서 대출받은 자금으로 자동차를 구매한다. 이런 은행의 시장 잠재력은 엄청나다. 그래서 아무도 이 시장을 공격할 생각을 하지 못한다. 불가능에 가깝다.

2000년대 초 우리는 자동차 전문 대출 은행에 자문 서비스를 제공한 적이 있다. 이 은행은 업계에서 독점적 지위에 도전하고 싶어 했다. 이 은행은 자동차 전문 대출 은행과 연계된 자동차 브랜드의 딜러들을 도발했다. "투자 자금 거래 은행을 저희 은행으로 바꿀 의향이 없으십니까?"

부를 부르는 극한의 영업 법칙

문제는 우리가 이 계획을 어떻게 성사시키느냐는 것이었다. 딜러들은 거래 은행과 밀접한 관계에 있다. 합리적인 이유를 제시하고 더 저렴한 이율을 제공한다고 하도 우리는 딜러들을 설득할 수 없었다.

방법은 하나였다. 딜러들의 자존심에 흠집을 내는 것이었다. 우리는 딜러들에게 물어보았다. "자동차 구매 자금을 어떻게 마련하셨습니까? 자동차 대리점 혹은 주택을 담보로 대출 받으셨습니까? 무작정 자동차 회사의 자체 대출 은행에 맡기셨습니까? 그렇다면 타격이 너무 심해서 링거 한 대 맞으셔야 하지 않나요? 프리랜서 딜러 맞습니까? 아니면 은행의 꼭두각시입니까?"

이렇게 자존심을 긁어 놓으면 딜러들은 대화할 의사를 보인다. 이제 우리는 딜러들에게 합리적인 근거를 제시하면 된다. 그리고 우리는 기존 회사보다 50퍼센트 낮은 이율을 제시한다. 1년 동안 쌓이면 자동차 딜러들은 이자 수천 유로를 절약할 수 있다.

하지만 우리는 딜러들이 바로 거래 은행을 변경할 것이라 생각하지 않는다. 그들은 거래하던 은행에 문의한다. 이를테면 "타 은행은 더 낮은 금리 혜택을 주는데, 어떻게 생각하십니까?"

이때 기존 은행이 어떤 반응을 보일지는 충분히 예상 가능했다. "지금 무슨 말을 하고 계시는 겁니까. 누가 당신의 비즈니스 자금을 제공하고 있는지 한번 생각해 보세요! 우리가 자금을 제공하지 않으면 비즈니스 대상에서 당신은 잊히겠지요. 이런 리스크를 감수할 수 있는지 잘 생각해보세요!"

기존 자동차 전문 대출 은행에서는 이런 식으로 딜러들을 협박했다.

딜러들의 반응도 예상 가능했다. 딜러들은 완전히 분개했다. "뭐야? 어디서 갑질이야? 내가 하고 싶은 대로 할 거야!"

이렇게 대화의 문이 열렸다. 딜러들은 우리를 찾아왔고 사업 자금 대출을 승인해주었다. 우리는 이 방법으로 기존 은행에 반감을 갖는 이들을 확보했다. 물론 점점 더 많은 딜러들이 우리를 찾아왔다. 마치 바이러스가 퍼지듯이 말이다.

우리는 단지 딜러들의 자존심을 살짝 긁어놓았을 뿐이었다. 딜러들의 분노는 오롯이 기존 은행을 향했다.

경쟁업체가 업계에서 부동의 위치를 차지하고 있다면, 특정 영역에서 독점적 위치를 갖고 있다면, 감정 자극 전략을 사용하라. 고객의 자부심과 독립성을 건드려라! 의존적이라는 말을 들으면 고객들은 분노하게 되어 있다. 분노는 매우 강한 감정이다. 분노는 여러분의 고객이 기존의 거래처와 독립적인 관계를 갖기 위해서 리스크를 감수할 용기를 준다.

분노는 강한 감정이다. 하지만 여러분의 행동을 촉구할 수 있는 가장 강한 감정은 따로 있다.

동정은 선물로 받고, 질투는 스스로 산다

질투는 세일즈에서 고전적으로 사용되는 전략이다. 독점성 혹은 자기만의 영역을 보호하려고 할 때, 사람들의 머릿속에서는 항상 '절대 다른 사람이 차지하게 하면 안 돼.'라는 사고가 동시에 작용하고 있다. 이것은 압력을 넣는 수단이기도 하다. '우리가 하지 않으면 다른 사람이 기회를 낚아채간다. 우리가 계약을 성사시키지 못하면 자기 자신에 대해 화가 날 것이다…. 그래 좋아, 그러니까 우리가 하자.'

여러분이 등대와 같은 역할을 하는 증인, 이른바 업계의 방향을 이끄는 사람을 찾았다면 질투심 자극 전략을 사용할 수 있다. 나는 우리 팀에서 회의적인 반응을 보이지만 추진하고 싶은 계약이 있으면 이런 말을 자주 한다. "여러분이 안 하셔도 상관없습니다. 경쟁업체에서 이 계약을 틀림없이 추진할 겁니다." 어떤 경우에는 이렇게도 말한다. "여러분은 절대 하면 안 됩니다…. 하지만 경쟁업체에서는 분명 이 일을 추진하고 있을 겁니다." 그러면 아무도 물러서지 않고 경쟁자에게 이 영역을 넘기려 하지 않는다.

여러분이 세일즈에 활용할 수 있는 감정이 하나 더 있다. 바로 혐오다. 대표적인 예로 청소 및 세탁 세제가 있다. 세탁물은 티끌 하나 없이 하얗고 세균 하나 남지 않고 깨끗하게 소독되어야 한다. 여러분은 굳이 아주 더러운 세탁물이나 곰팡이가 득시글거리는 욕실 벽의 이미지를 만들어낼 필요가 없다. 고객 스스로 상상의 나래를 펼칠 수 있는 표현을 하는 것만으로도 충분하다. 이 경우에는 악취가 빠지면 안 된다.

이제 여러분은 어떤 부정적인 감정을 이용하면 도움이 될지 직관적으로 알게 되었을 것이다. 그런데 아직 부족한 부분이 있다. 구체적으로 어떻게 행동해야 할 것인가? 어떻게 이런 감정을 일깨울 것인가?

언어의 힘

프레지던트 버터 포장의 광고 문안을 보면 카피라이터가 형용사를 완벽하게 다루고 있다는 사실을 알 수 있다. 부드러운, 특별한, 수작업 방식으로 제조한…. 그는 세심한 어휘 선택으로 고객의 머릿속에 제품 이미지가 스치고 지나가게 만든다. 그는 수많은 작은 문들을 열어주며 독자를 꿈의 세계로 초청한다.

정확한 워딩은 기본이다. 이것은 판매 상담뿐만 아니라 전화에서도 마찬가지다. 긍정적인 어휘가 모든 제품과 고객에게 맞는 것은 아니다. 몇 개의 단어만으로 원하는 분위기를 만들어내려면 미세한 언어 감각이 필요하다. 생각을 많이 해야 한다. 훈련을 많이 한다고 적절한 어휘를 선택하는 감이 생기는 것은 아니다. 여러분의 제품을 샅샅이 살펴보고 조사하라. 내가 제품 설명서를 읽었을 때 어떤 이미지가 머릿속에 떠오르는가? 나는 머릿속에 어떤 이미지를 담고 있어야 하는가? 동료들과 함께 모든 이미지를 모아보고 단어 리스트를 작성하라. 여러분의 아내, 친구, 남편에게도 물어보라. "잠깐 내 말 좀 들어봐. 이런 단어를 들으면 어떤 것이 떠올라?" 이렇게 해보면 제품에 대한 여러분의 설명이 고객에게 어떤 영향을 끼치는지 잘 알 수 있다. 훌륭한 세일즈맨은 고객의 입장이 되어 이미지를 결정한다! 스토리텔링을 할 때도 이 메커니즘이 작동한다.

여러분은 내가 여기서 왜 계속 이런 이야기들을 하고 있다고 생각하는가? 재미로 하는 것이 아니라 확실하게 설명하려는 것이다. 나도 장황하게 설명할 수 있다. 하지만 입술이 부르트도록 설득해봐야 소용없다. 비경제적이고 비효율적이다. 물론 나는 어떤 일이 얼마나 보편타당한지 확실하게 하기 위해 모든 것을 추상적으로 설명할 수 있다. 하지만 어떤 일을 추상화할 때는 거리를 두어야 하는데, 세일즈를 하는 사람들은 거리 두는 것을 원하지 않는다. 가까운 것을 원한다. 고객은 제품에 대해 알아야 할 뿐만 아니라, 제품을 느껴야 한다.

작은 노트를 마련해 여러분의 제품과 서비스에 관한 모든 이야기를 적어본다. 그리고 여러분의 동료에게 가서 물어본다. "이 제품에 대해 특별한 체험을 한 적 있어? 이 기능에 대해서는? 이 제품에 대해 아주 좋은 경험을 한 고객이 있다면 얘기 좀 해주겠어?" 이야기는 항상 제품에 맥락을 부여한다. 이야기는 제품을 설명해준다. 이야기는 사물에 캐릭터를 부여한다. 이야기는 사물에 공감하게 한다. 황당하고, 흥분되고, 흥미롭고, 독창적이고, 재미있다.

스토리텔링의 가장 좋은 점은 고객이 여러분의 진술에 의지하지 않아도 된다는 것이다. 여러분에게는 중립적인 증인이 있다. 이 이야기를 직접 체험한 증인 말이다. 고객 X. 자동차 딜러 Y. 여러분은 내가 '증인에게 넘기기' 전략을 설명했던 것이 기억나는가? 스토리텔링은 여러분에게 멋진 기회를 제공한다.

조심할 것이 있다. 여러분이 감정을 일깨울 때 몇 가지 잘못을 할 수 있다.

절대 안 되는 것!

정량을 넘치면 독이 되는 법이다. 앞에서 나는 내 딸에게 장기간병보험을 들라고 권유했던 보험 설계사 이야기를 한 적이 있다. 그는 실적에 눈이 멀어 잘못된 방식으로 고객을 응대했다. 그는 직접적으로 보험을 권유하기보다 동료가 겪었던 일이라고 설명했어야 한다. 하지만 이미 일은 터졌기 때문에 불편한 마음이 생겼다. 내 아이에 관한 이야기만 남았다. 이것 때문에 날카로운 판단력이 사라졌다. 보험업계에서는 이런 경우를 '관 뚜껑 여닫기'라고 표현한다. 민감한 주제와 관련된 모든 것은 미세하게 용량을 조절해야 한다. 예를 들어 고객들은 죽음, 간병, 나이, 심각한 질병에 관한 이야기를 하면 바로 말문을 닫아버린다. 이때 여러분은 정말 불편한 상황에 처하게 된다. 여러분은 고객에게 극단적인 상황에 정말 도움이 될 수 있는 해결책을 제시하는 한편, 다른 사람의 상처를 이용해 이익을 챙기려 한다고 의심을 받는다. 이때 전속력으로 차를 몰고 도망가는 것은 잘못이다. 속도를 늦춰야 한다. 느린 속도로 조절해야 한다.

정확한 용량은 무엇인가? 정확한 용량을 알려면 여러분 스스로 감을 키워야 한다. 제품, 상황, 고객에 따라 적용해야 되는 용량이 다르다. 어떤 고객은 여러분의 이야기에 흠뻑 빠지고, 어떤 고객은 여러분의 신경을 거슬리게 할 수 있다. 고객의 반응에서 이런 것들을 바로 파악해야 한다. 고객이 신경이 바짝 곤두서서 여러분을 쳐다봤다면 바로 이야기를 끝내야 한다. 여러분의 감정이 실린 형용사는 접어두고 다른 세일즈 테크닉으로 전환해야 한다.

또 다른 위험은 부정적인 감정이 마음을 불편하게 만들 수 있다는 것이다. 여러분의 고객은 누군가 자신의 감정을 자극하는 것을 불쾌해할 수 있다. 이런 감정은 다시 여러분에게 되돌아오게 되어 있다.

여러분이 고객에게 경쟁사의 제품이 환경에 유해하다고 설명하고 있다. 그런데 고객이 예민한 반응을 보인다. "당신은 경쟁업체 제품을 깎아내리려는 것이 확실하군요. 매출을 올리고 싶어서 비싼 가격에 제품을 판매하려고 하는군요." 제품에 대해서는 여러분의 개인적인 생각이 아니라 오늘 신문 1면에 나온 객관적인 정보를 말해야 한다. 여러분은 단지 고객에게 이렇게 말하고 있을 뿐이다. 자신이 스스로 결정해야 한다고 말이다.

절대 안 되는 것을 거의 확실하다고 말한다면 그건 거짓말을 하고 있는 것이다. 거짓말은 금방 들통이 날 수밖에 없다. 거짓말을 하면 난관에 봉착할 수밖에 없다. '확대된 진실'에 마음을 빼앗기지 말라. 사장에게 제품을 판매하려고 할 때 비서에게 사적인 일로 통화하고 싶다고 말하는 사람들이 있다. 많은 세일즈맨들이 이것을 상대를 속이는 일이 아니라고 생각한다. 하지만 좋은 방법이 아니다. "예, 사장님과 직접 이야기를 나누고 싶습니다.", "예, 사장님께 권하고 싶은 제품이 있습니다. 이 제품은 사장님의 고민을 해결해드릴 것입니다. 사장님이 제품을 받지 못하신다면 비서님께서 책임지셔야 합니다." 이렇게 솔직하게 말해야 한다. 고객이 당신을 솔직하지 못한 사람이라고 느낀다면 당신의 평판이 나빠지는 것이다. 이것은 세일즈맨이라는 직업에 먹칠을 하는 일이다.

여러분이 솔직하게 말하면 잠재적 고객과 통화를 하지 못하고, 잠재적 고객을 코앞에 두고도 놓칠 수 있다. 하지만 이 사실을 알아두자. 그렇게 행동하는 것이 알렉산더 도슨Alexander Dawson보다는 현명하다.

알렉산더 도슨과 벽에 걸려 있던 행운

알렉산더 도슨이라는 이름을 아는 사람은 없다. 어쩌면 그는 세계에서 가장 유명한 인물 중 한 명일지 모른다. 영국 태생인 그는 20세기 초반에 네덜란드의 작은 마을에 살았다. 그는 가족들과 사이가 나빠서 네덜란드로 이주해 우편배달부가 되었다. 그는 네덜란드어도 거의 몰랐지만 그나마 이름은 읽을 줄 알았기 때문에 편지함에 편지를 정리해 넣는 일은 할 수 있었다. 단순한 일밖에 할 수 없었던 그는 시원치 않은 벌이로 소박하게 살았다. 어느 날 그의 우편 행낭에 큰 소포가 들어있었다. 수신인은 그였고, 영국에 사는 누나가 보내온 것이었다. 발신인은 15년 전 그와 욕설을 퍼부으며 싸웠던 누나였다. 그는 소포 상자를 뜯었다. 상자에는 예전에 그의 누나와 친구들이 뛰놀던 초원을 그린 그림이 들어 있었다. 그는 자신과 사이가 좋지 않았던 누나의 편지를 아무 생각 없이 진흙탕에 던져버렸다. 얼마 후 비가 퍼붓기 시작했고 빗물에 잉크가 번졌다. 몇 분 지나자 편지 봉투 위에 적힌 글씨는 전혀 알아볼 수 없게 되었다. 도슨은 자전거를 타고 눈썹이 휘날리는 속도로 집에 돌아와, 그가 매일 아침, 점심, 저녁 식사를 하는 식탁 맞은 편 벽에 그림을 걸었다. 그리고 세상을 떠날 때까지 고국에서 보낸 아름다운 시절을 그리워했다. 알렉산더 도슨은 1950년대에 사망했다. 상속자가 없었기 때문에 그의 땅은 네덜란드 소유가 되었다. 네덜란드 정부에서 토지 가치를 감정하기 위해 그의 집을 청소했다. 집을 청소하던 중 벽에서 그림이 떨어졌다. 액자가 부서지면서 그림 표면에 금이 갔다. 가구를 포장하던 사람들이 그림을 자세히 살펴봤더니, 캔버스가 손상된 것이 아니라 그림 밑에 다른 그림이 깔려 있었다. 그림을 엑스레이로 분석한 결과, 밑에 깔려 있던 그림은 유명한 독일 화가의 것으로 밝혀졌다. 이 그림은 2차 대전 중 사라졌다고 알려져 있었다. 알고 보니 아마추어 화가가 나치로부터 이 그림을 보호하기 위해 덧칠을 해놓은 것이었다. 이 화가가 도슨이 젊은 시절 뛰놀던 초원을 어떻게 그렸는지는 아직까지 수수께끼로 남아 있다. 마찬가지로 이 그림을 어떻게 도슨의 누나가 소장하게 되었는지도 밝혀지지 않고 있다.

리버만Max Liebermann의 작품에 덧칠이 되어 있던 그림은 전문가의 정교한 손길로 제거되었다. 1980년대에 이 작품은 소더비 경매에서 2,600만 파운드(약 380억 원)에 낙찰되었다. 알렉산더 도슨은 평생 이 그림 앞에서 밥을 먹었지만 부를 누리지 못했다. 그는 누나의 편지를 읽었어야 했다.

나는 세미나 참석자로부터 이 이야기를 들었다. 솔직하게 고백하면 이 이야기는 꾸며낸 것이다. 하지만 나는 이 이야기를 할 때마다 정말 멋진 사례라고 생각한다. 내가 처음 세일즈 트레이닝과 세미나를 시작했을 때 사람들에게 일어났던 일이 이 이야기에 그대로 담겨 있기 때문이다.

내 고객들은 현재 자신의 상황에 만족하지 못해 나를 찾아온다. 가족과 불화했던 도슨처럼 현실에서 도망치고 싶어 하는 이들이다. 상사가 자기 마음에 내키지 않는 일을 시켰다고 화가 나서 나를 찾아오는 사람들은 세미나 내내 지루해 하며 앉아 있다.

이들의 문제는 조금만 노력하면 해결할 수 있는 일들이었을 것이다. 스스로 책임져야 하는 것들이다. 이들은 재능, 능력, 성실함, 지적 능력을 갖추고 있고 고객을 능수능란하게 다룰 줄 안다. 정확하게 상황을 살펴보면 스스로 극복할 수 있는 일이다. 그런데 많은 사람들이 이렇게 하는 걸 좋아하지 않는다. 특히 누군가가 자신과 다른 생각을 말해줄 때 그렇다. 누가 잘난 체하는 사람으로부터 왜 일이 그 모양 그 꼴이냐는 말을 듣고 싶겠는가? 하지만 자신이 원치 않는 발신인이라고 하여 편지를 열어보지 않는다면 치명적인 일이 생길 수 있다. 이렇게 사람들은 부와 행복을 누릴 수 있는 기회를 놓친다. 나의 생각이나 관점만이 진실은 아니다. 그 아래에 새로운 관점들이 있을 수 있기 때문이다.

지금까지 나는 여러분에게 새로운 아이디어, 새로운 관점을 소개하고, 팁과 트릭도 전했다. 여러분은 이런 것들에 매료되었을 수도 있고 회의적인 태도를 보일 수도 있다. 하지만 세일즈는 항상 그렇게 단순하지만은 않다. 어딘가에 함정이 있을 수도 있다. 지금까지 여러분들이 배운 것을 여러분만의 비법으로 숙성시켜야 한다. 이제 여러분은 알 것이다. 그림의 표면 아래에 훨씬 더 많은 것이 숨겨져 있다는 사실을 말이다. 또 한 가지 더 있다. 가구를 포장하던 사람들처럼 그림에 약간 흠집을 내고 무언가를 찾아내면 된다. 그러면 지금보다 더 소중한 무언가를 얻게 될 것이다. 훨씬 더 높은 매출을 달성할 수 있을 것이다. 더 많은 고객이 여러분을 찾을 것이다. 그렇게 함으로써 여러분이 얻는 것은 눈앞의 이익보다 훨씬 클 것이다. 도전에 성공했다는 만족감, 그것은 어느 누구도 팔 수 없는 것이다.

부를 부르는 극한의 영업 법칙

진실에 귀 기울이고 도전하라

내가 하고 싶은 말은 여기까지다. 물론 더 많은 것들이 남아있기는 하다!

"다음에 이탈리아 레스토랑에 가면 맨날 먹던 피자를 주문하지 말고, 새로운 메뉴에 도전해 보길 바란다!"

내 동료이자 친구 슈테판 프레드리히Stefan Frädrich 박사는 2008년 개인의 변화에 관한 강연에서 이렇게 말했다. 당시 나는 이렇게만 생각했다. '세상 사람들이 다 아는 진리이기는 하지만, 강연 내용은 좋네!' 굳이 강연을 들으러 갈 필요는 없겠다는 생각이었다. 하지만 그가 정말 중요한 이야기를 했다는 사실을 곧 깨달았다.

이틀 후 나는 리우데자네이루를 배경으로 한 영화를 보았다. 예수상이 있는 코르코바도산, 코파카바나, 카니발, 삼바 댄서들, 슈거로프산. 이 모든 것은 영화 제작자가 리우데자네이루를 자유롭게 돌아다니며 찍은 영상들이었다. 나는 소파에 앉아서 생각했다. '언젠가 가봐야지. 다음 휴가 때는 어떨까? 여름에 먼저 마요르카로 가보자.'

생각이 이어졌다. '언젠가 가긴 가야 하는데. 어떤 여행이 될까? 1년 내에는 갈 수가 없어. 그럼 영원히 못 가볼 텐데. 지금 가보고 싶은데! 그럼 다음 주 스케줄은 어떻게 하지? 나한테 너무 중요한 일들이야.' 그러다 이렇게 생각했다. '뭐 어때? 내가 항상 같은 일만 하고 살 수는 없지. 스케줄을 미루거나 다른 동료에게 부탁해보자.'

1시간 후 나는 마일리지 계정을 열고 비행기를 예약했다. 1주일 후 나는 리우데자네이루로 가는 비행기에 앉아 있었다. 2주 반 동안 그곳에 머무를 예정이었다.

나는 아사이 뿌리 아이스크림, 신선하고 바삭하고 독특한 맛이 일품인 브라질 전통빵 '팡 지 케이주'를 맛보았다. 피트니스 클럽에서 '콘 프로테이나'라는 밀크셰이크도 마셨다. 거리에서 브라질 사람들에게 축구 트릭을 알려 달라고 말을 걸기도 했다. 해변에 누워 일광욕을 하고 밤에는 칵테일을 마셨다. 그리고 케이블카를 타고 슈거로프산에 올라갔다. 곳곳에서 좋은 음악이 흘러나오고 흥겨운 분위기의 파티가 열리고 있었다. 내 인생에서 가장 이색적인 휴가였다. 그리고 평생 절대 잊지 못할 여행의 하나였다. 그곳에서 나는 두 가지 사실을 깨달았기 때문이다.

첫째, 나만의 안전지대에서 떠나려고 노력하는 것이 좋다. 독특한 경험을 하고 싶다면 독특한 선택을 해야 한다.

둘째, 누군가가 말하는 것, 팁, 자극, 아이디어에 귀 기울여 들을 자세가 되어 있는 한, 그것은 진실이 될 수 있다. 그리고 들은 진실을

부를 부르는 극한의 영업 법칙

실행에 옮긴다면 나의 진실로 만들 기회가 열린다.

그런 의미에서, 여러분의 모든 일이 잘 되길. 마음껏 즐기는 인생이길!

디어크 크로이터

부를 부르는 극한의 영업 법칙

CEO보다 많이 버는 세일즈맨의 10가지 성공 전략

지은이 디어크 크로이터
옮긴이 강영옥
펴낸이 정규도
펴낸곳 황금시간

초판 1쇄 발행 2021년 3월 1일

편집총괄 권명희
편집 이주이
디자인 호기심고양이

주소 경기도 파주시 문발로 211
전화 (02)736-2031(내선 360)
팩스 (02)738-1713
인스타그램 @goldentimebook

출판등록 제406-2007-00002호
공급처 (주)다락원
구입문의 전화 (02)736-2031(내선 250~252) **팩스** (02)732-2037

값 16,000원
ISBN 979-11-87100-99-7 03320